Claus Reissig

TOD IM KIELWASSER

ROMAN

DELIUS KLASING VERLAG

Ein weiterer Roman von Claus Reissig
unter dem Titel »Blaues Meer und dunkle Seelen«
ist ebenfalls im Delius Klasing Verlag erschienen.

Bibliografische Informationen Der Deutschen Nationalbibliothek
Die Deutsche Nationalbibliothek verzeichnet diese Publikation in der Deutschen Nationalbibliografie; detaillierte bibliografische Daten sind im Internet über »http://dnb.d-nb.de« abrufbar.

1. Auflage
ISBN 3-7688-1854-3
ISBN 978-3-7688-1854-4

Umschlaggestaltung: Buchholz/Hinsch/Hensinger, Hamburg
Druck und Einband: Clausen + Bosse, Leck
Printed in Germany 2006

Delius Klasing Verlag, Siekerwall 21, D-33602 Bielefeld
Tel.: 0521/559-0, Fax: 0521/559-115
E-Mail: info@delius-klasing.de
www.delius-klasing.de

Prolog

Alexander hatte schon immer dieses unbestimmte Gefühl, dass die See seine Heimat war. In jenem Dezember 2002 auf dem Atlantik an Bord ihrer Segelyacht fühlte er sich sicherer und aufgehobener als irgendwo anders. Das Gefühl war schwer zu erklären, waren doch alle festen Formen aufgehoben – Strukturen, Anordnungen und Gesetze hatten hier keine Wirkung mehr. Alles um einen herum änderte sich von einem Augenblick auf den nächsten, ohne dass man es wahrnahm. Vielleicht war es genau das, was die See ausmachte: Sie reduzierte Alexander auf die Gegenwart. Die Vergangenheit war vorbei, die Zukunft noch nicht da, alles was zählte, war der Augenblick. Auch wenn er zugeben musste, dass ein Blick in die Zukunft gerade an Bord nicht schlecht tat. Schließlich war es immer noch besser einem Problem vorbereitet als unvorbereitet gegenüberzustehen. Und diese Probleme konnte es zuhauf geben, das wusste er genau. Jedes Meer, jeder Ozean war voll gestopft mit potenziellen Gefahren und Problemen, über die man besser nicht nachdachte. Damit unterschied sich ja auch das Leben auf dem Wasser keinesfalls vom Landleben. Die lauernden Gefahren waren mindestens ebenso präsent, die Todesgefahr sogar unverhältnismäßig höher. Nur gaukelten einem auf festem Boden Versicherungen, Airbags und Geldautomaten vor, dass nichts ernsthaft Bedrohliches passieren könnte. Ähnlich eben wie bei genau dieser Überfahrt über den Atlantik, die ganz friedlich begonnen hatte und nun auf dem besten Wege war, sein Leben gründlich zu ändern. Und zwar so gründlich, dass nach einigen Wochen kein Stein mehr auf dem anderen liegen würde.

Er sah nach vorn. Der Bug zeigte fast genau nach Westen, darüber zog der Spinnaker das Schiff beständig im kräftigen Wind Richtung Amerika. Rhythmisch brauste das Brechen der beiden Bugwellen auf und verstummte, wenn die Yacht Anlauf auf die nächste Welle nahm. Von achtern zischte und brodelte als beständiger Unterton ihr Kielwasser. Vor ihnen verschwand die Sonne in einem tiefen, dunklen Rot hinter den Passatwolken, wie es in den Tropen üblich war: Kaum hatte sie auf den Horizont aufgesetzt, ergab sie sich auch schon ihrem Schicksal und unternahm keine weiteren Anstrengungen, sich vielleicht noch einige weitere Minuten mit dem vergangenen Tag zu beschäftigen. Sie überließ das Feld des Atlantiks der Nacht, die sich jetzt ungestört ausbreitete. Im Westen stand das Sternbild des Orion mit den drei schrägen Sternen des Gürtels und dem etwas schwächeren Schwert am Himmel. Die äußeren Sterne Beteigeuze, Bellatrix und Rigel trösteten die Segler bei ihren Nachtwachen, wie sie es schon seit Jahrhunderten taten. Der Streifen in der Mitte des Himmels war bereits genauso pechschwarz wie die letzten Passatwolken des Tages, die sich am Horizont auftürmten.

Sie machten keine Anstalten ebenso sang- und klanglos wie die Sonne zu verschwinden, sondern blieben fast trotzig in Sichtweite. Fast so, als wollten sie den einsamen Steuerleuten auf ihren Schiffen sagen: »Wieg dich bloß nicht zu sehr in Sicherheit in dieser Tropennacht, sei wachsam, Segler.« Die friedlichen Abende an Bord von Schiffen auf großer Fahrt waren Legende. Vor allem wenn sie sich, um Zeit zu sparen, nicht tief in die Passatregion nach Süden begaben, sondern sich fast auf direktem Wege an ihrem nördlichen Rand aufhielten. Häufig zogen hier nachts Böenfronten über die gleichmäßig unter dem Schiff hindurchrollende See. Der leichte achterliche Wind fing an zu drehen, wurde stärker. Die Segel nahmen den Druck auf, der Schotzug erhöhte sich auf den Winschen, und das Achterstag versuchte das Heck in die Höhe zu ziehen. Unter der Last der Wanten, die mit ihren Unterzügen bis in den Salon reichten, fing das Schiff an zu ächzen, und die bis dahin fast fest stehend geglaubten Möbel rieben sich unruhig aneinander.

Schranktüren und Scharniere begannen zu quietschen, und die Bewegungen der Yacht wurden abrupt und eckig. Das war der Moment, an dem für Alexander das Segeln interessant wurde. Wenn die Mannschaft bis dahin träge und unkonzentriert gewesen war, musste sie jetzt aufmerksam sein, um sich sicher an Bord zu bewegen. Das Schiff legte alles Charmante und Romantische von einer Sekunde auf die andere ab und verwandelte sich in eine Rennyacht auf der Suche nach Rekorden. Denn da war er sich sicher: Egal, wie langsam ein Segelschiff im Grunde genommen war, es war immer auf der Suche nach seiner Höchstleistung. Dabei spielte es keine Rolle, ob es ein stählerner Langkieler, eine untertakelte Charteryacht oder eine auf Geschwindigkeit gebaute Rennmaschine war, jedes Schiff suchte seine Höchstleistung, ganz von sich aus. Die Crew unterstützte es lediglich dabei. Und diese Höchstleistung war bei viel Wind eher zu erreichen als bei einer leichten Brise. Ein Stein wurde auch umso schneller, je steiler der Berg war, den er hinunterrollte.

Das Wetter war dabei ein permanenter, aber unzuverlässiger Partner; es änderte sich nach Belieben und war für eine Geschwindigkeitsplanung fast nicht einsetzbar. Ein Berg war steil, ein Rennmotor hatte eine bestimmte Leistung und eine bestimmte Menge an Treibstoff im Tank. Eine Brise, eine Gewitterböe oder kräftiger Wind waren für Segler das Äquivalent auf dem Wasser. Außer der kleinen Dieselmaschine war es der Wind, der eine Yacht antrieb. Je mehr, desto schneller, und wenn die Grenze erreicht war, wurde es ungemütlich. Dann nahm nur noch der Druck in der Takelage und in der Struktur der Yacht zu. Niemand konnte wissen, ob es gleich wieder vorbei war, oder für mehrere Stunden so blieb. Es war die Situation, vor der die Crew an Bord vielleicht Respekt oder ein wenig Angst hatte und die sie die Segel immer weiter verkleinern ließ. Und hier auf dem Atlantik hatten sie einiges zu wechseln: Zuerst den großen Spinnaker gegen den kleinen tauschen war schon eine

Mordsanstrengung für alle, schließlich lag der große allzu oft als nasser Haufen Tuch im Salon und wartete auf jemanden, der 130 Quadratmeter leichtes Dacron in gleichmäßigen Bahnen wieder in den Segelsack packen würde. Alex hatte das immer gern gemacht, es war wie aufräumen. Leidenschaftlich verwandelte er den Salon wieder von einem Stück Deck zurück in eine Zuflucht, in einen Ort zum Wohnen – sofern er nicht allzu nass geworden war. Vorher mussten sie das Vorsegel ausrollen, wobei es vor dem Wind schlug, dass sich das Rigg und das Schiff mit jedem Schlag schüttelten, als würden sie mit einem Hammer bearbeitet. Also baumten sie das Segel aus, der Speed nahm wieder zu und leider der Wind auch. Dann banden sie ein Reff ins Groß, es regnete schließlich, aber die Yacht lag ruhig auf dem Ruder. »Gute Wache«, sagte noch einer im Niedergang in der Hoffnung, endlich in seinen Schlafsack kriechen zu können.

»Gute Nacht!«, kam es müde aus der dunklen Ecke hinter dem Steuerrad als Antwort. Keiner redete mehr im Cockpit. Der Wind nahm gerade wieder ab und im Osten zeigte sich das erste sanfte Blau der Dämmerung. Aber gerade dieser Kreislauf der Tage hielt die Yacht in der endlosen Weite des Ozeans in Schwung. Weiter, immer weiter. Immer die gleichen Arbeiten wurden gemacht. Auch die Wellen unterschieden sich kaum von denen vom Vortag, genauso wenig wie der Sonnenuntergang oder der Sonnenaufgang: Waren da Wolken gestern Morgen, oder war es schon vorgestern? Obwohl alles, was Alex sah, sich von Minute zu Minute änderte, war es derart vertraut für ihn, dass es zu einer beruhigenden Routine wurde; der Wechsel als Programm. Die Wellen gehörten dazu, immer wieder neu in frischem Dunkelblau am Tag, grauschwarz-kalt am Abend und unsichtbar bis auf die brechenden, weißen Wellenkämme, dafür aber scheinbar lauter in der Nacht. Man hört sie, ehe man sie spürt, das Brodeln von hinten nimmt zu, das Heck hebt sich langsam, während die Geschwindigkeit zunimmt. Irgendwann ist sie schneller als das Schiff, es wird langsamer, der Bug hebt sich und die Welle ist fort. Es herrscht einen Moment Ruhe, bis die nächste Welle das Heck hebt.

Alex rutschte auf dem Rudergängersitz einmal nach links, um besser sitzen zu können. Keine gute Idee, wie er im selben Moment feststellen konnte, denn die Feuchtigkeit der Nacht ließ bereits auf den mit einem Salzschleier überzogenen Cockpitbänken die erste klebrige Nässe entstehen. So sehr Alexander das Hochseesegeln liebte: Feuchte Sachen hasste er. Regelmäßig verpasste er den richtigen Moment zum Umziehen und hatte deswegen nachts feuchte Sachen. Die Salzkruste, die er über den Tag auf dem Teak gesehen hatte, sog die Nässe förmlich auf, bis sie gesättigt war. Salz plus Wasser ergab Salzwasser und das war über Tag an Deck verdunstet. Jetzt wurde es also wieder zurück in Salzwasser verwandelt und er saß drin. Seine ebenfalls hart mit Salz verkrustete Segelhose nahm die Feuchtigkeit auf und leitete sie weiter an die Haut. Das passierte ihm fast an jedem zweiten Tag, wenn er abends Wache hatte, immer verpasste er den optimalen Moment zum Wechseln der Hose. Einfach Ölzeug darüberziehen, damit die Nässe nicht nach innen dringt, genügte nicht. Das kannte er, und er musste beim Darüber-Nachdenken fast über sich selber lachen. Wie naiv er da immer wieder war: In diesem Fall nämlich saugte die versalzene Segelhose das Schwitzwasser des Körpers genauso dankbar auf, wie sie es mit dem Wasser auf den Cockpitbänken getan hätte, wenn er das Ölzeug nicht angezogen hätte.

Was für profane Themen einen doch so beschäftigen, dachte er. Wenn das alle Nichtsegler wüssten, wäre der Sport ein bisschen entzaubert. Alex rutschte wieder über die Bank. Richtig helfen konnte nur das komplette Wechseln der Wäsche. Er hatte einen Trick: Zunächst fuhr er sich mit einem mit Süßwasser angefeuchteten Handtuch über die Haut, um das Salz loszuwerden, dann zog er die Unterhose von letzter Nacht über. Manchmal zog er den dünnen Faserpelz an, schließlich die Ölzeughose, den gefütterten Segelblouson und die Schwimmweste mit Lifebelt darüber. Die schwitzenden Arme erinnerten ihn an den Sonnenbrand des Tages. Ein neues T-Shirt wäre gut gewesen.

Dann setzte er sich erneut für etliche Stunden ins Cockpit. Jede Bewegung der Achseln erinnerte daran, dass die Kleidung des Tages an Bord eben nur am Tag und bei Sonnenschein taugte. Nur dann trocknete sie wieder schnell genug, um komfortabel zu bleiben, wie man im Englischen sagt.

Als er sehnsüchtig nach seinen trockenen Nachtsachen in der Kabine schielte, war der rot erleuchtete Kartentisch mit der weißen Seekarte als einzig sichtbarer Punkt im Salon verblieben. Alles andere wurde von der Nacht in Schwarz gehüllt und langsam feucht von der Atemluft: die salzigen Socken, die Schlafsäcke am Kopfende, die sich mit den ewig gesalzenen und ungewaschenen Haaren zu einer beigen Kruste veränderten. Lag er mit der Wange darauf, fühlte er die Feuchtigkeit des Meeres, und der Geruch von Salz und Schweiß drang in seine Nase, trotzdem fiel er irgendwann in einen tiefen Schlaf und schreckte zwischendurch nur auf, wenn ein Segel schlug, und das Schiff weit überholte. Dann lauschte er einen Moment und hoffte, dass es so ginge, ohne dass er aufstehen musste. Kam jedoch der Ruf: »Der Spi muss weg!«, hieß es: Ade Schlafsack. Aber was soll's, im Grunde war er sowieso ungemütlich. Irgendwie war es im Ölzeug fast besser, man fühlte sich sicherer, geschützter, auch wenn's den Schlaf raubte. Dieses Mal hatte er Glück. Schnell glitt er wieder in die Halbwelt des Schlafes hinüber.

Er liebte das Langstreckensegeln, keine Frage. Trotz der Entbehrungen war es genau das Leben, das er führen wollte. Es war sein Leben und so wollte er es auch behalten. Am liebsten mit Familie auf einem eigenen Schiff. Aber Familien wollen Sicherheit, und Sicherheit ist so eine Sache auf dem Atlantik. Manchmal, bevor er in der Nacht aus dem Niedergang an Deck stieg, fiel sein Blick auf die leere, weiße Karte, in die das Einzeichnen von Tiefenlinien keinen Sinn macht. Es genügt ein weißer Bogen Papier mit einer Teilung für die Gradzahlen an den Rändern. Sie geben die Längen- und Breitengrade wieder, in die die Welt eingeteilt wurde. Die kann man auch noch selbst einzeichnen, dafür brauchte er auf dem Atlantik keine Seekarte. Was sollte sie ihm auch zeigen? Tiefenangaben sind ohne Bedeutung. Hier gab es keine festen Punkte, keine terrestrische Navigation, keine Berge am Horizont, keine Leuchtfeuer. Nur die pure See, und die war so tief, dass es Alex manchmal den Atem verschlug, wenn er bei Lage auf der Rumpfinnenseite stand und versuchte, sich die Zähne zu putzen. 5000 Meter Wasser: Fünftausend Meter! Kann sich das ein Mensch vorstellen? Das ist 2500 mal zwei Meter und schon bei zwei Metern bekommt man keine Luft mehr! Zwei läppische Meter reichen schon zum Ersaufen, warum gibt's dann hier so viel mehr? Als Kind glaubte er, das Meer sei nur deshalb so tief, um die Gedanken zu beschäftigen. Und das konnte er wie kaum ein anderer – sich Gedanken machen. Sein Repertoire war riesig und wurde mit jedem Törn größer. Der Favorit aber blieb diese endlose Menge Wasser, fast wie früher. Wenn das Schiff auf Tiefe geht mit seinen 15 Metern, wie lange sinkt es dann? Und wie lange bekommt man's mit, wenn man unter Deck nicht aus seinem Schlafsack kommt, wenn's passiert? Sieht man das dunkle Wasser an den Fenstern? Irgendein Leuchten von außen? Wahrscheinlich nur am Tag. Dann muss es fast schlimmer sein: Wenn man die Oberfläche, den Himmel sich durchs Luk immer weiter entfernen sieht und damit die Chance zum Leben. Wenn man das klare Wasser auf 20, 30, 40 Meter Tiefe über sich sieht, wie es immer dunkler wird, immer dunkler und noch 4960 Meter bis zum Grund. Das ist kein Trost.

Manchmal konnte er auch die Nähe des Containers spüren, gegen den sie mit zehn Knoten Fahrt prallten wie gegen eine Garagenwand, als würde der Fahrer beim Einparken vergessen, die Bremse zu treten. Er fühlte seine kantige, kalte und tote Nähe auf der Kurslinie, sieht seine blecherne, fast gänzlich überspülte Oberfläche in der See liegen. Nur eine winzige, kleine Ecke schaut mit abgestoßener Farbe heraus und zeigt, dass er eigentlich zur Industrie gehört, auf einen Parkplatz oder einen LKW, in eine schmutzige und gefährliche Umgebung, nicht jedoch in die klare, kühle See. Die Ecke ragt prozentual so weit aus dem Wasser, wie der sichtbare Teil eines Eisbergs, nur ist sie noch viel kleiner und viel schmutziger und viel mehr fehl am Platz. Dann das Krachen, alle Sicherheit, die Stabilität von hölzerner Einrichtung, Wänden, Rumpf, Türen und Fenstern wird zerstört, wenn der Kiel mit seiner Achterkante durch den Rumpf bricht und die Einrichtung wie Pappmaché zerknittert. Dann wäre es nur noch altes Holz, auch wenn es noch vor einem Jahr hochglanzlackiert auf der Messe Hunderttausende von Euro gekostet hätte. Dann wäre es vielleicht bestenfalls als Reparaturmaterial für das Leck gut.

Wie viele Container wohl nicht ganz absaufen? Wie viele schwimmen noch in zehn Metern Tiefe vor sich hin, oder in 20, 100 Metern? Oder platzen bei 1000 Metern, wenn alles zerquetscht wird? Sinkt der Inhalt dann, oder machen sich Teile wieder auf den langen Weg nach oben? Sicherlich kein Auto, auch keine Ölfässer, die platzen ebenfalls, werden zerdrückt und entlassen ihre Chemikalien und das Öl in die unendlichen Tiefen des klaren Meeres. Aber das Verpackungsmaterial vielleicht. Vielleicht das Styropor des Fernsehers aus Taiwan, vielleicht steigt das langsam nach oben, gewinnt durch den nachlassenden Druck wieder an Größe, bläht sich auf, wird immer schneller und treibt dann so, als wäre nichts gewesen an der Oberfläche, bis es vor dem Wind in die Karibik oder nach Mexiko segelt, um als Schwimmkörper an einer Bambusstange dem einheimischen Fischer als Markierungsboje für die geflickten Netze zu dienen.

Wenn in diesem Moment jemand auf die braun gebrannten Unterarme des schlafenden Alex geachtet hätte, die unruhig im Schlafsack zuckten, hätte er mit Sicherheit bemerkt, dass sie trotz der herrschenden Wärme mit einer Gänsehaut bedeckt waren.

Die Nacht war endgültig zu Ende. Das Piepen des Weckers nahm kein Ende, langsam bahnten sich seine Schallwellen ihren Weg von der Ohrmuschel durch den Gehörgang, wurden hinter dem Trommelfell auf das 180fache verstärkt und im Corti-Organ über die Sinneshärchen schließlich in für das Gehirn verwertbare Signale umgewandelt. Nervenbahnen schickten sie nach innen an die richtige Stelle im Gehirn, bis sie dort endlich den Befehl zum Aufwachen auslösten. Alex sah auf das Zifferblatt: Zehn nach vier, er hatte den Wecker zehn Minuten lang nicht gehört. Die Wache spekulierte bestimmt schon unruhig auf seine Koje. Sie waren höflich, nie hätte sich jemand nach dem Geschehenen getraut, ihn jetzt zu drängen. Die Crew hatte ihm angeboten aus dem Wachrhythmus auszusteigen und sich auszuruhen, aber an diesem Novembertag wollte er keine Sonderbehandlung. Zum einen war er schlecht im Annehmen, zum anderen brauchte er Ablenkung, auch wenn der wenige Schlaf nicht gut war für seine Konstitution, das wusste er. Er schob seinen Schlafsack in die Ablage zwischen den Büchern, steckte sich fast mechanisch einen Schokoriegel in die Tasche und stieg über die umherliegenden Segelsäcke nach achtern in den Salon. Er wollte jetzt niemandem in die Augen sehen. »Gute Nacht«, sagte er nur, ohne den Blick zu heben.

»Gute Wache!«, kam noch als zaghafte Antwort von unten als er den Niedergang ins Cockpit heraufstieg. Alex antwortete nicht.

»Morgen Skipper!«

»Hm!«

»Geschlafen?«

»Hm!«

Er setzte sich auf die Steuerbord-Backskiste. Der Deckel unter ihm rutschte leise jammernd zur Seite, als hätte er sich auf ein schlafendes Tier gesetzt. Wie alle anderen Deckel zu den Stauräumen war er schlecht eingepasst und quietschte, wenn man ihn belastete. Noch mehr, so schien es ihm, seit dem Schiff. Sie nannten es »das Schiff«, es hätte auch »das Ereignis« oder »die Nacht« heißen oder den Namen des Schiffes tragen können aber sie nannten es »das Schiff«.

»Das Schiff?«

Er nickte und starrte auf den Cockpitboden. Die Müdigkeit machte Alex' Körper zu einer unsicheren Angelegenheit. Er spürte den Druck der Augenringe auf seinen Jochbeinen; die

Haut schien direkt auf dem Knochen aufzuliegen und eine Falte zu werfen. Seine Augen brannten und waren lichtempfindlich, bei jedem Mal Blinzeln hatte er Angst, die Lider würden sich auf der trockenen Oberfläche nicht mehr aufschieben wollen. Im Dunkeln war es besser, aber da konnte er wenig sehen. Der Schlafmangel ließ seine Bewegungen in einer Art Parallelwelt ablaufen, eine Zehntelsekunde zeitversetzt. Er dachte an das Bewegen seines Armes, es tat sich nichts, dann gab das Gehirn eher widerwillig den Befehl weiter und der Arm hob sich. Etwas grobmotorisch zwar, aber er bewegte sich. Das Gehirn wollte mit der Welt nichts mehr zu tun haben. Auch sein Gleichgewichtssinn litt. Er fühlte sich, als hätte er getrunken, als würde er immer ein wenig torkeln. Jedenfalls mehr, als die anderen, die sich auch auf dem schwankenden Schiff bewegten.

Ihre Yacht befand sich in dieser klaren Nacht 2002 irgendwo auf der Strecke zwischen Gran Canaria und den Karibischen Inseln. Die Segel waren perfekt getrimmt, aber das Schiff war langsam, sehr langsam. Ein Fachmann konnte sehen, dass die Crew es weit unter ihren Möglichkeiten bewegte. Unter Deck lagen genug Segel zum Wechseln für alle Wetterbedingungen, die jungen Segler waren gut trainiert und wären offensichtlich in der Lage, auch in dieser Nacht eine weit höhere Geschwindigkeit zu fahren. Stattdessen schlingerte die Kunststoffyacht mit ihren fünf Mann und einer Frau Besatzung lustlos über die See. Alex sah nach achtern. Der Segler, zu dem die Stimme am Anfang der Wache gehört hatte, saß hinter einem der beiden Ruderräder und steuerte die Yacht eher intuitiv durch die Wellen. Ab und zu blickte er ihm in die Augen, dann wieder auf den Kompass oder zum Masttopp. Er war genauso unterfordert wie alle anderen. Mit dem großem Vorwindsegel, dem Spinnaker, wäre die Segelyacht jetzt gute Geschwindigkeit gelaufen, stattdessen war die Genua vor dem Wind nach Steuerbord ausgebaumt. Der Großbaum ragte nach Backbord in die Dunkelheit, und wer nach Details gesucht hätte, hätte im Halbdunkel in Höhe der Reling eine fachmännisch angelegte Schiene am

Baum feststellen können. Mehrere aufgenietete Holzteile, die anschließend stramm und seemännisch mit Tauwerk umwickelt waren und so dem Großbaum zumindest einen Teil seiner Stabilität zurückgaben. Offensichtlich hatte er unter großen Druck nachgegeben, war gebrochen oder verbogen gewesen. Die beiden Männer im Cockpit achteten nicht darauf.

»Steuern? Hilft vielleicht!«, sagte der Segler mitfühlend.

Alex schüttelte den Kopf und sank in den Schultern nach vorne, sein Oberkörper wurde wieder bleischwer. Er merkte, wie sich Tränen in seinen Augenwinkeln sammelten. Die Stimme begann erneut, sanft zu sprechen:

»Das war nicht deine Schuld, Skip! Dafür konntest du nichts, da hätte niemand etwas machen können.«

Er schüttelte den Kopf.

»Du hast doch alles getan, Mensch Skip! Du bist uns in der Nacht fast ertrunken! Was wolltest du denn noch tun?«

Achtern piepte es, dann setzte unregelmäßiges Brummen ein und ließ den quietschenden Deckel vibrieren. Der Autopilot war eingeschaltet worden. Normalerweise lief er auf so langen Strecken nicht, weil der Energieverbrauch zu hoch war und die eigentlich blinde Automatik die Wellen nicht sah, durch die sie hindurchsteuern sollte. Doch in dieser besonderen Situation, in der sich das Schiff offensichtlich befand, galten solche Grundsätze nicht mehr. Auch hatte der Autopilot keine Mühe, die fast 15 Meter lange Yacht bei der Geschwindigkeit auf Kurs zu halten. Die Stimme kam zwischen den Steuerständen hervor, schob sich an dem Tisch aus demselben Glasfaser verstärkten Kunststoff vorbei, aus dem auch Rumpf und Deck bestanden, und setzte sich neben ihn. Der Deckel unter ihm gab spürbar nach und ein Arm legte sich um seine Schulter.

»Glaub mir«, sagte die Stimme in leisem Ton, »auch wenn es lange dauert, du wirst das Schiff vergessen. Vielleicht geht es dir schon in der Karibik nach einigen Tagen für einige Stunden aus dem Kopf. Und das Leben fängt wieder normal an zu laufen.«

Der Arm zog ihn ein wenig zu sich heran. Er gab dem Druck nach.

»Im Moment müssen wir erst mal segeln. Du musst mit uns das Schiff nach drüben bringen.«

Das schwache Bild vom mit weißem Kunststoff eingerahmten Cockpitboden verschwamm vor Alex' Augen. Das Schiff, die Müdigkeit, die Verzweiflung griffen nach seiner verbliebenen Energie und zerrten sie aus seinem Körper. Er fing an zu weinen, hemmungslos und angestrengt brach es aus ihm heraus. Zwischen dem stoßweisen Ausatmen laut schluchzend einatmend. Das Schiff verschwand zwar nicht, aber die Verzweiflung und der Schmerz fanden ein Ventil. Wäre er doch schneller gewesen, hätte er doch eher reagiert, sich weniger lange aufgehalten. Hätte, hätte, hätte, immer wieder, ohne Unterlass. Immer wieder sah er das Gesicht, das unschuldige Gesicht. Er spürte die Wärme der Haut, auch wenn es nur für einen kurzen Augenblick war, dann wurde es kalt, er zog noch einmal, verlor den Halt, hatte keine Luft. Die Oberfläche verschwand in atemberaubender Geschwindigkeit, er spürte es an dem Druck in den Ohren. Schließlich ließ er los, stieß sich ab und versuchte aufzutauchen, so schnell er konnte. Die Tränen übermannten ihn wieder, er ließ ihnen freien Lauf. Mit ihnen rannen die Bilder heiß über seine Wangen und verschwanden in seinem Dreitagebart und unter dem Kinn im Fleece seiner Jacke, wo sie einen kalten, feuchten Fleck bildeten.

24. November 2002, Las Palmas, Kanarische Inseln

»5, 4, 3, 2, 1, Schuss!«, rief Jan vom Bug. Mit Schwung ging Johanna etwas unterhalb des Startschiffes über die Linie und ließ die drei großen Oyster-Yachten, die sich mit killenden Segeln an den Start gelegt hatten, einfach hinter sich. Halbwinds legte Johanna sich etwas auf die Seite, die Bugwelle rauschte, am Heck begann das Tosen des Kielwassers, ein Rauschen und Brodeln, das einen bei längerem Hinsehen ganz schwindelig werden ließ und sie bei gutem Wind jetzt mindestens die nächsten zwei Wochen begleiten würde.

Jan kam nach hinten und klopfte Alexander auf die Schulter.

»Was für ein schöner Start«, strahlte er, sodass sich alle Falten um seine sonnenverbrannte Nase gleichzeitig zeigten, »fast auf die Sekunde, mein Lieber. Völlig überflüssig zwar, aber schön!«

Alexander schob mit seinem Zeigefinger die Sonnenbrille wieder auf seiner Nase nach oben, sah Jan an und lachte. 2700 Seemeilen hatten sie vor sich, 2700 Meilen ohne Land, und sie hatten fast einen Nullstart hingelegt, waren mit dem Startschuss über die gedachte Startlinie der Transatlantik-Regatta gesegelt, die von einer kleineren Fregatte der spanischen Marine auf der einen und einer Motoryacht auf der anderen Seite gebildet wurde. Dabei war bei einem Rennen von zwei bis drei Wochen über einen der fünf Ozeane ein Sekunden genauer Start tatsächlich so überflüssig wie Streusalz auf einer Wüstenexpedition.

»Das mag ich so an dir: Die Wettfahrt dauert Wochen, es geht um nichts und du kämpfst um jede Sekunde – einfach schön!«, sagte Jan.

»Und wir liegen frei«, antwortete Alex und grinste. Er zeigte um sich. Keines der anderen Schiffe war auch nur in ihrer Nähe und hätte ihnen den Wind zum Segeln nehmen können.

»Freier geht's nicht«, lachte Jan und sah sich um. Die anderen Schiffe der ARC, der Atlantic Rally for Cruisers, starteten völlig entspannt Richtung Karibik und waren minimal 200 Meter entfernt. »Da deckt uns keiner ab.«

Die ARC galt selbst im sechzehnten Jahr ihres Bestehens als eines der Highlights bei den Hochseeseglern, zu denen sich auch Jan und Alexander zählten. Bei dieser Art von Rennen ging es um nichts als um Pokale, die zumeist nicht einmal sehr schön und schon gar nicht wertvoll waren. Trotzdem galt es auch in diesem Winter wieder viel, auf dem Weg über den Atlantik so viele andere Yachten wie nur möglich hinter sich zu lassen. Wie in den meisten anderen Sportarten ging es beim Regattasegeln um die sportliche Ehre. Und mit der Regattaerfahrung, die die beiden über die Jahre auf den verschiedensten Schiffen angesammelt hatten, gab es einiges an Ehre zu gewinnen oder zu verlieren, darüber waren sich alle an Bord einig. Die ganze Crew war über die Sommersaison in ihren Heimatrevieren schon braun gebrannt und brauchte nur kurze Zeit, um sich wieder mit dem Leben an Bord anzufreunden. Die südliche Sonne hatte hier vor der westafrikanischen Küste selbst im Winterhalbjahr Kraft, und so waren die fast 1400 Segler auf über 200 Schiffen, die an der Wettfahrt teilnahmen, beim Auslaufen nicht nur aufgeregt, sondern nahezu euphorisch.

Jan und Alex hatten über den Sommer zahlreiche andere Regatten gesegelt, angefangen bei der Nordseewoche nach Helgoland, die Kieler Woche, schließlich die Travemünder- und die Flensburger Herbstwoche im September. Alles hochkarätige Wettfahrten, aber immer nur Tagesrennen, bei denen das Schiff am Abend wieder im Hafen lag. Das hier war etwas anderes: Sieben bis zehn Tage würden sie sich von Land entfernen und die nächsten sieben bis zehn wieder an Land annähern. Währenddessen wollte das Schiff rund um die Uhr in Fahrt gehalten werden. Sollten Reparaturen anfallen oder jemand zu Schaden kommen, würden sie sich selber helfen müssen. Außer den anderen Yachten war niemand weit und breit. Jan war 31 geworden in diesem Herbst und arbeitete bereits als Ingenieur, Alexander war 28 und jobbte neben seinem Studium vor allem auf Yachten. Er überführte sie von einem Hafen zum anderen, wenn der Eigner keine Zeit dafür hatte, reparierte sie und rüstete sie aus. Ein Traumjob, wie er selber gern sagte, aber nichts, was Bestand haben könnte, das wusste er auch. Zusammen waren die zwei ein unzertrennliches Team. Sie hatten die gleiche Art von Humor und liebten Wortspiele und hintergründige Witze. Wenn sich zwei Menschen einen ganzen Abend auf einer Feier mit der einfachen Vergangenheit bei unregelmäßigen Verben befassen und sich dabei auch noch hervorragend amüsieren konnten, dann waren es Jan und Alex, wie Alexander in seiner Kurzform allgemein genannt wurde.

Der Nordost-Passat wehte seit Tagen beständig und entspannend mäßig. Drei Windstärken waren es beim Start gewesen, jetzt nahm es auf vier zu. JOHANNA ließ bereits ihre Heckwelle hinter sich und kam streckenweise in eine gemäßigte Gleitfahrt. Das digitale Log auf den zwei Steuerständen mit ihren kleinen Lenkrädern, zwischen denen man nach achtern zur Badeplattform hindurchgehen konnte, pendelte zwischen neun und zehn Knoten. Mit der neuen JOHANNA ging das schnell, obwohl ihr Mast im Hafen immer so aussah, als wäre er zwei Meter zu kurz. Oder die Yacht ein wenig zu füllig. Groß eben, wie Alexander zu sagen pflegte. 47 Fuß in der traditionellen Maßeinheit der Segler, knapp 15 Meter, waren kein Pappenstiel. JOHANNA war ein mächtiges Schiff und großserienmäßig leicht gebaut. »Billig«, sagten ihre Kritiker um Alex; »leicht«, sagten die anderen, die wie Jan die Geschwindigkeit mochten, die das Schiff in kürzester Zeit aufzunehmen in der Lage war. Und die waren im Moment im Recht, JOHANNA machte Anstalten, den Atlantik in atemberaubend kurzer Zeit zu überqueren. Schon bei der Überführung hierher hatte sie sich entlang der portugiesischen Küste und schließlich auf dem Sprung in die Kanarischen Inseln von ihrer besten Seite gezeigt. 170- oder gar 200-Meilen-Etmale hatte die Überführungscrew hingelegt, ohne den Spinnaker auch nur ein einziges Mal auszupacken.

200 Meilen in 24 Stunden, das bedeutete gut acht Knoten Durchschnittsgeschwindigkeit über die gesamte Strecke. Was für einen Landmenschen nicht viel klingt, war auf See für eine Fahrtenyacht erheblich. Eine Seemeile sind 1,852 Kilometer, gut 15 Stundenkilometer also im Schnitt – viel für eine Segelyacht, die nicht primär für Regatten entworfen wurde. Der Speed der Yacht vereinnahmte alle an Bord ähnlich, wie sich ein Porschefahrer mit über 280 km/h auf der Autobahn berauscht. Man musste schon Segler sein, um das zu empfinden. Dann hatte man eine Ahnung, wie viel Anstrengung, Schweiß und Sich-Überwinden in jedem Zehntel steckt. Eine Segelyacht tankt nicht Energie an der Tankstelle und verbraucht sie auf Knopfdruck, sie nutzt die Energie des Windes und die Energie der Crew, die das Schiff bedient, um voranzukommen. Wie auf einer Galeere musste die Mannschaft bekocht, mit Energie versorgt und bei Laune gehalten werden. War es aber auf Galeeren die schiere Angst vor Strafe, war es hier positive Motivation, die das Schiff antrieb.

Dennoch verschwand für Alex das mulmige Gefühl nie ganz an Bord. Immer war man irgendwie hellhörig, achtete darauf, ob wohl alles hielt. Er ertappte sich dabei, dass er um den beweglichen Aluminiumbeschlag, der den Großbaum mit dem Mast verbindet, immer einen Bogen machte. Das war sicherlich übertrieben, sie hatten ihn sich noch einmal intensiv angesehen. Keine Risse zeigten sich in seiner dunkel eloxierten Oberfläche, nichts was darauf hindeutete, dass er seinen Dienst versagen könnte. Er würde halten, beruhigte sich Alex, aber wie diesen Beschlag gab es tausende kleiner Teile an Bord, die plötzlich ihr Leben aushauchen konnten. So war das für ihn auf See, immer irgendwie mit Misstrauen unterlegt und mit einer gehörigen Portion Gottvertrauen, dass letztlich doch nichts passiert, sonst wäre er ja nicht losgefahren. Über seine Familie war er jedoch vorbelastet, vor allem sein Onkel kannte Yachten derart genau, war über Konstruktion und Konzeption, Dimensionierung und Verarbeitung so genau informiert, dass man schon als Zuhörer dazu neigte, auf jedem Schiff nach Fehlern zu suchen. Dachte er an Onkel Patrick, wurde er traurig. Sicherlich hätte er sich gefreut, ihn als Skipper an Bord zu sehen, dazu war es aber nie gekommen.

»Der Auslaufdrink, die Herren!«

Alex drehte sich um, im Niedergang erschien Tinas Gesicht. Die langen braunen Haare waren zu einem Pferdeschwanz zusammengebunden. Sie trug eine Schirmmütze mit der Aufschrift ihres Yachtversicherers ›Panther – Safety At Sea‹, die mit einer kleinen Leine am Kragen befestigt war, damit der Wind sie nicht fortwehen konnte. Wie alle an Bord hatte sie kurze Hosen an, die anfangs hellbraunen Beine waren nach einigen Tagen einem milchigen Dunkelbraun gewichen. Das Polohemd blähte sich im Wind und zeigte zwischen den Schulterblättern einen kleinen Schweißfleck. Alex sah ihr mit gerunzelter Stirn in die Augen.

»Was hast du denn gedacht? Alkohol vielleicht? Skipper!« Sie tat empört und Alex grinste. Aus den sechs Kaffeebechern hingen dünne Fäden mit je einem Pappschild, das lustig im Wind wehte. Das waren definitiv keine Anzeichen für Cocktails, sondern die feinen Baumwollbändchen, mit denen sich Teebeutel aus dem heißen Sud entfernen ließen, ohne sich die Finger zu verbrennen.

»Pfefferminz, Earl Grey oder Hagebutte?«

»Hagebutte, ich muss noch fahren«, er lachte sie an.

»Hat jeder seinen Drink?« Ein Raunen ging durch das Cockpit. »Na dann, Prost! Auf eine erfolgreiche Wettfahrt mit JOHANNA. Mögen Rasmus, der heilige Nicolaus und Neptun und wie sie alle heißen über diese Regatta wachen.«

Er hob seinen Becher, die anderen fünf stießen mit einem Klack mit seinem und den anderen zusammen. Schließlich setzten sie sich aufs Süll und genossen ihren Tee. Es war Mittag, und für einen Moment kehrte Ruhe ein an Bord, Gran Canaria zog an Steuerbord in immer größer werdender Entfernung vorbei.

Heute Abend würden sie die Südspitze passiert haben und dann waren sie seaborne. Das heißt, am nächsten Morgen gab es nach dem Aufwachen kein Land mehr für mindestens zwei Wochen. Auf diesen Augenblick hatten sie lange hingearbeitet, am längsten Alex und JOHANNAS Eigner, der nicht dabei sein konnte. Wichtige Geschäfte machten ihn in seinem Unternehmen unentbehrlich; für Alex wieder einmal eine Bestätigung, dass es besser war einfach segeln zu gehen, statt so viel Geld wie möglich zu verdienen und dann zu Hause bleiben zu müssen. Die Yacht war extra für diese Reise gekauft worden, allein die Ausrüstung hatte über ein halbes Jahr in Anspruch genommen und aus einem einfachen Charterschiff eine Reiseyacht gemacht. Alex hatte mit ihrem Eigner jede kleine Schraube besprochen, neue Segel gekauft und die Standardbesegelung verbessert, den Serienanker gegen einen besseren getauscht, ein Radargerät installiert und Teile der Einrichtung geändert. Eine gewaltige Aufgabe, die kaum noch Platz für andere Dinge in Alex' Leben gelassen hatte. Förmlich in letzter Minute hatte der Eigner dann abgesagt. Die Schwierigkeiten in seinem Unternehmen hielten ihn an Land fest, die Atlantikreise schien auf einmal so weit entfernt wie die Tankstelle auf einem Berg, wenn man seinen Wagen alleine dorthin schieben muss. Alex hatte ihn überzeugen können, die Reise nicht abzusagen und sein Schiff erst in der Karibik endgültig in Empfang zu nehmen, wenigstens die Zeit in den tropischen Inseln hätte er so noch vor sich, wenn er auch auf die Regatta verzichten musste. Es war zwar ungewöhnlich, aber niemand an Bord war ernsthaft unglücklich über diese Situation, und Alex war auf diesem Wege zu seinem ersten Job als Skipper gekommen. Alleine hätte er ihn vielleicht nicht einmal angenommen, aber mit seinem älteren Freund Jan fühlte er sich sicher genug. In langen nächtlichen Gesprächen waren sie alle Eventualitäten durchgegangen. Schließlich hatte Alex Ja gesagt.

Sechs Mann waren sie jetzt an Bord, neben Alexander und Jan ihre Freundin Tina, mit der sie bereits ungezählte Regatten zusammen gesegelt waren. Sie war klein, drahtig und blitzschnell an Bord. Vor allem hatte sie einen Charakterzug, den Alex sehr an ihr schätzte: Wenn es darauf ankam, machte sie ihre Aufgaben ohne zu murren, auch wenn ihr etwas entschieden gegen den Strich ging. Probleme diskutierte Tina immer erst mit ihnen aus, wenn das Manöver vorbei und die Yacht wieder sicher auf Kurs lag. Sie kam wie er nicht aus einer Seglerfamilie, sondern war mit ihnen unterwegs, weil sie das Leben auf dem Wasser liebte. Dafür war sie bereit, einiges zu tun. Alex sah zu Wolfgang und Jens hinüber, die wie zwei Fußballspieler auf der Reservebank auf ihren Einsatz warteten. Die beiden Brüder waren nur ein Jahr auseinander, Wolfgang 24 und Jens 23 Jahre alt. Eigentlich hielten sie große Yachten aus sportlicher Sicht für langweilig, waren sie doch im Tornado-Katamaran schon gemeinsam bis in die Olympiaauswahl aufgestiegen. Durchtrainierte Kämpfer, die auf ihrer ersten Atlantiküberquerung auch mental an ihre Grenzen kommen wollten. Alex war sich sicher, dass sie diese Prüfung problemlos meistern würden.

Gute Bedingungen eigentlich für seine erste eigenverantwortliche Reise. Und wenn's auch nicht leicht würde, so würden sie ohne den Eigner von JOHANNA zumindest erheblich weniger Spannungen an Bord haben. Harry war ein unangenehmer, gebückt gehender Mann, er hatte es mit seiner misstrauischen Art beruflich zu einigem Erfolg gebracht. An Bord war er nicht anders. Harry behandelte seine Mitsegler wie seine Geschäftspartner. Er traf seine Entscheidungen häufig wahllos und ohne Abstimmung mit ihnen, als müsste der Mannschaft von Zeit zu Zeit gezeigt werden, dass er das Schiff bezahlt hatte. Das war natürlich zweifelsfrei richtig, aber derart sozial unverträglich wäre er als Crewmitglied kaum irgendwo auf einem Schiff mitgenommen worden, zumal auch seine Leistungen als Regattasegler mehr als umstritten waren. Aber weil ihm die JOHANNA nun mal gehörte, die die Grundlage des gemeinsamen Hochseesegelns bildete, hatten sie sich mit seiner Art arrangiert. Harry hatte seinem Schiff auch den Namen gegeben – alle vorigen Schiffe Harrys hießen ebenfalls JOHANNA. Einige behaupteten, JOHANNA wäre der Name seiner ersten Geliebten, andere meinten, es wäre der seiner Mutter, die als Witwe bis zu ihrem Tod bei ihm wohnte. Abschließend geklärt wurde die Namensgebung nie. Harry gab ihnen auf diesbezügliche Fragen oder Sticheleien keine Antwort, und sicher war nur, dass seine Frau nicht Johanna hieß. Eigentlich war Harry kein schlechter Kerl, vor allem wenn sie auf Regatten erfolgreich gewesen waren, zeigte er sich für seine Verhältnisse durchaus großzügig. Die riesigen Mengen gegrillter Hähnchen aus dem Imbiss neben der Tankstelle in Kiel und das reichlich vorhandene Billig-Bier (von der Tankstelle) in Halbliter-Dosen, das die Bilge von JOHANNA beständig füllte, waren fast legendär. Eine Diskussion über den besseren Geschmack teureren Bieres mit Harry anzufangen, war zwecklos und so ließen sie es dabei.

In diesem Punkt waren sich auch Jan und Alex einig: Im Verhältnis zu den Seglern, die gern einmal eine weite Reise machen wollten, gab es unverhältnismäßig wenig Schiffe, und all ihre Eigner hatten irgendwelche Macken, zumindest in den Augen ihrer Crews. Wenn man wollte, verstanden die beiden das sogar, denn würden sie selber genügend Geld für ein Schiff aufbringen können, würde sie es vermutlich auch nur widerwillig mit anderen teilen. Ein Gedanke übrigens, dem kaum eine Besatzung dieser Welt zustimmen würde, auch wenn der Beweis für dieses Denken mangels der nötigen finanziellen Mittel zumeist nicht erbracht werden musste, wie Alex gern einmal zum Besten gab, und was ihn prompt in einer Runde bierseliger Segler isolierte. »Da hat doch der geringe Verdienst des Großteils der Bevölkerung einen durchaus praktischen Wert, denn keiner konnte an den in den Seglerkneipen der Welt ausgesprochenen Idealen, es selbst anders zu machen, ernsthaft zweifeln«, fuhr Alex meist trotzdem fort, »und es bleibt auch noch genug Geld für das notwendige Bier am Tresen.«

Onkel Patrick sollte einmal über Alexander gesagt haben, er sähe so aus, als könnte er im nächsten Moment jemanden umbringen. Das war nur die halbe Wahrheit; richtig war, dass Alex schon früh über extrem muskulöse Arme und Beine verfügte. In Verbindung mit seinen ebenmäßigen, großen Händen waren es die Unterarme, die die Frauen in seiner Umgebung geradezu magisch anzogen, bis sie ihm nach einer Phase der Distanz, die fast schon Angst war, endgültig verfielen. Was nichts daran änderte, dass Alexander, wie er es ausdrückte, »einfach nicht die Richtige fand«. Vielleicht deswegen, weil zu viele ihn fanden und ihm das Sortieren schwer fiel. Gerade im Sommer glänzten seine langen, blonden Haare auf den braunen Unterarmen wie Gold. Das wirklich Beeindruckende an Alex' Statur war jedoch der massige Oberkörper, der fast so aussah, als wäre er in Muskeln eingewickelt. Sein Kreuz und der Schulterbereich waren so unglaublich ausgeprägt, dass man glauben konnte, er würde allen Widrigkeiten widerstehen können. Er ging immer ein wenig breitbeinig und schlenkerte dabei mit seinen kräftigen Armen. Gerade das empfanden andere Männer (vor allem wenn sie in der Hierarchie über ihm standen, also sowohl seine Vorgesetzten und früher auch schon seine Lehrer als auch – wie Alex annahm – wohl selbst sein Vater) als unmittelbare Bedrohung und Provokation. Die Reaktionen auf sein Äußeres und sein an sich friedliches Wesen hatten wohl letztlich zu seinem unorthodoxen und häufig provokanten Handeln geführt. Freunde verziehen es ihm, auch wenn er sie damit immer wieder einmal erstaunte, trotzdem war es ein Phänomen, über das zumindest in seiner Abwesenheit gesprochen wurde. Onkel Patrick sollte bei einer solchen Gelegenheit einmal über den damals vierzehnjährigen Alexander gesagt haben, er führe nicht trotz, sondern gerade wegen des Regens mit dem Fahrrad. Das traf die Geschichte sehr genau: Er versuchte das zu tun, was andere gerade nicht taten, um zu beweisen, dass es natürlich trotzdem möglich war. Nicht dass das jemals jemand bezweifelt hätte, nur meist gab es bequemere Wege. Und wer Alexander lange genug kannte, sah, dass er das inzwischen manchmal widerwillig einzusehen bereit war. Er ging jetzt schon eher einmal Kompromisse ein und gab nach. Seine Erscheinung erinnerte immer mehr an seinen Onkel Patrick: Wie er stand Alex einfach ruhig da und ließ seine Präsenz wirken; fast unbewegt und mit einem feinen Lächeln um die Augen.

Auf Harrys Empfehlung hatten sie zum Aufstocken der Mannschaft einen jungen Regattasegler mitgenommen, um wieder genug Leute an Bord zu haben. Alex sah über den Rand seiner Tasse hinweg. Denis saß auf der gegenüberliegenden Seite und war wie häufig in ein Gespräch vertieft. Sie erzählten sich Geschichten, Denis lachte und trank formvollendet seinen Tee. Er gehörte dem HRC, dem Hanseatischen Regatta-Club, an, einem der renommiertesten Segelvereine Hamburgs; schon sein Vater und Großvater segelten dort. Alexander war aus ihm und seiner Art nie ganz schlau geworden, aber Denis war unbestritten ein guter Segler. Alexander betrachtete Denis stets mit einer Mischung aus Ehrfurcht und Ablehnung, vermutlich spielte auch Neid mit hinein. Jan hatte es irgendwann auf den Punkt gebracht: »Du magst ihn einfach nicht. Finde dich damit ab.« Er hatte ihm geraten, zu versuchen mit Denis einfach ganz normal umzugehen, damit es auf dem Schiff keine Spannungen gab. Keine ganz leichte Aufgabe, wie er selber zugab.

Auf jeden Fall aber hatten sie mit Denis niemand ganz Unbekannten an Bord. Er hatte sich als Regattasegler auf vielen anderen Yachten einen Namen gemacht und die meisten kannten auch seinen Vater. Zu gern sprach Denis von »Papas Schiff« oder »Papas Firma«, die er einmal übernehmen würde. Damit versuchte er wie ein kleiner Junge zu kokettieren und Sympathien zu sammeln, was ihn vor allem bei den älteren Herren zu einer Art idealen Schwiegersohn machte. In Denis' eigener Altersklasse erwiesen sich dagegen die Bemühungen, seine Gesprächspartner aufzuweichen, häufig als vergeblich. Denis erschien wie ein großes Kind, aber kalkulierte mit seiner Erscheinung. Er war sich über seine Ziele vollkommen im Klaren und überließ nichts dem Zufall. Stellte sich der Erfolg nicht von alleine ein, schaltete er übergangslos auf Konfrontation und wurde ein unverhältnismäßig harter Gesprächspartner. Jedenfalls für Alex' Verhältnisse, er war während der Vorbereitungen einige Male mit ihm aneinander geraten. Unnötig, wie er wusste. Damit waren zwar die Fronten klar, die Stimmung zwischen den beiden aber nicht unbedingt besser.

Alexander sah nach achtern.

»Tiefe brauchen wir wohl nicht mehr«, sagte Jan ohne aufzuschauen, während er die Anzeigen der Digitalinstrumente neu programmierte. Wohl wahr, dachte Alex, der Tiefenmesser würde erst wieder in der Karibik interessant werden. Mit seiner bescheidenen Sendeleistung konnte er den weit entfernten Atlantikgrund bis dahin nicht mehr erreichen. Jan stellte die Instrumente auf wichtigere Anzeigen um, wie den elektronischen Kompass für die Nachtfahrt, GPS-Daten und Windgeschwindigkeit. Sein Freund sah solche Sachen immer sofort, war immer hellwach, wenn er über das Schiff ging. Nur selten sah Alex ihn einfach so irgendwo sitzen. Meist knotete er ein loses Ende fest, schoss Leinen auf, wischte Kaffeeflecken fort oder suchte eine klappernde Dose in den Stauräumen. Alex war froh, dass er Jan an Bord hatte. Jan schien das Meer in sich aufgenommen zu haben, als würden Blut und Salzwasser gemeinsam in seine Adern pulsieren; er war hoch konzentriert und lebte in einer Einheit mit dem Schiff; die Bewegung der Yacht und die eigenen fein miteinander synchronisiert. Wenn er über Deck ging, meinte Alex manchmal sehen zu können, wie das Schiff seine Bewegung auf Jans abstimmte und nicht umgekehrt. Sie bewegten sich gemeinsam wie ein eingespieltes Ehepaar, respektvoll und doch mit einem Ziel vor Augen, von dem sie wussten, dass es alleine zu erreichen viel schwieriger war. Die Yacht ließ ihn nicht ins Leere treten, kam ihm nie entgegen, sodass er einen heftigen Schritt machen müsste. Sein Gang über das zur Zierde mit Teak belegte Kunststoffdeck war geschmeidig und sanft. Hinter den kleinen Ruderrädern stehend, gab er JOHANNA die Richtung vor wie einem Kind, das mit geschlossenen Augen auf einem schmalen Waldweg auf die Führung der Hand seines Vaters vertraute. Eine schwer zu beschreibende Harmonie lag dann über der Szenerie, die jeder an Bord spüren konnte; das Schiff war unter Jans Führung zart und geschmeidig, das Bocken und Reißen in dessen Bewegungen, das noch Minuten vorher mit einem anderen Rudergänger zu spüren gewesen war, war wie weggeblasen. Wer mit Jan Wache ging, wurde schnell Teil dieses Systems. Die Gespräche wurden automatisch eine Stufe leiser geführt, als gälte es, die Kirche Schiff mit ihrem gefühlvollen Religionsführer nicht bei der Andacht zu stören. Der Spinnaker leuchtete im nachmittäglichen Gegenlicht wie ein Altar, Jans Messdiener saßen jeder auf seiner Seite an den Winschen, um dem störungsfreien Ablauf der Predigt mit den entsprechenden Handreichungen zu unterstützen. Anweisungen kamen, wenn überhaupt, als leise gesprochener Psalm, der keinen Zweifel an seiner Richtigkeit zuließ.

»Wenn du das Schiff mit Gefühl segelst«, hatte er zu Alexander gesagt, als sie sich kennen lernten, »spürst du den schmalen Grat, auf dem es sich wohl fühlt.« Für Alex anfangs eine leere Phrase, aber er hatte viel über das Steuern gelernt in jenem Sommer, als sie sich zum ersten Mal trafen, und hatte sich langsam an die Grenzen der Yachten herangetastet. Maximal 20, 22 Grad Lage an der Kreuz, so Jan, dürfte die Yacht haben und genau auf dieser Grenze müsse man das Schiff segeln. Anfangs hatte Alex sich schwer getan, die Yacht an der Kreuz mit leichter Hand und, je nach Wind, in einer leichten Schlangenlinie zu halten. Erst langsam hatte er gemerkt, dass sich das Schiff mit dem Ruder vollständig beherrschen ließ, ohne dass große Kraft nötig war oder in die Segelstellung eingegriffen werden musste. Das musste tatsächlich erst dann geschehen, wenn man den schmalen Grat verließ.

Jan war ein geduldiger Lehrer gewesen. »Jetzt, wenn eine Böe kommt, luvst du mit ihr an, denn mit dem stärkeren Wind ändert sich auch die Windrichtung an Bord, der scheinbare Wind.« Alex saß an diesem Tag schon lange genug am Ruder, um die Yacht gewähren zu lassen. Langsam zog das Schiff nach oben. Alex lächelte siegesgewiss in Jans Richtung, als der Wind noch einmal zunahm und sich die Yacht brutal zur Seite neigte. Unmittelbar schien es zur Seite wegzurutschen, unter Deck entledigten sich die luvwärtigen Schränke ihres Inhalts, das Rad in seinen Händen war zu einem unnützen Werkzeug geworden. Schnell hatte Jan das Großsegel losgeworfen und mit einem Griff das Schiff wieder auf Kurs gebracht. »Du spürst es noch nicht«, hatte er gesagt, »du machst es noch nicht automatisch. Und du siehst, was passiert, wenn du den schmalen Grat verlässt. Du bist auf mich angewiesen, bist nicht mehr alleine Herr der Lage. Das musst du aber sein als Rudergänger und sei es bloß, damit du mir rechtzeitig sagst, dass das Großsegel losgeworfen werden muss. Nur dann vertraut dir auch deine Mannschaft.« Am Ende hatte Alex seine Lektionen gelernt und war nach dem Sommer ein fast so guter Rudergänger wie Jan selbst. »Ein Schüler wird immer nur so gut sein wie sein Lehrer. Wenn du neben einem schlechten Lehrer sitzt, wirst du auch selber nie gut sein. Ich hatte Glück, einmal neben einem guten Lehrer gesessen zu haben.« Jan hatte ihm in die Augen gesehen, und Alex wusste, was er meinte. Er hatte eben auch das Glück gehabt, neben einem guten Lehrer zu sitzen. Diese Erlebnisse hatten ihre Freundschaft nachhaltig vertieft, schließlich verließen sie sich blind aufeinander.

Alex kletterte über mehrerer Beinpaare, die sich höflich ein Stück zurückzogen, und stieg den Niedergang hinab. Der Kartenplotter an der Wand über dem Kartentisch lief noch, auf dem kleinen 10-Zoll-Bildschirm war der Küstenverlauf zu sehen. Morgen würde alles um das kleine symbolisierte Schiff auf dem Bildschirm nur noch weiß sein. Dann könnte man auf ihn verzichten, Strom sparen war dann wichtiger, und die weiße Seekarte würde ihren Kurs auf dem Kartentisch nach den GPS-Positionen genauso gut dokumentieren.

Er setzte sich auf den hölzernen Sitz in der Navigationsecke. Sofort rutschte er auf dem glatt lackierten Holz in die Mitte der konkaven Sitzfläche. Momentan liefen sie vor dem Wind, und das würde hoffentlich auch die nächsten zwei, drei Wochen so bleiben. Fahrtenseglers Traum: keine Kreuz in Sicht. Er drückte am Kartenplotter auf zoom out, der Atlantik gewann an Größe, Gran Canaria wuchs nach dem dritten Druck auf seinen vollen Umfang. Alex drückte weiter, die Kanarischen Inseln erschienen komplett, wurden schließlich kleiner und kleiner, wie Stecknadelspitzen auf dem Display. Dafür erschien im Westen die Inselkette der Karibischen Inseln und ob des Maßstabes gleich Teile Nord- und Südamerikas mit. Das Schiffssymbol von JOHANNA war in der Größe gleich geblieben und füllte jetzt den gesamten Raum zwischen Gran Canaria und Gomera. Von der bisher gesegelten Kurslinie war selbst bei genauestem Hinsehen nichts mehr zu entdecken.

Die Bestimmung einer Schiffsposition funktionierte eigentlich immer nach dem gleichen Schema. Man suchte sich zwei feste Punkte, deren Positionen bekannt waren, und stellte mit einem Kompass deren Himmelsrichtung, die Peilung, fest. Dann zeichnete man beide Linien in die Karte ein, und am Schnittpunkt befand man sich zum Zeitpunkt der Peilung. Die so genannte terrestrische Navigation stützte sich auf Landmarken, also Leuchttürme, Berge, Kaps, die in Landnähe sichtbar sind. War das Schiff mitten auf dem Meer, war die Ortsbestimmung ungleich schwieriger, denn die einzigen festen Punkte waren nun die Gestirne. So ließ sich beispielsweise die Sonne als fester Punkt nutzen, wenn man wusste, über welchem Punkt der Erde sie zu welchem Zeitpunkt senkrecht stand. Tabellen gaben dem Navigator darüber Auskunft und mit einem Winkelmesser ließ sich ihre Höhe über dem Horizont feststellen. Mit dem Tangens des Winkels errechnete man die Entfernung zum Punkt des Zenits, und man erhielt einen Kreis um diesen Punkt, auf dem man sich befunden haben musste. Wenn man diese Höhenmessung zweimal machte, schnitten sich zwei Kreise, und einer der Schnittpunkte ist die gegenwärtige Position. In diesem Fall sollte man also schon im Vorfeld auf einige hundert Meilen genau wissen, wo man ist, um den richtigen Punkt herauszufinden. Die Computer- und Satellitentechnik hatte diese Art der Positionsbestimmung aus dem All für sich perfektioniert. Permanent kreisten dutzende, künstliche Himmelskörper auf festgelegten Bahnen um den Globus und sendeten ihre Positionen zur Erde. Computer, mittlerweile klein wie Mobiltelefone, fingen die Signale auf und errechneten in Sekundenschnelle die genaue Position. Die Seefahrt war so um ein Vielfaches einfacher und sicherer geworden. Leuchttürme und terrestrische Navigation dienten häufig nurmehr als Kontrolle der GPS-Position.

»Mein lieber Mann! Was 'ne Strecke!«, murmelte Alex im Anblick des weißen Atlantiks auf dem Plotter.

»Und es geht grad erst los«, sagte Tina leise hinter ihm. Alex hatte sie nicht herunterkommen hören. Zu sehr war er in den Anblick des Atlantiks im Zehn-Zoll-Format vertieft. Das Rauschen des schnell vorbeiströmenden Wassers und das Gerumpel des leichten Rumpfes in den Seen tat das seine dazu, dass man nicht mehr alles hörte.

»Man fühlt sich immer so sicher«, sagte Alex, »bis man dann unterwegs ist. Vier, fünf Kilometer Wasser unter den Füßen sind doch schon ein anderes Gefühl als 30 Meter in der Ostsee. Vor allem bei 5000 Kilometern vorm Bug.«

»Hey, du hast doch alles derart penibel vorbereitet, deine Mannschaft ist hoch motiviert, eigentlich kann nichts schief gehen. Und wenn, dann liegt es nicht mehr in deiner Hand.«

Alex wusste, was sie meinte. Sie segelten seit Jahren zusammen und hatten den gemeinsamen Gedanken an Gott häufig diskutiert. Kaum zu glauben, dass er auch für negative Dinge verantwortlich sein könnte. Tina war in die Pantry gegangen und spülte die Teebecher mit Seewasser aus. Alex sah sich um. Sie hatte Recht, das Schiff war perfekt vorbereitet. Instrumente, Seekarten, Hand-GPS, Rettungsinseln: alles war doppelt und dreifach an Bord. Ein EPIRB, eine kleine Seenotfunkboje für den Notfall, konnte bei Bedarf via Satellit innerhalb einer Stunde Hilfe herbeirufen. Heutzutage war niemand mehr ganz allein auf dem Ozean. Die Emergency Position Indicator Radio Beacon, wie sie unabgekürzt etwas sperrig hieß, alarmierte auf Knopfdruck die Seenotleitstelle in England und sendete Schiffsnamen und Position der Yacht gleich mit. Von dort wurden die Hilfsmaßnahmen gezielt und schnell koordiniert. Katastrophen wie die der TITANIC wären damit heute fast undenkbar. Der nahe Frachter, der ihre 1912 in einem Akt der letzten Verzweiflung abgeschossenen, weißen Raketen für ein Feuerwerk hielt, wäre von dem Unglück automatisch benachrichtigt worden und hätte vermutlich einen Großteil der Passagiere gerettet. Trotzdem waren das Meer und die Natur unberechenbar, das wusste auch Alexander. Beide Elemente als Einheit waren in der Lage, sich wie lebendige Wesen immer neue Katastrophen auszudenken, um die Vorbereitungen zu ihrer Vermeidung zu pulverisieren. Nicht selten spannten sie dafür die Menschen selbst vor den Karren scheinbar unvorhersehbarer Ereignisse und legten sich dann genüsslich zurück, um den Ausgang ihrer Tat aus der ersten Reihe mit anzusehen. Alexander griff in die Ablage neben dem Kartentisch und zog das Telefon heraus: Es sah aus wie ein normales, zu groß geratenes Handy, nur die Antenne hatte die Form eines Dildos, der außen an seiner eigenen Verpackung montiert war. Alex schwenkte ihn in die Waagerechte und betastete ihn. Er musste lachen.

»Willst du Beate Uhse mit dem Ding anrufen?« Tina grinste. »0190er-Nummern funktionieren damit, glaube ich, nicht.«

»Schon ausprobiert?« Alex hielt sich das Telefon ans Ohr. »Hier ist Segelyacht JOHANNA, ich bin in Seenot«, stöhnte er in den Hörer.

Die Niedergangstreppe knirschte, und Jan stieg aus der Sonne in den Schatten der Kajüte.

»Was treibt ihr beide denn schon wieder?«, fragte er.

»Seenotgespräche absetzen«, sagte Alex ohne vom Telefon aufzusehen, während er die Antenne wieder einklappte.

»Bei Beate Uhse«, fügte Tina hinzu und krümmte sich vor Lachen, »neuer Service für Seeleute.«

»Spinner!«, antwortete Jan und schüttelte den Kopf. »Ich bin umgeben von Spinnern. Ich leg mich hin. Wir haben die erste Wache ab 20:00 Uhr, Eros. Versuch' auch noch ein bisschen zu schlafen, wenn es deine Hormone zulassen.«

Alex lächelte ihn an: »Gute Idee, schlaf gut.«

»Du auch«, antwortete Jan und verschwand im Vorschiff.

Alex schob sich hinter dem Kartentisch hervor und legte sich auf eine der Salonbänke, die mit ihrem Skai-Bezug seinen Rücken kühlte. Er war allein im Salon, die Möbel knarrten im Takt der Wellen, vorn pumpte Jan noch an der Toilette, dann war Ruhe unter Deck. Schön, dass Jan sich wieder gefangen hatte. Nach seinem letzten Abenteuer mit der legendären NOMAD hatte er sich weit zurückgezogen. Mit seiner großen Liebe Rita hatte Jan viel Zeit fern vom Meer verbracht. Rita hatte erzählt, dass er stundenlang schweigend von Hochplateaus in die Ferne sah, wie in Zwiesprache mit einem übersinnlichen Wesen. Auf NOMAD hatten sie sich kennen gelernt und ihre ersten großen Reisen gemeinsam gemacht. Jan hatte die Geschichte erst einmal mit sich klären müssen, ehe er sich wieder auf das Meer traute. Die Berge erschienen dazu gerade richtig, war man Gott doch hier näher als sonst an einem Punkt der Erde. Monatelang hatten sich die zwei auf einen Bergbauernhof in Österreich zurückgezogen. Jan hatte nichts erzählen wollen von dieser Zeit, er war aber danach so klar, als hätte auch die eisige Luft der Gipfel einen festen Platz in seinem Körper eingenommen.

28. November 2002, Position 23°58,9' N, 24°20,9' W

Auf See ist Langeweile gut – irgendwie. Langeweile bedeutete keine Flauten, keinen Sturm, keinen Regen, keine hohen Wellen, keinen Schiffsverkehr oder zu nahes Land, sondern gleichmäßiges, stetiges Fortbewegen. Der Idealzustand für eine Segelyacht, will man sie nicht an ihre Grenze treiben. Die Schoten, die Segel, Ruderanlage, Crew und Schiff liefen im idealen Lastbereich wie ein gut eingestellter Motor, der sowohl bei zu niedrigen, als auch bei zu hohen Drehzahlen unnötig Energie verschleißt und einen doch nicht richtig voranbringt. Langeweile war aber auch Routine. War ein intensives Sich-Befassen mit den Arbeiten, die getan werden müssen, wie kochen, Segel trimmen oder schlafen und lesen oder sich zu rasieren und zu waschen, was sie mit Salzwasser und einem Eimer auf der kleinen Badeplattform am hinteren Ende des Schiffes taten. Das Wasser hatte in den zunehmend tropischen Gefilden mindestens 25 Grad und lief nach dem Abspülen mit dem Schaum aus Alex' Haaren in kräftigen Rinnsalen nach achtern in das tosende Kielwasser von JOHANNA ab. Er hatte das Gefühl, hier endlose Zeiten zu verbringen und sich immer und immer wieder mit Wasser zu überschütten wie in einem römischen Bad, bis er schließlich anfing zu frösteln, sich in sein klammes Handtuch wickelte und ein Nickerchen in der Sonne machte. Dann war Langeweile die Freude über die Geschwindigkeit und das nicht nachlassende Achtgeben auf Material, Wetter und Kurs. Bisher war dieser Törn ausgesprochen langweilig.

Die Tage verliefen gleichförmig, geradezu erholsam. Sie hatten in ihren Wachrhythmus gefunden, zweimal sechs Stunden am Tage und dreimal vier Stunden in der Nacht, die mit ihrer Dunkelheit vom Körper eine ungleich höhere Energieleistung verlangte. Alle zwei Tage tauschten sie die Wachpartner, um die eventuelle Routine zu durchbrechen; so konnten sich keine Gruppen bilden und die Gespräche wurden nicht langweilig. Immer wieder brachten sie Anregungen aus der vorigen Wache mit, auch die Manöver verbesserten sich auf diese Art zusehends. Keiner versuchte ein kleines Geheimnis für sich zu hüten oder schneller zu sein als die anderen. Alex hatte das häufig auf anderen Regatten erlebt, wenn die Crew langsam in zwei Teile zerfiel. Dann war das rotierende Wachsystem keine Hilfe mehr, jeder wollte nur noch zurück zu seiner eigenen Gruppe. Wollte man es benutzen, musste es also von Anfang an eingeführt werden, präventiv, um die Menschen an Bord vor sich selber zu schützen. So konnte sich jeder Wachführer auf den Rückhalt der gesamten Mannschaft verlassen, wenn es galt, in großen Manövern gemeinsame Anweisungen an alle zu erteilen. Auf JOHANNA hatten Alex und Jan sofort nach dem Auslaufen auf diese Rotation gesetzt, und es funktionierte. Beide wussten, dass das nicht zwingend der Fall sein musste.

Langeweile an Bord ließ Alex aber auch Zeit, seine Gedanken auf Reisen zu schicken, er ließ sie ungestört von Hindernissen bis zum Horizont pilgern und rief sie wieder zurück wie ein Rudel gut trainierter Hunde, wenn es für die Seele Zeit war zum Abendessen. Generationen von Seefahrern haben darüber berichtet, wie frei Gedanken schweifen können, wenn man tagsüber nichts als die See und den Horizont und nachts nichts als die Nacht und die Sterne sieht. Kein Leben daheim ist in dieser Zeit wirklich präsent, Job, Beziehung, Familie und Autoverkehr sind unwirklich weit weg und lassen den Segler ahnen, dass er ohne Zivilisation vielleicht besser dran wäre. Auf der anderen Seite war eine Segelyacht natürlich auch ein Produkt der Zivilisation und an sich nicht autark. Um sich mit Wasser, Nahrungsmitteln und Treibstoffen zu versorgen, musste die Yacht in einen Hafen, dafür brauchte man Geld, und schon hatte einen die Zivilisation wieder. Ein Leben auf See ohne die Zivilisation war gnadenlos, lebensgefährlich und unsicher gewesen; die meisten Seeleute in der Vergangenheit hatten diesen Mythos der Freiheit nach Alex' Meinung hochgehalten, weil das Leben, das an Land auf sie wartete, noch viel gnadenloser, lebensgefährlicher und unsicherer war.

Das war in der Zeit des modernen Segelns nicht mehr der Fall. An Land warteten Sicherheit und Geborgenheit, was wohl auch der Grund dafür war, warum sich die meisten erst nach dem Endlich-Losfahren sehnten und nach einigen Tagen auf See bereits wieder auf das Endlich-Ankommen freuten. Sie gingen Alex damit auf die Nerven, wenn sie um den Kartentisch saßen und Kurse vermaßen und sich ausrechneten, wann sie wohl am Ziel wären und wann wieder zu Hause und bei der Familie, nur um festzustellen, dass die Langeweile an Land viel fürchterlicher ausfallen konnte als auf See. Für diejenigen wie Alex, die zu Hause gerade nichts Besonderes erwartete, war die Zeit auf See Gold wert. Er dachte nicht darüber nach, was er danach machte. Alex war einfach froh, hier zu sein, auf See, auf diesem Schiff. Vor allem jetzt, im Schatten des Spinnakers auf dem Vordeck über der Bugwelle mit Tina an seiner Seite, die sich in den Segeln räkelte.

Tina passte perfekt in das Raster von Alex, auch wenn er das manchmal nicht wahrhaben wollte. Vielleicht kannte er sie schon zu lange. Tina war aktiv wie er, segelte fast ebenso lange, fuhr viel Rad, was ihre schlanken Beine noch mehr betonte. Ihr runder Po füllte die Segelshorts prall aus und wenn sie über Deck ging, konnte Alex die Muskeln unter dem Stoff arbeiten sehen. Ein erregender Anblick, wie er sich selbst zugestand. Er mochte Frauen, die gut trainiert waren, mit flachen Bauch und kräftigen Muskeln, die einen deutlichen Widerstand boten, wenn man sie kräftig anfasste. Tina erfüllte das Klischee einer kleinen Schwester, die überall mit hinkam. Erst seit einigen Wochen war die Nähe größer geworden, aber Alex wusste noch nicht, wie er das einzusortieren hatte (wie immer, hörte er Onkel Patrick sagen). Sie waren auf Gran Canaria auf einem Cocktailabend gewesen, der vorwiegend von englischen Crews besucht wurde. Sie hatten einige Drinks genommen und sich schließlich gelangweilt.

»Was hältst du davon, wenn wir uns eine Flasche Wein vom Schiff holen und uns auf die Mole setzen?«, hatte sie schließlich gefragt.

»Gute Idee, hier ist eh nichts los.«

»Wir können direkt hinter der Pier, an der JOHANNA liegt, über die Mauer steigen und sind auf der Außenmole.«

Sie waren an den bunten spanischen Müllcontainern und ein paar anderen Seglern vorbei auf die andere Seite des Hafens gelaufen. Tina hatte eine Flasche Wein und zwei Becher in eine Tüte gesteckt und sich die Wolldecke aus dem Salon unter den Arm geklemmt, als sie ihn am Ende des Holzstegs wiedertraf.

»Na dann los«, hatte er gesagt und eigentlich die Flasche Wein gemeint, als sie über die brusthohe Mauer kletterten. Die groben Kiesel im Beton drückten sich dabei tief in ihre Handballen und Knie. Außen auf dem Wellenbrecher hatten sie die Decke auf einem der mannshohen Quader ausgebreitet, die wie von Riesenhand übereinander geworfen waren, um die Wucht der Atlantikwellen zu lindern. Heute war es fast windstill, die Geräusche und das Licht des Hafens waren hinter der Mauer zurückgeblieben. Sie saßen im Dunkeln der mondlosen Nacht und hörten nur das Glucksen des Wassers zwischen den Betonblöcken unter sich. Fast automatisch hatte er sich auf seinen Arm gestützt und begonnen Tina zu streicheln, die beinahe regungslos auf dem Rücken neben ihm lag und die Augen geschlossen hielt.

Langsam glitt er mit seiner freien Hand über ihre Brüste auf ihren Bauch und schließlich zwischen ihre leicht geöffneten Schenkel. Tinas Rücken spannte sich zu einem Bogen, als er seine Finger langsam in eines der weiten Hosenbeine ihrer Shorts schob. Mit den Fingerspitzen konnte er die feuchte Hitze ihrer Scheide durch das Höschen spüren, während sie leise mit offenem Mund stöhnte. Alex schob ihren Slip zu Seite und massierte sanft ihren Kitzler zwischen den nassen Lippen. Mit seinem Mund suchte er den Weg, den auch seine Hände über die Brüste genommen hatten, er zog ihr Polohemd aus der Hose und bedeckte ihren Bauch mit kleinen Küssen, während sie mit ihren kleinen Händen in seinen Haaren zauste. Zahn für Zahn öffnete er den Reißverschluss und den Hosenknopf und zog ihr die Shorts und den Slip über ihre Schuhe. Sein Mund fand ihre nasse, rasierte Scheide.

Es war eine kurze, aber heftige Liebesszene gewesen, er hatte sich wild unter ihr aufgebäumt, während sie auf ihm saß und war kraftvoll in ihr gekommen. Danach lagen sie lange eng umschlungen auf dem Stein und hatten sich die Decke um die Schultern gezogen. Später hatten sie noch die Flasche Wein geleert und auf den schwarzen Ozean geblickt, über den sie segeln wollten und über dem unterdessen der silberne Mond aufgegangen war. Die ganze Zeit hatten sie kein Wort miteinander gesprochen. Das Schweigen war für sie nicht belastend gewesen, ganz im Gegenteil. Sie hatten schon fast alle Geheimnisse miteinander geteilt.

Alex erinnerte sich jetzt wieder an die Vertrautheit auf dem Stein, der für sie wie ein kleines Reich für einen kurzen Moment gewesen war. Etwas nach dem er sich immer – bewusst oder unbewusst – gesehnt hatte. Spät in der Nacht waren sie an Bord geschlichen, wo der Rest der Crew bereits in seinen Kabinen verschwunden war. Alex teilte seine Kabine mit Jan, Tina hatte mit Wolfgang eine der Achterkabinen belegt. Sie hatten sich kurz geküsst und waren in ihren Schlafsäcken verschwunden. In dieser Nacht hatte Alex so ruhig wie seit langem nicht mehr geschlafen.

Bis zum Auslaufen sollten sie nicht mehr die Gelegenheit haben, ihren Akt auf dem Stein zu wiederholen, obwohl sie sich jeden Abend bemühten, irgendwie ohne ihre Mitsegler von Bord zu kommen. Immer gab es eine Einladung zum Essen, einen Cocktailabend auf dem Nachbarschiff oder einfach eine gemütliche Runde im Cockpit, aus der sich zu verabschieden nicht ohne weiteres möglich war. Sowohl Alex als auch Tina verzehrte es innerlich, wenn sie sich beim Abendessen gegenübersaßen. Häufig trafen sich ihre Blicke, nichts hätten sie sich mehr gewünscht als noch einmal derart eng umschlungen im Mondlicht zu liegen. Am letzten Abend regnete es schließlich.

»Wie weit können wir eigentlich sehen?«, hauchte Tina seine Gedanken fort.

»Um was zu sehen?«, fragte Alex, um Fassung bemüht.

»Eine andere Yacht vielleicht.«

»Keine 15 Meilen, wieso?«

»Ach nur so«, Tina gähnte und ließ die Augen geschlossen. Sie drehte sich wieder auf dem auf dem Vordeck liegenden Segel auf den Rücken und brummte einmal zufrieden.

»Ich hab mir schon häufig Gedanken darüber gemacht«, hatte Alex eher für sich geantwortet, »wie groß wohl die Wahrscheinlichkeit ist, auf See einer anderen Yacht zu begegnen. Und wenn wir eine langsamere treffen würden, ob sie dann auf unserem Kurs liegt. Der Gedanke an eine unbeleuchtete Yacht beschäftigt mich manchmal ganze Nächte lang.« Er stützte sich auf seinen Ellbogen, wie er es schon auf Gran Canaria getan hatte. »Ich hab das selber schon einmal gemacht, ohne Licht über den Atlantik zu segeln. Vor allem aber ohne Ausguck.«

Tina öffnete ihre Augen und sah ihn an. »Du? Mit deinem Hang zur Perfektion?«

»Wir sind damals zu zweit gesegelt. Ich war gerade 21 und hatte nicht die geringste Ahnung von langen Reisen, außer vielleicht dem, was ich in den Büchern der großen Segler gelesen hatte. Das Schiff gehörte einem alten Franzosen, ich hatte auf Teneriffa bei ihm angeheuert. Er suchte nach einer Crew, weil er nicht alleine segeln wollte und ich suchte das ganz große Abenteuer auf See. Jedenfalls stellte er sich während der Reise als handfester Trinker heraus. Schon nachmittags fing er an und trank den Wein aus Tetrapacks – davon hatten wir mindestens 100 Stück an Bord, ungelogen. Er war ein knorriger, kräftiger Kerl und ich hatte immer ein wenig Angst vor ihm, vor allem, wenn er betrunken war.«

»Er hat sich auf dem Atlantik betrunken?«

»Jeden Tag während der ganzen Reise.«

»Wie lange wart ihr unterwegs?«

»23 Tage, glaube ich. Knickspanter aus Aluminium. Konnte einiges ab, war aber halt sterbenslangsam. Die KALISPERA war ein kleines Schiff, nur knapp acht Meter lang und fast drei Meter breit. In ihrem Aluminiumgrau sah sie ein wenig aus wie ein Dampfkochtopf. So haben die anderen Segler uns auch genannt, wenn wir in den Kanaren im Hafen lagen: Pressure Cooker.« Alex lachte bitter. »Mehr als fünf Knoten waren nicht drin vor dem Wind, da zieht sich der Atlantik. Jeden Tag hat Robert nachmittags angefangen zu saufen und hat stundenlang auf mich eingeredet. Dass ich nur an Bord gekommen sei, um ihm sein Schiff wegzunehmen. Dass ich nur seinen Freund haben wollte. Robert war schwul, aber sein Gespiele hatte uns nach einem Streit auf den Kanaren verlassen.«

»Das hast du alles nie erzählt!« Tina war jetzt hellwach.

»Jedenfalls war ich immer so lange wach, bis Robert betrunken einschlief. Dann hab ich noch bis zwei oder drei Uhr morgens durchgehalten und hab mich dann schlafen gelegt. Ich weiß nicht, wann Robert morgens aufstand, aber bis dahin war das Schiff allein unterwegs.«

»Das ist ja Irrsinn. Reines Glück, dass da nichts passiert ist!«

»Ist wohl so.« Tina merkte ihm an, dass er eigentlich nicht mehr darüber sprechen wollte. »Wahnsinnig halt. Die Horrorvision von einem Frachter überlaufen zu werden, der sein Radar nicht anhatte und blind über den Ozean rauschte, der die Kollision mit der kleinen Yacht nicht merkte, war allgegenwärtig. Und ich hab's selbst erlebt, ich bin tagsüber zwischen den beiden Vorsegeln der Passatbesegelung in den Bugkorb gestiegen und statt der gewohnten leeren See sah ich mich einem orangen Tankerbug gegenüber, der – etwa eine Meile entfernt – direkt auf uns zuhielt. Damals hatte ich noch den Kurs wechseln können, mit dem Fernglas sahen wir, dass die Radarantenne stillstand, statt sich zu drehen. Ich war immer froh gewesen, wenn ich nicht auf den Hauptschifffahrtsrouten unterwegs war, da war die Gefahr scheinbar gleich null. Aber damals war da keine Schifffahrtsroute weit und breit, und trotzdem kam uns der Tanker entgegen. Auch nach dem Ausweichmanöver war es auf dem Tanker still geblieben, als hätten wir es mit einem ferngesteuerten Modellschiff zu tun gehabt. Die waren mit ihrem Schiff mit genau dem Gottvertrauen unterwegs gewesen wie wir selbst, nur dass der Flurschaden, den sie anzurichten in der Lage gewesen wären, im Vergleich zu der kleinen Segelyacht dem Verhältnis zwischen einem 40-Tonner und einem Matchbox-Auto auf der Autobahn glich.«

»Sicher kannst du dir wohl nirgends sein«, seufzte Tina, setzte sich auf und spähte einmal in alle Richtungen, obwohl die drei Mann im Cockpit das permanent taten. »Seid ihr noch problemlos drüben angekommen?«

»Irgendwie schon, total naiv war ich damals. Ich hatte das einige Tage später wieder verdrängt und hab so weitergemacht wie vorher. Jetzt ist das meine Horrorvision, obwohl das schon so viele Jahre her ist. Da packt mich immer noch das schlechte Gewissen.« Sie sah ihn an und runzelte die Stirn.

»Na ja, ohne Wache über den Atlantik zu segeln. Irgendwie bleibt das schlechte Gewissen, dass ich's überhaupt gemacht habe. Nicht dass ich mich gefährdet habe, aber andere. Jede ordentlich geführte Yacht hätte schließlich in uns reinrauschen können. Ohne dass die 'ne Chance gehabt hätten.«

Sein Blick fiel auf die schwarze Casio-Uhr, in zwanzig Minuten fing ihre Wache an. Von sechs bis zehn gehörte das Schiff ihnen, die folgende Wache hatte wieder vier Stunden, die letzte war von zwei bis sechs Uhr morgens, damit die Crew die eigentlichen Tiefschlafzeiten nicht zu lange draußen verbringen musste. Der Tag teilte sich schließlich in zwei Sechs-Stunden-Blöcke. Er legte Tina die Hand auf die Schulter und stand auf.

»Unsere Wache. Noch 15 Minuten.«

Sie grüßten die drei im Cockpit, die auf ihre Ablösung warteten und gingen zum Umziehen unter Deck. Die Digitalanzeige über dem Kartentisch pendelte zwischen 9,5 und 10,5 Knoten. Der Spinnaker schwang etwas unruhig vor dem Mast und ließ das Schiff bocken. Jan gab seiner Wache gerade eine Einweisung, wie er sich das Steuern bei solchen Bedingungen vorstellte: »Lass sie laufen«, hörten sie ihn achtern an Deck sagen, »alles was du in die eine Richtung an Ruder legst, musst du auch wieder zurückfahren. Je größer der Ruderausschlag ist, desto mehr fährst du auch Zickzack.« Das Schiff beruhigte sich ein wenig. Der Wind fiel etwas achterlicher als raum ein, also schräg von hinten; ideale Bedingungen zum Streckemachen. Alex kletterte aus dem Niedergang ins Cockpit, schob sich hinter das eine Ruderrad und hakte den Karabiner seiner Rettungsleine ein. Er nickte Wolfgang hinter dem zweiten Steuerrad kurz zu, der daraufhin seinen Platz hinter dem Backbordsteuerstand verließ.

»Wie läuft's?«, fragte Alex.

»Nichts Besonderes«, sagte Jan, der entspannt neben dem Niedergang im Cockpit saß, »ganz guter Speed, das Wetter ist bis auf ein paar kleine Wolken friedlich. Ich glaube, wir können den Spi stehen lassen. Morgen müssen wir uns nur einmal das Fall ansehen. Der steht schon wieder zwei Tage.«

Alex konnte sicher sein, dass bereits alles so weit vorbereitet war, dass die nächste halbe Stunde nichts zu tun war.

»Den Spi hab ich dir in den Lieken schon ein bisschen dichter gezogen«, fuhr Jan fort, als er Alex' fragenden Blick sah, »dann ist er im Dunkeln nicht so sensibel, Tee steht in der Spüle.«

»Danke«, antwortete Alex, »da bekommt man ja ein richtig schlechtes Gewissen.«

»Ach, schon gut!« Jan grinste und leckte das Blättchen seiner selbst gedrehten Zigarette an, rollte sie fertig, zupfte sorgfältig den überstehenden Tabak ab und steckte sie sich in den Mund, »mach ich doch gerne.«

Er beugte sich hinunter, zwei-, dreimal blitzte das Feuerzeug auf und der schwere Duft von frischem Tabak zog durchs Cockpit. Jan hatte sich in den Heckkorb gesetzt, eine Cola-Dose als Aschenbecher in der Hand und genoss den Rest des Sonnenuntergangs. Die orange Scheibe verzog sich mit beeindruckender Geschwindigkeit hinter den Erdrand und ließ die schwarzen Wölkchen an der Kante allein in der Nacht zurück, ohne weiter nach ihnen zu sehen.

»Wir fahren immer noch mit Brad und Rosalie«, sagte Jan

mit seiner tiefen Stimme, die beiden Amerikaner waren seit Tagen Thema an Bord. Sie waren zu zweit mit zwei Bootsleuten auf einer Luxusyacht unterwegs und derzeit die einzigen im Umkreis, die mit der begrenzten Reichweite der UKW-Funkanlage erreichbar waren. Täglich gab die Crew von JOHANNA ihre Positionsmeldung an Brad weiter, der sie über die Satellitenanlage an Land sendete. So wusste die Regattaleitung jeden Abend, wo sich die gemeinsam gestarteten Yachten gerade befanden. Da sie die Verbindungsgebühren mit ihrem eigenen Satelliten-Telefon sparen wollten, mussten sie sich jeden Abend auch Brads Geschichten von Rosalie anhören, mit der er hier seine Flitterwochen auf See verbrachte.

»Oh, everything is fine on board, we had a fantastic cake today. Rosalie is a great sailor!«, machte Jan Brad in tiefem Westküsten-Amerikanisch nach.

»Bei dem Speed sind die Geschichten bald erledigt«, grinste Alex.

»Hoffentlich!«, schnaufte Jan, als er sich aus dem Heckkorb hochdrückte, um schlafen zu gehen. »Gute Wache«, sagte er noch, »ihr habt heute mit Denis das Vergnügen, wir haben ihn schlafen lassen. Er liegt Backbord achtern.«

Alex hob die Hand zur Bestätigung: »Danke, ist okay, ist ja nichts los.«

Nach einer Stunde war Tina von der Cockpit-Bank aufgestanden und hatte sich wortlos hinter das zweite Ruder gesetzt. Alex hatte das Klicken ihres Gurtes gehört, sah kurz nach Steuerbord und hatte das Ruder losgelassen. Tina übernahm das Schiff, im immer gleich bleibenden Rhythmus des Passatwinds zog die Yacht voran. Sie waren allein im Cockpit, und Alex hätte sich gern zu ihr gesetzt und ihre Nähe gespürt. Als hätte sie es geahnt, sah sie zur Seite und er versank kurzfristig in ihren braunen Augen, bevor sie das Schiff wieder einfing. Alex rutschte an ihre Seite und blickte mit ihr in die Nacht.

Er legte seine Hand in ihren Nacken und spürte die sich im Takt des Steuerns bewegende Halsmuskulatur warm und weich in seiner Handinnenfläche.

»Ich freu mich auf die Karibik«, sagte er leise.

»Ich mich auch«, antwortete sie.

* * *

Der Passatwind meinte es gut mit ihnen, mit maximal 25 Knoten hatte er seine ideale Windstärke erreicht und schob JOHANNA kraftvoll Richtung Westen. Eigentlich wehen die Passatwinde von Norden und Süden aus den Hochdruckgebieten Richtung Äquator, wo die Luft aufgrund der großen Hitze aufsteigt. Die Erddrehung entgegen des Uhrzeigersinns lenkt die Passate jedoch ab und lässt sie rund um den Globus von Nordost und Südost gleichmäßig schräg auf den Äquator zuwehen. Diese beständigen Winde führen durch die schönsten Segelreviere der Welt: erst die Kanaren, dann die Karibik und schließlich die Trauminseln des Pazifiks, des größten Meeres der Erde. Unter den beständigen Passatwinden reist eine ungezählte Menge von Yachten auf der so genannten Barfußroute Richtung Westen, immer dem Sonnenuntergang hinterher. Meist ist es warm an Bord, und der Wind kommt von hinten, außer Badehose und Lifebelt braucht man in der Nähe des Äquators selbst nachts kaum mehr. Jedenfalls nicht, wenn man wie die klassischen Langstreckensegler weit nach Süden segelt. Denn als Faustregel für das Finden des Passats gilt unter Fahrtenseglern: Nach Süden bis die Butter schmilzt und dann Direktkurs Karibik. Alex und seine Crew wollten jedoch den Atlantik möglichst schnell überqueren und schlugen schon weit im Norden den Weg nach Westen ein, deshalb verbrachten sie ganze Nächte im Ölzeug.

Auch die großen Entdecker waren in diesem System schon um die Welt gefahren. Kolumbus auf dem Weg nach Amerika, die pazifischen Ureinwohner, die Maoris, auf dem Weg nach Neuseeland und vielleicht sogar noch früher die südamerikanischen Indios mit Schilfbooten zu den Inseln des Pazifiks.

Der Wind erwies sich in der Atlantiknacht trotz seiner guten Stärke als launiger Partner und hatte während der letzten Stunden immer weiter zugenommen, um als beachtenswertes Teil der Natur ernst genommen zu werden. JOHANNA ritt jetzt mit kontinuierlich über zehn, teilweise elf Knoten durch die Nacht, das Segel und die Schoten ächzten im Takt der Wellen und Böen. Alex hatte sich mit Jan über das Wegnehmen des Spinnakers unterhalten, was zwar sicherer gewesen wäre, das Schiff aber auch abgebremst hätte. Sie hatten sich schließlich zum Stehenlassen entschlossen. Die See ging noch nicht sehr hoch, das Schiff lag einigermaßen ruhig auf dem Ruder und machte nur geringe Anstalten, seitlich vom Kurs auszubrechen. Trotzdem war die Arbeit am Ruder ein harter Job. Bei diesen Bedingungen spürte man, dass die französische Konstruktion für den Chartereinsatz gebaut war. Die Ruderräder waren etwas zu klein um wirklich gefühlvoll steuern zu können (ein Graus für Regattasegler, wie Jan meinte), der Platz für den Steuermann alles andere als ideal und das kurze Ruderblatt in Verbindung mit dem breiten Heck ließ sie teilweise im Zickzack durch die See pflügen. Was sich jetzt als schwieriges Konstruktionsmerkmal zeigte, würde in einigen Tagen vergessen sein, wenn sie als schwimmendes Einfamilienhaus in den türkisfarbenen Buchten der Antillen vor Anker lag. Denn das stand als Belohnung nach der Regatta für einige Tage an. Dann war JOHANNAS breites Heck zusätzlicher Lebensraum. Je schneller sie drüben wären, desto länger war die Ruhephase, auch deshalb blieb der Spinnaker stehen. Alexander hatte ein gutes Gefühl dabei und war von Jan in seiner Entscheidung bestätigt worden. Zwar fällten sie die meisten Entschlüsse noch gemeinsam, aber Alex spürte, dass er, was das seglerische Können anging, langsam an Jan heranreichte.

»Ein gutes Gefühl schlafen zu gehen, wenn du draußen bist«, hatte Jan vor zwei Tagen gesagt, »bei anderen Leuten mach ich mir doch häufig Sorgen, wie das Aufstehen aussehen wird.«

Dass Jan damit den Eigner der Yacht meinte, war klar. Alle an Bord waren sich darin einig: Eine Diskussion mit Harry um Stehenlassen oder Wegnehmen hätte eine halbe Stunde gedauert und dennoch würde der Eigner, wenn der Spi dann stehen bliebe, noch minuten- oder stundenlang darüber philosophieren, ob die Entscheidung richtig war oder nicht. Alex war froh, dass sie sich diese Debatten sparten. Gespräche mit Jan waren dagegen ein kurzer und klarer Ausflug in die Welt der technischen Zusammenhänge nebst aller möglichen Vor- und Nachteile.

Über ihnen lag als einziges Licht der schwache, silbrige Schimmer des Neumondes und ließ die Relingstützen, den Mast und die Segel schwarze Schatten auf das Deck und das Wasser werfen. Hinter der Yacht blieb die Schaumspur des Kielwassers auf der schwarzen Oberfläche des Atlantiks liegen, viel zu hell beleuchtet von der achteren, weißen Positionslaterne, die mit 25 Watt nach hinten strahlte. Ihre Dreifarbenlaterne, die in der Mastspitze die Farben für die Schiffsseiten Rot, Grün und Weiß in nur einer Lampe vereinte und die sie nachts so gern zum Energiesparen benutzten, war ausgefallen. Deswegen hatte Jan auf die Hauptbeleuchtung mit zwei kräftigen Lampen am Bug und der starken weißen Heckleuchte zurückgegriffen, die eigentlich als Hauptbeleuchtung in Küstengewässern vorgesehen war. Sie hatten sich entschlossen, die Birne erst bei Tageslicht auszuwechseln und die nächsten Stunden so auszukommen.

Die Wellenhöhe nahm langsam und kontinuierlich zu, und Alexander kämpfte am Ruder mit der Ideallinie. Das Schiff stürzte sich bereits über die Wellenkämme und raste energiegeladen auf den nächsten zu. In den kurzen Surfs zeigte die Logge bis zu 14 Knoten, beim Erklimmen des nächsten Bergs fiel sie auf acht Knoten. Er hatte sich gerade an die Ruhe gewöhnt, da kippte das Schiff wieder nach vorn und die digitale Anzeige kletterte im Sekundentakt nach oben. Jetzt musste er nur noch das Steuerrad festhalten, dann begannen der Kiel und das Ruder unter Wasser zu brummen, und die Bugwelle verschob sich wild rauschend bis hinter die Wanten. Als die Gleitphase vorüber war, spürte Alex den Ruder- und Segeldruck wieder zunehmen. Der Wind schien ein wenig zu drehen, Alex hörte das Luvliek des Spinnakers zwei-, dreimal schlagen, ein sicheres Indiz, dass die Böen jetzt mehr von der Seite kamen und die Stellung des Vorsegels geändert werden musste.

»Fahrt mal ein bisschen vor, bitte«, sagte er zu Tina und Denis, die im Dunkeln hinter den Ecken des Aufbaus saßen. Mehr war als Ansage nicht nötig, wortlos kletterten sie an die beiden großen Lewmar-Genuawinschen, die achtern auf dem Cockpitsüll standen. Tina fierte den Achterholer, die Luvschot, an der der Spinnaker auf der windwärtigen Seite befestigt war, um das Segel auf den mittlerweile etwas raumer einfallenden Wind einzutrimmen. Denis holte auf der anderen Seite die Leeschot um dieselbe Länge dicht, der Spi schwang sanft und unsichtbar vor dem Schiff ein wenig nach Lee und stand wieder ruhig im warmen Wind. »Danke, besser«, sagte Alex und bekam keine Antwort. Die Wache zwischen Mitternacht und vier Uhr morgens war unbeliebt, und es wurde nie viel gesprochen. Der Körper hatte zu dieser Zeit seine Tiefschlafphase und so waren sie alle etwas in sich gekehrt. Tina und Denis setzten den Niederholer wieder durch, damit der Spibaum sich nicht bewegen konnte, unterhielten sich leise über etwas und zogen sich in ihre Ecken zurück.

Johanna schob jetzt leicht Lage nach Backbord, da sie von ihrem reinen Vorwindkurs etwas abgewichen waren. Alex war ein wenig von den beiden Lampen im Bug geblendet. Zwar konnte er ihren Weg durch das mit Salz und Gischt verschmierte, vordere Fenster der Sprayhood, wie das kleine, einem Kinderwagenverdeck ähnliche Zelt vor dem Niedergang hieß, sowieso bloß ahnen, die roten und grünen Lichtkegel der Navigationslampen, die die Gischt der Bugwelle anstrahlten, verkürzten die Sicht in die Nacht aber spürbar. Ohne einen vollen Mond fuhr er fast nur nach dem elektronischen Kompass. Er stand von der Rudergängerbank auf und kontrollierte an der Sprayhood vorbei die Schwärze der Nacht. Die nächste auftauchende Wellenwand konnte er noch im Schein der Lampen erahnen, dahinter war nichts mehr. Blindflug, dachte Alex und wollte sich gerade wieder hinter das Ruder setzen, als er stutzte. Vor ihnen, keine hundert Meter entfernt, meinte er einen Mast zu sehen, kahl, ohne Segel, ohne Rumpf, nur einen schwankenden Mast, der ein-, zweimal im Mondlicht blitzte.

»Seht ihr das auch? Da ist doch was!« Denis und Tina sprangen auf und taumelten müde an den Bügel der Sprayhood.

»Direkt voraus«, schrie Alex in die Dunkelheit, »den Scheinwerfer und das Fernglas, schnell! Scheiße, da stimmt was nicht!«

Alex' Puls ging hoch, er spürte das Adrenalin in seine Hände fahren, die sofort etwas an Gefühl verloren, ansonsten war er schlagartig hellwach. Was er gesehen hatte, lag direkt auf ihrer Kurslinie. Er versuchte anzuluven, aber sofort fiel der Spinnaker ein. Denis und Tina suchten wie verrückt nach dem Scheinwerfer. Licht ging an unter Deck, als der Spinnaker das erste Mal einfiel. Alex' Pupillen zogen sich augenblicklich um einige Millimeter zusammen, die Sicht nach vorn in die Nacht wurde davon noch schlechter, er fiel wieder ab.

Unter Deck lief jetzt die Crew umher, die sofort bei den ungewohnten Geräuschen und Bewegungen aus ihren Schlafsäcken gekrochen war. Schwimmwesten wurden angelegt, das helle *Klickklick* von den Karabinerhaken der Sicherheitsgurte in den Schwimmwesten hallte ins Cockpit. Jans Gesicht erschien im Niedergang. Er hatte Seestiefel, Boxershorts und ein T-Shirt an und die Schwimmweste darüber. Seine Augen waren klein und das Haar stand vom Schlafen in alle Richtungen ab.

»Vorfahren, schnell!«, rief Alex und luvte wieder an, während Jan den Achterholer löste. Er sprang nach Lee und suchte nach einem Anhaltspunkt, konnte aber nicht mehr reagieren. Der Aufprall schleuderte ihn gegen das Ruderrad, JOHANNA war fast vollständig zum Stillstand gekommen. Jan rappelte sich im Cockpit wieder auf, unter Deck war das Fluchen der Crew zu hören. Steuerbords schob sich ihr Bug an etwas vorbei, erst dann nahm das Schiff widerwillig wieder Fahrt auf. Alex spürte die Gänsehaut auf beiden Armen und wie das Blut aus seinem Kopf schoss und ein schmerzendes Vakuum hinterließ. Gespenstisch von der linken, roten Positionsleuchte angestrahlt, rutschte die andere Yacht an ihnen vorbei, als suchte sie Nähe. Sie lag tief im Wasser, viel zu tief. Tina hatte den Suchscheinwerfer inzwischen gefunden und leuchtete auf das unter ihnen vorbeiziehende Deck. Das Schiff war komplett, kein Wrack. Mit seinem Oberwant drückte es JOHANNAS Großbaum gegen den Druck der Bullentalje, die sie bei einer Halse schützen sollte, nach innen. Der Baum bog sich in Zeitlupe nach innen wie ein Strohhalm, ehe das Aluminium nachgab. Mit lautem Krachen brach der Baum, ehe sie die Zeit fanden, die Leine loszuwerfen. Im Cockpit starrte die Crew wie gelähmt nach Lee, keiner sagte ein Wort.

»Scheiße!«, fluchte Alex, »verdammte Scheiße! Das kann doch nicht sein! Was ist das?« Er bekam keine Antwort, auch weil es deutlich sichtbar war; alle starrten wie hypnotisiert auf das Schiff. Alex wurde schlecht, als hätte er zu lange nichts mehr getrunken. Die Segel auf dem anderen Schiff lagen unordentlich an Deck, die Rollgenua war halb herausgerollt, die Schoten hingen teilweise über Bord, niemand war zu sehen. Tina leuchtete einen Moment lang in den aufgeschobenen Niedergang. Das Wasser hatte im Schein der Taschenlampe keine Farbe und schwappte über die dunkelgrünen Polster im Salon. Schließlich sackte die Yacht achteraus, der Lichtkegel erfasste den Spiegel und gab ihren Namen preis. SEAFIRE lasen sie von der Schiffsrückseite ab, der Schriftzug mit dem Heimathafen lag unleserlich unter Wasser, aber die Reste der am Achterstag wehenden Flagge wiesen auf ein deutsches Schiff hin. Alex schätzte es auf knapp 36 Fuß, elf Meter, ein Einmaster mit Achtercockpit, vielleicht eine schwedische Rasmus.

»Was ist das? Scheiße, Jan!« Jetzt flüsterte Alex nur noch leise.

»Keine Ahnung«, erwiderte Jan, während das Schiff nach achtern verschwand, »aber auf jeden Fall müssen wir umdrehen, wenn wir es herausfinden wollen.«

* * *

»Okay! Ruhe jetzt!« Alex hatte sich wieder gefangen. »Tina, du versuchst den Kahn im Blick zu behalten. Ich gehe vor den Wind und dann nehmen wir den Spi weg. Wir lassen die Schoten ausrauschen, keine Experimente.«

»Willst du die Genua haben?«, fragte Jens aus dem Dunkel.

»Braucht ihr sie?«, fragte Alex zurück.

»Nein«, sagte Jens.

»Gut, dann ohne. Vorsicht mit den Köpfen, wir sind direkt vorm Wind.«

Der Spinnaker fiel in Lee des Großsegels ein, die Luvschot wurde losgeworfen und auf der Backbordseite fingen drei Segler an, den Spinnaker einzusammeln. Jan stand im Niedergang und stopfte die über hundert Quadratmeter Segelfläche in die Kajüte, ehe der Wind eine Chance hatte, an irgendeiner Ecke darunterzugreifen. Das Uhrwerk JOHANNA funktionierte noch, für die Manöver war es tatsächlich fast egal, was passierte. Trotz des Schocks lief ein Gefühl des Glücks wie ein Schauer über Alex' Rücken, griff nach seinen Achseln und seinem Bauch, bis er schließlich am ganzen Körper eine feuchte Gänsehaut spürte.

»Hast du sie noch?«, fragte er Tina.

»Ich meld mich schon«, gab sie zurück.

Alex schob den Gashebel in den Leerlauf, drückte auf dem Instrumentenpaneel auf ON und die Motorinstrumente erwachten zum Leben. Mit dem Startknopf sprang die Maschine an, die Auspuffgase mit dem Kühlwasser zischten an Steuerbord kurz über der Wasserlinie aus dem Rumpf in den Atlantik.

»Ich geh in den Wind, Großsegel weg!«, kommandierte er.

Mit dem Einkuppeln ging die Maschine von sanftem, unbelasteten Brubbeln in tiefes Brummen über, der erste Wasserschwall des Propellers rauschte unter dem Heck hervor. Das Ruder zuckte, als es davon getroffen wurde, in Alex' Händen, langsam drehte er in den Wind. Die kugelgelagerten Rutscher des durchgelatteten Großsegels, die das Segel am Mast hielten, rauschten mit dem Geräusche eines fahrenden Zuges den Mast hinunter und schlugen unten mit gedämpftem *Klackklackklack* aufeinander. Die Großschot wurde dichtgeholt, das Segel lag zwischen den Sicherungsleinen, den Lazy-Jacks, auf dem geknickten Großbaum und wurde durch zwei kurze Stücke Gurtband gesichert.

»Bisschen mehr nach Backbord«, sagte Tina neben ihm, »da!«

Der Lichtkegel des Suchscheinwerfers traf auf den Mast und die periodisch austauchende Bordwand der Yacht, die wie ein Fels in der Brandung langsam quer zur See hin- und herrollte. Tina stellte sich mit dem Scheinwerfer an die Sprayhood, während Alex langsam auf das Schiff zu motorte.

Jan stand neben ihm.

»Unser neues Schiff?«, fragte er.

»Warum nicht?«, fragte Alex zurück. Und nach einer kurzen Pause: »Kommst du mit der Situation klar?«

Jan nickte. Er wusste, was Alex meinte, erst vor einigen Monaten war er mit der NOMAD gekentert und hatte Freunde dabei verloren. Die Erinnerungen drängten sich wieder in sein Gehirn.

»Geht schon«, brummte er.

JOHANNA begann, gegen die Wellen anzustampfen. Das Leben an Bord wurde schlagartig ungemütlich. Vor dem Wind hatten sie im Cockpit von Wind und Wellen nicht viel gespürt, der Fahrtwind und die Segel hatten alles sehr gedämpft. Jetzt wehten fünf Windstärken ungehindert übers Deck, und die Gischt flog zischend nach achtern und prasselte gegen die Sprayhood. Alex wäre am liebsten umgedreht, so ungemütlich und neu wurde die Situation nach einer ruhigen Woche vor dem Wind. Im zuckenden Kegel des Scheinwerfers motorten sie auf die treibende Yacht zu, der glänzende Aluminium-Mast und die See im Gegenlicht des Mondes schimmerten silbern. Alles, was vom Licht des Scheinwerfers getroffen wurde, war für kurze Augenblicke sichtbar und nah und verschwand darauf umso mehr im Dunkeln. Dafür leuchtete ein anderes Teil hell auf. Sie waren auf eine Schiffslänge heran, auf der SEAFIRE regte sich nichts. Auf Alex wirkte die Yacht wie ein vergessener Schrottwagen in der letzten Ecke eines Parkplatzes. Zwar bedrohlich, aber mit der Anziehungskraft eines Abenteuers. Sie war offensichtlich verlassen oder hatte sich am Liegeplatz oder vor Anker losgerissen und trieb nun herrenlos auf dem Atlantik.

»Was nun?«, fragte Jan.

»Keine Ahnung«, antwortete Alex und meinte die Angst und

das Zögern in Jans Stimme hören zu können. Er manövrierte JOHANNA in einigem Abstand auf Parallelkurs an der halb gesunkenen SEAFIRE vorbei. Sie hatten das Schiff als Rasmus 34 identifiziert, ein wenig kleiner also als sie gedacht hatten. Ein Schiff aus einer schwedischen Werft mit fester Windschutzscheibe, wie sie für die Werft typisch war. Eine Sprayhood, eine zeltartige Verlängerung der Scheibe nach achtern wie auf JOHANNA, schützte das Cockpit. Vor dieser kläglichen Begegnung war die Ausrüstung von ihren Besitzern für lange Reisen konzipiert: eine Wind-Selbststeueranlage am Heck, die ohne Energieverbrauch Kurs hielt, wenn die Crew müde war, ein schwerer, von einer auf die andere Seite reichender Geräte-Träger an der Achterkante des Cockpits mit GPS- und Radarantenne obendrauf, der aussah wie ein filigraner Überrollbügel. Daneben ein Windgenerator, um die Batterien auf langen Reisen intakt zu halten, dessen kleines rotes Kontrolllämpchen signalisierte, dass er immer noch versuchte, die unter Wasser stehenden Akkus wieder zum Leben zu erwecken. Alex ließ seinen Blick über das Schiff wandern: Die Yacht war insgesamt in keinem schlechten Zustand, alles an Deck war komplett, sogar die Segel sahen noch relativ unbeschadet aus. Nur der braun-grüne Schleim an der Außenhaut verriet dort, wo die Wellen das weiße GfK freigaben, dass die Yacht schon eine Weile so im Wasser lag; ein, zwei Wochen vielleicht.

»Wenn wir noch etwas von unserem Fang haben wollen, sollten wir nicht zu lange warten«, sagte Alex ohne jemanden anzusprechen und wartete auf eine Reaktion von Jan.

Jan wiegte die ausgestreckte Handfläche in der Luft und deutete das Rollen der SEAFIRE an, die mit einigen hundert, wenn nicht tausend Litern Wasser in ihrem Bauch gegen den Seegang kämpfte. Die langen Rollzeiten von einer auf die andere Seite ließen jedenfalls auf eine erhebliche Menge schließen.

Alex nickte. Er hatte Recht. Sie sollten sich nicht zu lange Zeit lassen. Zumindest müssten sie versuchen, an Bord die Lage zu sondieren, ehe das Schiff morgen vielleicht nicht mehr da wäre. Schon jetzt war es unter Maschine schwer genug in der Nähe zu bleiben. JOHANNA drehte sich bei langsamer Fahrt mit dem Bug aus dem Wind, lag eine Zeit quer zu den Wellen und rollte jetzt ihrerseits gewaltig von einer Seite auf die andere. Angestrengt klammerten sie sich an Bord fest, bis Alex sie mit einem Gasstoß vor den Wind drehte und SEAFIRE schließlich mit einem neuen Anlauf ansteuerte. Alex war sich klar, dass diese Manöver Crew und den Diesel über Gebühr verschlissen, zudem war JOHANNAS Großbaum beschädigt und würde vor der Weiterreise repariert werden müssen. Sie hatten noch zwei Drittel des Atlantiks vor sich, und dabei war es egal, ob mit oder ohne einem neuen Schiff. Eine zweite Yacht würde die Sache eher schwieriger machen, die Crew müsste geteilt werden, ebenso Wasser und Vorräte. Sicherheitshalber würden sie dicht beisammen bleiben müssen, denn die Technik der SEAFIRE war bestimmt durch das Wasser zerstört.

»Was meinst du?«, fragte Jan.

»Ich will einmal rüber«, sagte Alex ohne viel Betonung in der Stimme. »Ich nehme die Schlepptrosse mit und wir drehen sie alle beide in den Wind. Nur mal nachsehen, ob sich die Geschichte überhaupt lohnt. Wenn nicht, machen wir die Ventile auf und lassen sie absaufen. Wenn sie uns aber gefällt, versuchen wir sie leer zu bekommen und mitzunehmen.«

»Langes Manöver. Kostet viel Zeit«, murmelte Jan.

»Lieber nicht?«

»Doch, aber kein Risiko.«

»Kein Risiko«, entgegnete Alex ernst.

Die Freundschaft zwischen Jan und Alex ließ sie bei der Einschätzung der Situation fast synchron denken. Sie holten aus der hinteren Backskiste die Trommel mit der langen Schwimmleine, die zum Festmachen an Land oder zum Abschleppen auf ihren normalerweise seltenen Einsatz wartete. Alex öffnete einen Klettverschluss auf seiner Brust und zog den Handauslöser. Mit einem kurzen intensiven Zischen öffnete sich seine automatische Rettungsweste. Vor Alex' Brust und in seinem Nacken hatte sich die Weste, die wie ein schwarzer Schal um seine Schultern gelegen hatte, in eine orange, stramme Blase verwandelt, dafür gedacht, die Atemwege bei Ohnmacht über Wasser zu halten und ein Überleben zu garantieren. Er knotete die Schleppleine mit einem Palstek durch die beiden Ösen des Lifebelts und zog einmal zur Kontrolle daran.

»Fahr von Lee so dicht wie möglich an ihr vorbei und dampf dann langsam gegen die Wellen«, wies Alex seinen Freund Jan an, der unterdessen das Ruder übernommen hatte, »ich spring neben ihr ab und schwimm 'rüber.

»Warum machst du das? Willst du das nicht lieber jemand anderes machen lassen?« Tinas Stimme zitterte, die Zuneigung und Sorge um ihn war nicht zu überhören. »Schließlich bist du auch unser Skipper«, sagte sie ein wenig leiser.

»Ich möchte niemand anderen mit der Geschichte gefährden. Jan hat die Sache hier im Griff«, er sah ihr tief in die Augen, »kein Risiko, hatten wir ja gesagt. Vielleicht finde ich einen Eimer, dann mache ich sie ein bisschen leichter, der Rest dann bei Tageslicht. Versprochen!« Alex strich mit dem kleinen Finger über Tinas Nase, sie nahm seine kräftige Hand und drückte sie. »Komm wieder«, sagte sie und lächelte schwach.

Im Cockpittisch suchte Alex nach der wasserdichten Taschenlampe, wie sie auch die amerikanische Marine verwendete. Er knotete sie an seinen Brustgurt, drehte ihren Kopf, der Lichtstrahl traf kalt und weiß den Cockpitboden, er drehte zurück, das Licht verlosch.

»Alles klar, Alex?«, rief Jan hinter dem Ruder, »noch drei Schiffslängen!«

Also ungefähr 50 Meter. Jan hatte die JOHANNA währenddessen in einem weiten Bogen um die SEAFIRE herumgefahren und nahm aus Lee Kurs auf ihr Heck. Trotz der langsamen Fahrt wehten in dem kräftigen Passat jedes Mal lange Gischtfahnen wie bei einer Motoryacht nach achtern, wenn sie in eine See einsetzten. Die Schleppleine lag in weiten Bögen im Cockpit, damit sie ohne Knoten auslaufen konnte, das Ende war auf einer der Festmacherklampen belegt.

»Alle klar!«, rief Alex zurück, während er über die Seereling außen auf die Rumpfkante stieg und sich am Bügel des zusammengefalteten Bimini-Topps festhielt, das sie in der Karibik vor der tropischen Sonne schützen sollte. Er zog noch ein wenig Lose in die Sicherungsleine, schaltete die Taschenlampe ein, stieß sich kräftig ab und sprang einige Meter vor der Rasmus in die aufgewühlte See. Er hatte die Arme über der Weste verschlungen. Trotzdem rutschte der Auftriebskörper beim Aufprall auf das Wasser etwas über seinen Kopf. Er kam wieder an die Oberfläche. Alex drehte sich in Richtung des Zugs der Leine und sah JOHANNAS Heck, als sie sich stampfend gegen die See arbeitete. Selten hatte er sich derart allein gefühlt. Er zog einmal und bekam mehr Leine, im Heckkorb konnte er Denis und Tina sehen, die ihn beobachteten und die Leine langsam auslaufen ließen. Er drehte sich auf den Rücken und schwamm mit Armen und Beinen in Richtung der treibenden Rasmus, so gut es die aufgeblasene Weste zuließ. Die Leine zog ihn währenddessen sanft nach Luv.

Die havarierte Yacht hatte eine Art Badeplattform, die in mehreren mit Teak belegten Stufen in das schräg abfallende Heck eingelassen war. Die Badeleiter war hochgeklappt, aber auch unnötig, da das Stampfen und Rollen der Yacht Alex immer wieder bis zur Deckskante heraufhob, während er sich achtern festhielt. Die Taschenlampe trieb unter seiner Schwimmweste und beleuchtete das klare Atlantikwasser, seine Füße und den unter Wasser liegenden Schiffsrumpf mit ungleichmäßigen Lichtpunkten.

»Sieh nicht hin!«, befahl er sich leise, »da ist nichts, was gefährlich ist!« Trotzdem ergriff ihn leichte Panik. Mit dem nächsten Stampfen griff er die obere Strebe des Heckkorbs und zog sich auf das Heck des Schiffes. Seine Füße fanden Halt, und er machte sich daran, ins Cockpit zu steigen. Alex spürte einen Ruck am Brustkorb und konnte sich gerade noch festhalten, die straffe Schleppleine hatte ihn fast von Bord gerissen. Er klammerte sich fest und sah nach Luv. JOHANNA trieb quer zu den Wellen zurück und Jan brachte sie mit einem kräftigen Gasstoß wieder auf Kurs. Der Zug der Schleppleine ließ nach. Alex musste sich beeilen, JOHANNA brauchte Fahrt nach Luv, um nicht immer wieder quer zum Wind zu schlagen. Er war noch nie auf einem Schiff gewesen, das so tief im Wasser lag, er konnte die Gefahr nicht einschätzen, spürte aber, dass sein Gewicht reichte, sie langsam unter Wasser zu drücken. SEAFIRE befand sich in einem sensiblen Gleichgewicht, das durch jede Störung stark beeinflusst wurde. Stand er wie jetzt im Cockpit, lief das eingedrungene Wasser im Schiff langsam nach hinten und der Bug begann sich weiter aus dem Wasser zu heben, während das Heck tiefer im Atlantik versank.

Im Licht der schwankenden Lampe tastete er sich nach vorn, löste die Schleppleine von seiner Weste und schlang sie mehrfach um die Ankerwinsch auf dem Vordeck, die mit ihrem Windenteil aus dem Deck ragte. Wie in Trance und hundertfach geübt machte er zwei Knoten dahinter, dann hob er den rechten Arm Richtung JOHANNA. Jan winkte zurück. Die Leine straffte sich, zuckte und krachte mehrmals, als sich die Knoten auf der Winde festzogen. Die SEAFIRE legte sich wie in Zeitlupe einige Grad nach Steuerbord, ehe sie nach endlosen Sekunden unendlich träge begann, gegen die See zu stampfen. Bug, Heck und der Mittelteil der Yacht waren dabei abwechselnd unter Wasser, ein beunruhigendes Szenario.

Alex stellte sich in den Niedergang und ließ den Lichtkegel der Taschenlampe langsam über die Inneneinrichtung gleiten. Er sah auf dunkles, lackiertes Mahagoni. An der Längsseite hatte das Schiff teils geöffnete Schränkchen und Bücherborde, aus denen die nasse Ausrüstung hervorquoll. Kurz hinter dem Hauptschott, das den Salon von der Vorschiffskabine trennte, stand der metallene Fuß des Masts in der Einrichtung wie ein Mahnmal, das die eigentliche Bestimmung des Schiffes trotz der Gemütlichkeit unter Deck nicht vergessen machen sollte. Daneben hingen ein Barometer, ein Hygrometer und ein Chronometer aus Messing, dessen Zeiger trotz des erbärmlichen Zustands des Schiffes tapfer von einer Sekunde zur nächsten sprang; unermüdlich und neben dem Windgenerator der zweite Überlebende an Bord. Alex leuchtete das Schott entlang. Neben der sorgfältigen Ansammlung von Instrumenten hing ein zerschundenes, gerahmten Aquarell irgendwo aus dem Mittelmeer mit unter der Glasscheibe bizarr verlaufenen Farben. Im Wasser plätscherten Seekarten, Polster und Schwimmwesten durcheinander, als würden sie darauf warten, eingesammelt zu werden, damit die Reise weitergehen konnte. Im langsamen Takt der Schiffsbewegungen schwappte das Wasser wie in einer Badewanne von vorn nach hinten und wieder zurück. Eine seltsame Ruhe lag in den behäbigen und öligen Bewegungen der SEAFIRE, die Alex unter seinen Füßen spürte. Manchmal war es still, als würde die Yacht im Hafen liegen. Dann spürte er das Ziehen der Schleppleine und die Bewegung begann von Neuem. Das Wasser im Cockpit machte die gleiche schwappende Bewegung wie unter Deck, doch spülte es durch den Niedergang nach unten, ein kleines rauschendes Wasserspiel auf den Treppenstufen erzeugend, während in der Gegenbewegung über das hintere Cockpitsüll frisches Atlantikwasser nachlief. Alex spürte, dass er sich auf einem zuverlässigen Pendel befand, das darauf brannte, die Yacht wie von einem Zeitzünder gesteuert zu versenken. Lange würde das Schiff nicht mehr schwimmen. Er wusste, dass er sich beeilen musste, wenn er noch etwas retten wollte.

Er stieg die Niedergangsstufen hinab und stand schließlich bis knapp unter die Kniekehlen im Wasser. Ihm schauderte und er hoffte, dass das Pendel seine vernichtende Arbeit etwas langsamer fortsetzen möge, solange er unter Deck war. Trotzdem war die Anwesenheit von Tod spürbar, griff mit kalten Händen von hinten um seinen Hals und versuchte, ihm die Luft zu nehmen. In seinen Gedanken entstand ein unsichtbares, höllisches Lebewesen, das auf dieser Yacht zu Hause war und in der nächsten Sekunde aus der Dunkelheit nach ihm schnappen würde; am liebsten hätte er laut geschrien. Die Szenerie vor ihm im kleinen Kegel der Taschenlampe glich einem Horrorfilm. Hinter dem Salontisch lagen Bettzeug und Schlafsäcke auf dem L-förmigen Sofa. Die Tür zum Vorschiff war geschlossen. Alex watete um den Tisch herum, und versuchte mit einer Art Todesverachtung die schwimmenden Gegenstände beiseite zu schieben, um unter das Bettzeug zu sehen. Mit einer Hand schob er die Decke beiseite und prallte zurück: Vor ihm lagen zwei dunkelbraune Beine, schlanke braune Beine einer Frau kurz oberhalb der ständig steigenden Wasseroberfläche, als würde sie hier schlafen. Panisch leuchtete er einmal im Kreis um sich herum, um nachzusehen, ob das Ungeheuer vielleicht schon hinter ihm stand, und watete schließlich mit einer ihm neuen Entschlossenheit auf die andere Seite des hölzernen Tisches. Alex zog vorsichtig die Decke zur Seite. Ein müdes, ausgezehrtes Gesicht und zwei braune, fast schwarze Augen sahen ihn im grellen Licht der Taschenlampe an. Ihm wurde schlecht, sein Magen krampfte sich zusammen und der Fluchtinstinkt schrie in ihm: Weg! Weg! Weg von diesem Ort! Über Bord! Aber was sollte das bringen? Der nächste Mensch befand sich fünfzig Meter entfernt auf einem anderen Schiff in Luv, keine Chance, der verlockend aufflackernden Feigheit ihren Raum zu geben. Außerdem war da dieser Mensch.

Das Mädchen war nicht älter als 25, schlank und aus einem schwarzafrikanischen Land. Sie lebte. Alex hatte sich neben sie ins Wasser gekniet und hielt ihren Kopf. Die hohen Wangenknochen traten deutlich unter der Haut zu Tage, genauso wie die Kiefer und die Zähne unter dem von Nahrungsmangel gespannten Mund. In ihrem Gesicht gab es keinen Ausdruck, nicht einmal die Augen bewegten sich in angemessener Geschwindigkeit. In ihren Händen hielt sie auf der Brust fest umklammert ein kleines, schwarzes Buch – wie ein Priester –, das sie ihm jetzt zu geben versuchte. Er nahm es an sich, ohne es zu beachten. Er war wie erstarrt, wusste im ersten Augenblick nicht, was er tun sollte. Er war immer noch in höchster Panik, spürte die Gefahr unbestimmt, aber mit ungeheurer Präsenz im Dunkel ringsherum lauern: Schließlich riss er sich zusammen und versuchte mit ihr zu sprechen.

»What's your name, who are you? Are you alone?«, fragte er. Die Worte schienen in dieser Umgebung völlig fremd und flohen in seine Ohren, wo er sie immer wieder hörte. Sie sah ihn einige endlose Momente ausdruckslos an und deutete dann müde auf die Tür zum Vorschiff. Er steckte das Büchlein in eine der Seitentaschen seiner beigen Shorts, folgte dem Kegel der Lampe und ging nach vorn. Mit weit ausgestrecktem Arm öffnete er die Tür, Wasser strömte zügig aus dem Salon in die vordere Kabine. Auf der Koje lag bäuchlings ein hellhäutiger Mann, ebenfalls in Shorts und T-Shirt gekleidet, die Arme weit über den Kopf gestreckt, als wäre er im Sprung. Aber dieser Mann würde nie mehr springen. In seinem Hinterkopf klaffte kurz über dem Halsansatz ein großes, schwarzes Loch. Das weiße T-Shirt war blutdurchtränkt und durch das Liegen im Wasser schon wieder zu einem Hellrot ausgewaschen. Er war regelrecht hingerichtet worden. Er lag auf dem Bauch, das Gesicht sah zu Seite. Alex hob die Taschenlampe und leuchtete das Gesicht an. Der Mund stand offen, die ebenfalls geöffneten Augen, die früher einmal blau und strahlend gewesen sein mussten, waren jetzt mit einem gespenstischen Schleier überzogen, der aussah wie mattiertes Glas. Alex übergab sich zwischen seine und die Füße des Toten und zog die Tür wieder zu.

Die Bewegungen der Yacht waren mittlerweile langsamer, aber extremer geworden, das Pendel hatte den Untergang des Schiffes nun deutlich vor Augen und versuchte, dem Spiel ein Ende zu machen. SEAFIRE nahm immer mehr Wasser, Alex drehte sich um und sah nach achtern. Auch wenn die Situation fremd war, würde das nicht mehr lange gut gehen, das wusste er. In Perioden von zehn Sekunden schoss nun jeweils ein breiter Wasserfall rauschend, fast donnernd den Niedergang hinunter. Der Pegel in der Kajüte war seit seinem Eintreffen um über einen halben Meter gestiegen, es ging ihm jetzt bis über seinen Gürtel. Das Schiff fügte sich langsam seinem Schicksal und fing an nach achtern abzusacken. Durch den Niedergang konnte Alex bereits den mondhellen Atlantik sehen. Er watete so schnell er konnte nach achtern, das Mädchen hielt sich kraftlos mit den Händen am Bücherbord über Wasser und sah ihn an.

Sie wollte etwas sagen: »Acha, Arra wife!«, es war nicht mehr als ein Zischen, was aus ihrem Hals kam. In Ihrem Blick stand neben der Verzweiflung ein Flehen, ob wegen der möglichen Rettung, die sie nach Tagen oder Wochen des Hoffens so nah vor Augen hatte, oder weil sie ihm diese Worte mit letzter Kraft mitteilen wollte, wusste er nicht. Alex wusste nur, dass er keine Zeit mehr hatte.

»Wir schaffen das schon«, sagte er mit wenig Überzeugung in der Stimme, »keine Angst.«

Er schob seinen Arm unter ihre Achseln, ihre Hand berührte ihn sacht und kraftlos, als das Schiff seinen Kampf gegen den Ozean aufgab. Das Pendel war endgültig auf einer Seite angekommen, langsam und bedächtig senkte sich das Heck in die See, das Vorschiff tauchte aus. Die Wasseroberfläche in der Kajüte befand sich jetzt nicht mehr parallel zu den Bänken, sondern um 90 Grad gedreht zur Wand hinter dem Mast, der sich waagerecht über ihm befand. Seine Schwimmweste zog ihn von dem Mädchen fort an die Oberfläche im vorderen Teil der Kajüte, wo sich eine Luftblase bildete. Er hielt noch ihre Hand in seiner, spürte den schwachen Druck, bevor sie ihm entglitt. Er versuchte vergeblich, gegen den Auftrieb der Schwimmweste hinabzutauchen, aber die Weste hielt ihn fast unerbittlich an der Oberfläche. Alex sah im Licht der Lampe einige Male die dunkle Haut des Mädchens, aber sie war unerreichbar weit fort. Die Gedanken, sie zu retten, mischten sich mit der Angst, selbst zu ertrinken. Er sah sich um: Das Schiff sank schnell, über dem großen Plexiglasluk in der Salondecke sah er bereits Wasser. Alex entsicherte die beiden Kunststoffhebel, die ausströmende Luft in der großen Wassertiefe riss ihn förmlich mit nach draußen, er stieß gegen den Baum, den Mast, das aufgerollte Vorsegel und raste wie ein Ballon an die Wasseroberfläche. Die Strecke war nicht zu schätzen, vielleicht schoss er aus fünf, vielleicht aus 20 Metern durch das schwarze, unsichtbare Wasser hinauf, das an seinem Körper und seinen Gliedern kalt entlangraste. In seinen Gedanken gab es weder oben noch unten, keine SEAFIRE oder JOHANNA, kein Mädchen, stattdessen nur noch schwarzes, rasendes Wasser.

Deutschland, 1980

Alex' Kindheit war bestimmt durch das kleine Haus an der Ostsee, an der die Familie fast alle Wochenenden und alle Ferien im Jahr verbrachte. Der gelb geklinkerte Bau stand direkt hinter einer Düne und somit keine 100 Meter vom Meer entfernt. Bei Nordostwind konnte er durch das offene Fenster dem Brechen der Wellen auf dem Strand lauschen, bis er einschlief. Auf einer kleinen aus Hartschaum bestehenden Jolle aus einem Kaufhaus, die gerade einmal für eine Person groß genug und mit einem gelb-weiß gestreiften Lateinersegel ausgestattet war, machte er seine ersten Entdeckungstouren auf die Ostsee. Unbeaufsichtigt von seinen Eltern brachte er sich das Segeln selber bei. Er lernte, wie mit der Pinne die Richtung geändert wurde, welche Auswirkung das kleine Segel auf die Schlagseite und den Vortrieb hatte. Die Zahl der Kenterungen in seinem ersten Segelsommer konnte er nicht einmal schätzen, aber am Ende der Ferien war er zu einem passablen Segler geworden. Er unternahm mit seinem Boot jetzt täglich längere Fahrten. Das Meer zeigte ihm seine zwei Gesichter. Bei Hochdrucklage den auflandigen Nordostwind, der das Boot in der Brandung immer wieder umwarf und ihn an den Strand zurück spülte. Bei Südwestwind die grimmigen Böen und Wolken, die mit ihrem Regen tief über dem Wasser dahinjagten. Er nahm die Wellen als Freunde war – endlos hintereinander aufgereiht, leckten sie mit ihren klaren Zungen an dem Rand des kleinen Bootes und ließen das Wasser zwischen seinen Beinen steigen, während das Segel versuchte, die Jolle umzuwerfen. Es hatte etwas Gefährliches, aber auch eine große Magie, aus eigener Kraft über das für ihn riesige Meer zu fahren, das Alex bis dahin als außerordentlich bedrohlich und nahezu unüberwindlich wahrgenommen hatte. Mit der kleinen Jolle ließen sich beim bloßen Dasitzen Distanzen zurücklegen, die in der Phantasie eines kleinen Jungen sonst fast unüberbrückbar gewesen wären – man musste nur aufpassen, dass man nicht kenterte.

Meist war Alex allein unterwegs, seine Eltern kümmerten sich nur wenig um ihn. Eine Ausnahme bildeten die ausgedehnten Angelfahrten. Alex' Vater besaß ein kleines Angelboot, ein graues Faltboot, dessen dicke Gummi-Außenhaut von einem fragilen Holzgerüst im Inneren gestützt wurde. Blaue Luftpolster an der Rumpfoberkante spannten die Außenhaut von innen. Früher hatte man damit auch einmal segeln können, häufig hatte sich Alex die alten, verblichenen Schwarz-Weiß-Fotos angesehen, die ganz unten in der Eichenschrankwand in einem alten Schuhkarton lagerten. Wenn ihn die Fotos auf dem Teppich umgaben, auf denen seine Mutter im faltigen Baumwollbikini und sein Vater in der kurzen, beuligen Kordhose vor dem Boot posierten, konnte Alex manchmal nicht glauben, dass dies wirklich seine Eltern waren. Die beiden waren unwirklich jung gewesen, stolz stand vor allem sein Vater neben dem prallen Faltboot, das in unterschiedlich starker Brandung am Strand lag, und hielt häufig einen der zahllosen Fische in die Höhe, die er aus der Ostsee gezogen hatte. Dafür war das Boot mit einem kleinen 3-PS-Johnson statt der Segel ausgerüstet worden und seine ganze Familie fuhr so weit hinaus auf die See, dass sie von Land aus selbst als kleiner Punkt nicht mehr auszumachen waren. Wellen und Wind schienen keine Gefahr zu sein, tapfer kämpfte sich das instabile Gefährt seinen Weg zu den Fanggründen. Es war ein phantastisches Abenteuer, das Alex noch mehr davon überzeugte, dass vom Meer eigentlich keine Gefahr ausgehen konnte. Aber stets lag auch eine große Schwere über dem Boot; irgendetwas Unausgesprochenes zwischen seinen Eltern, dasselbe, was Alex auch auf den Fotos immer falsch vorkam und was er erst erkannte, als er größer war: Vater und Mutter hatten sich nie im Arm, sie fassten sich nicht einmal an. Schon vor langer Zeit mussten sie sich innerlich voneinander getrennt haben, und dieser Bruch zwischen beiden war so deutlich spürbar, dass Alex sich wunderte, dass er nicht das kleine Boot in der Mitte gespalten hatte.

Mit seinem eisernen Schweigen perfektionierte Alex' Vater diesen Bruch und Alex' Freiheitsdrang nahm in gleichem Maße zu. Wie ein Krieger ging sein Vater durch das kleine Haus und versuchte Räume und Territorien allein für sich zu gewinnen. Er schüchterte Alex damit ein und verunsicherte Alex' Mutter derart, dass sie auf ihren eigenen Geburtstagen nicht mehr sicher war, ob sie alleine lachen durfte. Sein Vater hatte dagegen seine eigene Art von Humor, er lachte fast nie aus Spaß oder Freude, am liebsten lachte er jemanden aus, und wenn ihn doch einmal jemand anstieß und ihn zum Lachen bringen wollte, grinste er denjenigen bestenfalls bedrohlich an. Es war mehr eine Warnung als ein Grinsen. Fast konnte man sehen, wie sich unter Vaters Hemd die Muskeln spannten und er aussah, als würde er seinen Nachbarn im nächsten Moment anspringen und bei lebendigem Leib zerfleischen. Aber er zerfleischte niemanden, jedenfalls nicht, solange Alex zusah. Meist war er auf den Familienfesten und Geburtstagen ziemlich schnell betrunken und dann fing er an, mit den anderen Gästen am Tisch über Politik und Rassismus zu debattieren. Die Gäste verließen die Feste seiner Eltern relativ schnell, und während sich sein Vater nicht einmal die Mühe machte aufzustehen, sondern einfach mit seiner Zigarette und seinem Bier sitzen blieb, brachte Alex' Mutter die Gäste zur Tür.

Onkel Patrick war der Bruder von Alex' Vater, er war einige Jahre jünger und nicht nur äußerlich völlig anders. Sein Onkel hatte große, muskulöse Arme und einen Oberkörper, der vor Muskeln strotzte. Sein kräftiges, rundliches Gesicht wurde oben von kaum ergrautem braunen Haar und am Kinn von einem permanenten Dreitagebart eingerahmt. Patrick war die Ruhe selbst, Alex fand den Ausdruck »Fels in der Brandung« bei Patrick äußerst zutreffend. Das war in allen Lebenslagen sichtbar, beim Umgang mit Menschen stand er fest und aufrecht da, scheinbar unerschütterlich. Für Alex war danach nur logisch, dass Patrick beim Baden in der Brandung fast ungerührt durch die Wellen stolzierte. Er ging nicht einfach ins Wasser, er trat förmlich durch die Wellen hindurch. Wie ein großes Tier, zwar schwer, aber mit einer animalischen Eleganz, die man sich zulegt, wenn man sich seiner Sache sehr sicher ist. Und Patrick schien sich seiner Sache meist sicher zu sein.

Einen guten Teil hatte Alex von dieser Art übernommen. Er übte das Durch-die-Wellen-Treten schon als kleiner Junge an der Ostsee und war fasziniert von der aufbrausenden Gischt, die um seinen Körper brandete. Auch im Umgang mit Altersgenossen schlug dieses Auftreten durch: Seine Freunde auf dem Schulhof tippelten in Gegenwart von Mädchen unruhig von einem Fuß auf den anderen und ruderten beim Sprechen nervös mit den Armen. Alex stand hingegen ganz ruhig da, drehte mal seinen Kopf, lächelte oder fuhr sich mit der Hand durch die Haare. Seine Freunde sollten sich in seiner Gegenwart stets als ein wenig zu klein geraten empfinden. In der neunten Klasse wurde er schließlich zum Klassensprecher gewählt und blieb es bis zum Ende der Schulzeit.

Auch bei Patricks Bruder waren diese typischen, animalischen Bewegungen (ein Familienphänomen, wie Nachbarn sagten, die beide kannten) das, was als erstes ins Auge fiel. Aber im Gegensatz zu den kleinen, sichtbaren Fettpolstern um Patricks Hüfte hatte Alexanders Vater einen gestählten, gedrungenen Körper, unter dessen Haut sich alle Muskeln einzeln abzeichneten. Er pflegte meist mit einem leicht eingezogenen Hals und etwas vornübergebeugt zu gehen und schien in jedem Moment angriffsbereit, als wollte er mit seinem Kopf seine Gegner von unten rammen. Alex wusste, dass er eine harte Jugend hinter sich gehabt hatte, und die zahlreichen Narben an den Händen und Armen zeugten davon, dass Kämpfe in seinem jungen Leben zum Alltag gehört haben mussten. Erzählt hatte sein Vater nie etwas davon. Für Alex bestand die Vergangenheit seines Vaters nur aus wenigen Fragmenten, die für diese Generation fast typisch waren: Krieg, Hunger, Bomben und Flucht. Auf welche Weise Patrick diese Zeit überstanden hatte, fragte sich Alex erst später. Beim Nachrechnen stellte er fest, das er erheblich jünger war und die letzten Kriegsjahre lediglich als Kleinkind erlebt hatte.

Die beiden Brüder schienen nach einer Art Nichtangriffspakt miteinander umzugehen. Nach außen wurde Patrick von Jürgen in Ruhe gelassen, saß ruhig da, trank seinen Wein und rauchte seinen Zigarillo, während er mit wachen Augen das Geschehen beobachtete. Aber Alex konnte sehen, wie sein Vater innerlich bebte, wenn Patrick da war. Es brachte ihn offenbar zur Weißglut, seinen Bruder als Souverän in seiner eigenen Familie zu sehen. Denn nicht nur Alex, sondern auch seine Mutter vertrauten ihm mehr Geheimnisse und Intimitäten an, als dem eigenen Mann und Vater. Für Alex lebte Onkel Patrick in einer eigenen Welt, er dachte viel nach und sprach wenige, aber überlegte Sätze, wenn er gefragt wurde. Von sich aus schwieg Patrick meist. In Patricks Leben sah Alexander nicht diese große Schwere und kaum Schwierigkeiten, die nicht irgendwie zu meistern waren. Bei ihm hatte er Begriffe wie Kompromiss und Konsens gelernt – Worte, die in einem Raum mit seinem Vater keine 30 Sekunden überlebt hätten, wenn sie sich nicht schon vorher hinter den Sesseln in Sicherheit gebracht hatten. Mit seinem Vater gab es keine Lösungen, aber eine einfache, gefährliche Welt, es gab immer nur Schuld oder nicht Schuld, Sieger oder Besiegte, dumm oder intelligent, wobei sein Vater scheinbar immer der einzige Intelligente war, das sagte er jedenfalls von sich. Und unschuldig sowieso, und Sieger auch, koste es, was es wolle. Wenn Alex Patrick fragte, ob Vater damit Recht hatte, bekam er von Onkel Patrick Antworten wie: »Lautstärke und Intelligenz sind schwierige Partner.« Oder: »Intelligenz definiert jeder erst einmal für sich selbst, messen kann man sie nicht richtig.« Das waren Antworten, die Alex tagelang im Kopf herumgingen und die ihr Aussehen änderten wie ein lebendiges Riff voller bunter Fische, die sich zu immer neuen Farbkombinationen formierten, während er über sie nachdachte. Kaum hatte er eine eigene Idee zu dem Thema, sah die Antwort wieder anders aus, obwohl sich die Worte nicht änderten. Das war die Welt, wie sie Patrick mochte:

anstrengend, aber strahlend bunt! Und so voller Facetten, dass man kaum glaubte, irgendwann einmal die ganze Welt begreifen zu können. Sagte Alex das zu Onkel Patrick, antwortete er nur: »Willst du denn das? Vielleicht ist dann auch ihr Zauber fort.«

Dann lächelte er Alex an und Alex hatte wieder etwas zu denken mitbekommen, wieder eine Antwort, die so viele bunte Antworten offen ließ. Vielleicht ist dann auch der Zauber fort, was für ein Satz, ohne dass er aus komplizierten Worten bestand, obwohl Patrick das auch konnte. Er machte es aber selten, vor allem, wenn er mit Alex sprach. Da erklärte er schwierige Zusammenhänge in ganz einfachen, kurzen Worten, die Alex glücklich mit zufrieden kreiselnden Gedanken zurückließen. Sagte sein Vater etwas, war der Satz einfach da, ohne jeden Zauber. Alle Phantasie lag mit den Worten seines Vaters gleichsam erschlagen am Boden, kein Gedanke hatte auch nur noch den Mut, sich zu rühren. Als Zwölfjähriger fragte Alex mal nach den Nachrichten im Radio, was für eine Partei er wählen sollte, wenn er später groß wäre. Sein Vater hatte in diesem Moment sein unnachahmliches, spöttisches Gesicht aufgesetzt und an Alex vorbei geantwortet: »Da gibt es niemanden, den man wählen kann. Das sind alles Idioten, die zuviel Geld verdienen.« Nicht willens, sich mit dieser frustrierenden Perspektive zufrieden zu geben, unternahm Alex einen zweiten Versuch und wollte seine Phantasien ins Spiel bringen. Er hätte sich gern mit seinem Vater unterhalten und konnte es nicht glauben, dass der darauf keinen Wert legte. Er nahm allen Mut zusammen und versuchte ruhig und gelassen zu wirken, wie er es auf dem Schulhof tat. Eine Übung, die ihm jedoch in Gegenwart seines Vaters erst sehr spät zufrieden stellend gelingen sollte. »Onkel Patrick sagt aber, dass Politiker wahnsinnig wichtig sind für unser Land. Er sagt, dass es uns nur deshalb so gut geht und eigentlich keiner wirklich Politiker sein möchte.«

Blitzschnell hatte sein Vater seinen Kopf etwas eingezogen und nach vorn geneigt, die Augen hatten sich zu Schlitzen verengt, seine Stimme war bei der Antwort schlagartig eiskalt: »So, hat er das gesagt? Dann frag ihn doch mal, warum wir dann nicht mehr Geld im Portmonee haben! Warum es uns nicht besser geht! Die Politik unterstützt nur die Bonzen. Das hat sie schon immer getan.« Dann hatte er sich wortlos umgedreht und den Fernseher eingeschaltet. Er legte die Beine neben sich auf den Sessel, sodass kein Platz neben ihm blieb und schnaufte noch verächtlich: »Onkel Patrick! Der hat gut reden!« Das Patrick hatte er regelrecht herausgepustet, danach war das Gespräch beendet.

Alex hatte das Wohnzimmer verlassen und war in sein Zimmer gegangen. Er schloss leise die Tür hinter sich und hörte durch die Wand das unregelmäßige Brummen der Stimmen im Fernseher. Wie lange er stumm an die Wand gestarrt hatte, wusste er nicht mehr. Als es dunkel wurde, hatte er seinen Rucksack gepackt, in dem er seine Schlafsachen mitnahm und war zu Onkel Patrick gefahren. Der aber war nicht da, und so setzte sich Alex auf die mit grauem Linoleum bezogenen Stufen vor seiner Tür und wartete. Irgendwann kippte er gegen den Türrahmen. Zwei Gedanken kreisten im Schlaf durch seinen Kopf: Der, mit einem Segelboot bis hinter den Horizont zu fahren und der, dies mit Onkel Patrick zu tun. Spät in der Nacht schließlich hatte Patrick ihn gefunden und ins Bett getragen, ohne dass er aufgewacht war. Es dauert lange, bevor Alex mit ihm darüber reden konnte. Die Antwort, die er von seinem Vater bekommen hatte, hatte eine Art lang anhaltenden Schock ausgelöst. Sie war nicht an einen Sohn gerichtet, sondern an einen Feind; an einen Menschen, den man aus seinem tiefsten Inneren verabscheut.

* * *

Als Kind legte Alex seinen Kopf am liebsten auf Onkel Patricks Brustkorb und lauschte der beruhigenden Stimme, die sogar massive Wände zum Vibrieren bringen konnte, so tief war sie. Das Brummen erfüllte seinen ganzen Körper, manchmal war es so laut, dass es kaum zu ertragen war, aber auch hypnotisierend. Für Alex mit seinen damals sieben Jahren war Patricks Stimme der Beweis dafür, dass etwas gewaltig, aber nicht gleichzeitig zerstörerisch sein musste, sein Kopf, die Wände, sogar der Schreibtisch und der Fußboden dröhnten mit der Stimme, ohne zu zerbrechen. Sie schienen im Einklang zu schwingen, und wenn Patrick schwieg, schwiegen auch die Wände. Onkel Patricks Wohnung war für Alex ein einziger großer Abenteuerspielplatz, in dem sich fast nie andere Leute aufhielten. Das erstaunte Alex manchmal, aber wenn er Onkel Patrick fragte, zuckte der nur mit den Schultern.

»Fühlst du dich einsam?«, fragte er.

»Nein«, Alex sah ihn an und war fasziniert, dass er sich wirklich nicht einsam fühlte, »du bist doch da.«

»Zwei Menschen können einander tatsächlich genug sein. Selbst wenn sie nicht miteinander reden. Einfach nur zu wissen, dass jemand da ist, dem man vertraut, kann als Kontakt reichen.« Patrick sah Alexander ernst an. Er wusste, wie sein Bruder mit dem Jungen umging und dass Einsamkeit ein Problem in Alex' Leben werden könnte.

»Hab keine Angst«, sagte er leise und nahm Alex in den Arm, »ich bin ja da.«

»Kann ich nicht zu dir kommen?«, fragte Alex in seiner Armbeuge. Patrick zögerte mit der Antwort: »Nicht jetzt, später vielleicht.« Eine Lüge. Patrick wusste durchaus, dass das nicht die Wahrheit war. Er würde ihn nicht zu sich nehmen können, nicht so lange sein Bruder verheiratet war. Alex spürte das Zögern und fühlte, dass etwas ganz und gar nicht in Ordnung war, obwohl er nichts lieber getan hätte als seinem Onkel zu glauben. Er nahm die Umarmung jedes Mal dankbar an; das war etwas, das es in seinem Elternhaus nicht gab. Trotzdem spürte er, dass blindes Vertrauen auch gefährlich sein konnte.

Er war allein mit Patrick in seiner Wohnung, es gab niemanden sonst, mit dem man sich unterhalten konnte, die Gespräche mit Onkel Patrick waren so lang, wie sie sein mussten: Sollte ein Problem geklärt werden, dauerte das Gespräch exakt so lange, bis die Dinge klar waren, nicht länger und nicht kürzer. Danach hatten die Gedanken im bunten Riff der Auslegungen wieder Zeit zum Umherschwimmen und zum Sortieren, auch wenn es manchmal endlos lange zu dauern schien. Für Alex war die Wohnung seiner Eltern nie richtig seine Heimat gewesen, alles wurde irgendwie weggeputzt, nie lag Spielzeug im Wohnzimmer oder im Flur, wenn sein Vater nach Hause kam – er konnte es nicht ausstehen. Kinder hatten ihre Zimmer, da war das Spielzeug, der Rest gehörte ihm, der Krieger hatte seine Territorien zuletzt dann doch noch erobert, seine Feinde hatten sich ergeben.

Bei Onkel Patrick lag immer alles herum. Patrick fühlte sich wohl in seiner Wohnung, und Alexander durfte sie mitbenutzen, war kein Eindringling in der Welt eines Kriegers, sondern fühlte sich als gern gesehener Gast bei einem befreundeten Stamm. Ein Gedanke übrigens, den er auch erst hatte lernen müssen, schließlich handelte es sich dabei für ihn um eine neue Erfahrung. Das Misstrauen gegen Wohlwollen einzutauschen, gelang ihm erst nach vielen Jahren zuverlässig. Statt Schrankwänden, Kommoden und Teppichen war Onkel Patricks Wohnung scheinbar aus Dingen zusammengesetzt, die irgendeine Bedeutung haben mussten, oder zumindest eine Geschichte. Überall lagen kleine Steinchen, Äste, Betonbrocken, Muscheln, riesige, rostige Schrauben und geheimnisvolle Ersatzteile von Autos und Maschinen umher. Fragte er Onkel Patrick nach einzelnen Dingen, erzählte er Alex die Geschichte davon und warum sie hier noch lagen. Manchmal sollten sie noch weiterbearbeitet werden, waren also noch nicht am Ende ihres Weges angekommen. Manchmal erinnerten sie an Dinge, an die sich sonst keiner erinnern wollte oder konnte. Auf dem kleinen Bord neben der Heizung war das ein einfaches Stück Beton aus Frankreich. »Atlantikwall, Zweiter Weltkrieg.« Oder der große Brocken mit den hervorschauenden, verbogenen und verrosteten Stahlstreben an der Wand neben der Toilette, den Onkel Patrick aus den Ruinen eines gesprengten Hochhauses in der Hamburger Innenstadt geborgen hatte und der einmal Teil der Wand seines Büros gewesen war, in dem er gearbeitet hatte. Häufig sah er seinem Onkel zu, wie er einzelne Teile bearbeitete. Etwa die Ankerwinsch von seiner kleinen Yacht. Sie wurde sorgfältig auf der Spüle in der Küche zerlegt und jede einzelne Schraube in einem Benzinbad gewaschen. Danach wurden die Teile auf weißen, ausgefransten Lappen auf der Arbeitsfläche und der angrenzenden Anrichte zum Trocknen ausgelegt. Dass man in einem Mietshaus nicht literweise Benzin in offenen Gefäßen aufbewahren sollte, war für Patrick kein ernsthaftes Thema. Genauso wenig wie das Benutzen des hochtourig laufenden Winkelschleifers, der mit den von ihm erzeugten Metallfunken schon sichtbaren Schaden an den Küchenfliesen hinterlassen hatte. Vor allem aber war es der Lärm, der Alex faszinierte. Patrick hatte ihn angewiesen, sich sorgfältig die Ohren zuzuhalten, solange die Maschine lief und er bestimmte Teile entrostete oder sonst wie bearbeitete. Meist schummelte Alexander jedoch und steckte die Finger nur lose in die Ohren, um den ganzen Lärm zu hören, den man in so einem Haus machen konnte. Meist dauerte es nicht lange und irgendein Nachbar schlug an eine der Wände, häufig war es dann schon dunkel draußen. Dann ließ Patrick den Winkelschleifer auf der Spüle liegen, sortierte das Werkzeug und beide machten sich zwischen den Ersatzteilen ein kleines Abendbrot. An einem der nächsten Tage arbeitete Patrick an der Winde weiter. Alexander hatte auch später nie wieder jemanden kennen gelernt, der derart selbstverständlich und fast traumwandlerisch mit Material umzugehen in der Lage war.

Am meisten faszinierte Alex jedoch die über einen Meter hohe Granitsäule, die frei stehend im Wohnzimmer neben der Tür thronte. Sie war quadratisch mit einer Kantenlänge von genau 27 Zentimetern (er hatte sie mehr als einmal nachgemessen) und auf den unteren vier Fünfteln unbearbeitet und roh gehauen, als hätte man sie gerade aus einem massiven Felsen herausgerissen. Das obere Fünftel war rechtwinklig und quadratisch, mit einer abgeschlagenen Ecke, und es war ihr deutlich anzusehen, dass sie einige Jahrzehnte alt war. Auf ihrer Oberseite war ein handtellergroßes Kreuz eingemeißelt und mit schwarzer, abblätternder Farbe unterlegt, auf der Vorderseite prangten die drei Buchstaben »DDR«, ebenfalls eingemeißelt und schwarz unterlegt. Den Grenzstein hatte Onkel Patrick an einem Wintertag gleich nach dem Mauerfall und der Wiedervereinigung aus einem vergessenen Stück Erde an der Ostsee mit einer Spitzhacke und einem Klappspaten ausgegraben. Mit einem Geschirr aus Schoten hatte er ihn durch das Naturschutzgebiet zu seinem Auto geschleift und mit einer Rampe aus Holzlatten in seine Wohnung befördert (Patrick war nicht gern auf die Hilfe anderer angewiesen). Von dem Grenzstein ging eine unbestreitbare Bedrohung aus, auch wenn er seine Kraft im Umfeld einer Dartscheibe über ihm und der Krügerrand-Goldmünze, die auf seinem oberen Rand deponiert war, deutlich verloren hatte. Alex verband immer auch das Dritte Reich, Adolf Hitler und die SS mit diesem Stein. Fast konnte er die Nagelstiefel auf den Betonplatten hören, wenn die Truppen marschierten, so wie er es unzählige Male in Schwarz-Weiß-Dokumentationen mit Onkel Patrick zusammen gesehen hatte. Natürlich wusste er, dass das beides nicht zusammengehörte, trotzdem passte der Granitstein besser zu den Nazis als zu den Ostdeutschen. Alles, was er aus Ostdeutschland kannte, war billig und vergänglich und meist auf aufdringliche Weise hässlich oder kitschig. Dieser Stein war jedoch zeitlos, rau und kalt, unzerstörbar. Wie gemacht für ein »Tausendjähriges Reich«.

Die realen Bedrohungen, die von diesem Stein ausgingen, waren jedoch sein schieres Gewicht und sein freies Stehen auf den lackierten und immer ein wenig verstaubten Dielen. Damit er nicht umfiel und gerade stand, war lediglich ein wenig Pappe unter seine eine Seite geschoben worden. Man konnte ihn antippen, dranklopfen, darüberstreichen und er schwankte nur leicht mit seiner schieren Masse von einigen hundert Kilogramm Granit. Auch wenn man vorbeirannte, blieb er unbeeindruckt stehen. Die leicht gebogenen Dielen darunter, die man sah, wenn man seinen Kopf seitlich auf den Boden legte und über die an sich ebene Fläche peilte, gaben Alex ein deutliches Gefühl davon, was passieren würde, wenn er tatsächlich einmal umstürzte.

Onkel Patrick sagte, er würde wahrscheinlich den Boden

durchschlagen und alle Stockwerke darunter gleich mit und dann im Keller endgültig liegen bleiben. Alex versuchte sich das Loch vorzustellen, das er hinterließ, die ausgefransten, zersplitterten Dielen über drei Etagen und den unten im Keller liegenden Grenzstein. Schräg eingeschlagen in den glatten Betonboden wie eine nicht gezündete Tomahawk-Rakete im Golfkrieg. In Alex' Phantasie war der Stein dann von irgendwoher geheimnisvoll angestrahlt und streckte ihm seine kleine, untertassengroße Unterseite entgegen, die er noch nie gesehen hatte und an der noch das Stück Pappe klebte, das ihn dann doch nicht hatte aufhalten können. Angst hatte Alex aber nicht davor, er gehörte zu Onkel Patrick und damit war die Sache schon in Ordnung. Auch das Loch im Boden beschrieb Onkel Patrick eher so, als wäre es von vornherein mit einkalkuliert gewesen und das sowieso irgendwann kommen müsste. Wenn sie zusammen darüber sprachen, schien er fast darauf zu warten, auch wenn Alex natürlich wusste, dass es nicht so war.

Ein entscheidender Schritt zu ihrer Beziehung wurde an einem Sonntagmorgen getan. Onkel Patrick hatte offensichtlich lange über etwas nachgedacht. Diese Unruhe und Nervosität kannte Alex gar nicht an ihm. Sie machte ihn ebenfalls unruhig. Sie saßen an diesem Morgen am Frühstückstisch und sahen aus dem Fenster, während sie sich ihre Brote strichen. Die Blätter verfärbten sich im ersten Anflug von Herbst und es regnete. Alex mochte diese Zeit und den Blick von Onkel Patricks Hinterhof, wo außer von den Holztauben und dem Sperber keine Geräusche zu hören waren.

»Sag mal, was glaubst du, wofür ein Onkel da ist?«, begann Patrick aus heiterem Himmel. Alex war zu verdutzt für eine Antwort, deshalb fuhr Patrick einfach fort. »Ein Onkel ist der Bruder des Vaters, richtig?« Alex nickte langsam. »Oder der Mutter natürlich, aber darauf kommt es jetzt nicht an. Vor allem aber ist ja ein Onkel jemand, der älter ist als man selbst. Jemand, der einem etwas zu sagen hat, der Autorität hat und erfahrener ist, richtig?« Alex nickte wieder. Er kaute sein Nutella-Brot und hatte keine Ahnung, auf was sein Onkel hinarbeitete. Aber es war spannend, und er liebte diese Spielchen. »Klar, so wie du«, sagte er mit vollem Mund.

»Genau, deswegen habe ich dir auch zu sagen, was du zu tun und zu lassen hast, und kann für dich entscheiden. Ist es das, was du meinst?«

Das hatte Alex natürlich nicht gemeint, deshalb schüttelte er heftig den Kopf.

»Also nicht«, Patrick kostete das Spiel aus. »Ich bin aber dein Onkel.« Er sah Alex an. Alex runzelte die Stirn: »Du bist aber auch so etwas wie mein Bruder.« Alex hatte keinen Bruder, aber gerade in letzter Zeit hätte er ihn sich so vorgestellt. Es war ihm unangenehm, dass er seinen Wunsch so plötzlich formuliert hatte. Patrick war nicht überrascht, ganz im Gegenteil. Das schien die Antwort gewesen zu sein, auf die er gewartet hatte.

»Und würdest du einen Bruder Onkel nennen? Natürlich nicht, du würdest Bruder zu ihm sagen, vielleicht großer Bruder, aber nicht Onkel. Du würdest ihn bei seinem Vornamen nennen, aber nicht bei seinem Nachnamen. Du würdest mit ihm segeln gehen, deine Zeit verbringen wollen, tauchen. Mit ihm über Mädchen reden, Fahrrad fahren oder in den Urlaub. Alles das, was man mit seinen Eltern normalerweise nicht macht. Und auch nicht mit seinem Onkel. Da ist per Definition sozusagen die Verbindung zum Vater stärker. Der Ausdruck Onkel macht es aus, verstehst du? Onkel bedeutet Bruder des Vaters. Bruder der Autoritätsperson, Bruder von dem, zu dem man aufblickt. Er hat fast die Autorität des Vaters, er verkörpert ihn so ein bisschen. Als Neffe hast du immer eine klare Abgrenzung zu ihm, selbst wenn du älter wirst und dich anders fühlst. Selbst wenn du dich eher als Bruder deines Onkels fühlst, als der sich als Bruder deines Vaters.«

Patrick wurde selten kompliziert, aber diesmal musste Alex sehr über die Worte nachdenken.

»Aber du bist mein Onkel«, sagte er schließlich.

»Klar, aber nur, weil es noch so definiert ist. Unsere Beziehung hat sich schon lange verändert. Wir reden über andere

Dinge, wir sind an Bord und unter Wasser gleichberechtigt. Wir vertrauen uns in jeder Hinsicht und freuen uns, zusammen zu sein, ohne dass eine Hierarchie dazwischen steht. Und an dieser Stelle sollten wir heute etwas ändern. Der Onkel hat einfach ausgedient.«

Patrick lehnte sich zufrieden zurück, er meinte es logisch zusammengestellt zu haben.

»Du?«

»Was ich?«

»Du bist überflüssig? Mein Onkel?«

Patrick atmete tief durch: »Natürlich nicht ich. Das Wort Onkel ist überflüssig. Ich bin in unserer Beziehung eher dein Bruder als der deines Vaters. Ich bin dein Freund. Wir brauchen keine Autoritätsbekundungen durch irgendwelche Titel. Die stehen doch nur im Weg.«

»Also nur Patrick?«, fragte Alex etwas ungläubig, es fühlte sich merkwürdig an, so als würde er das Onkel verschlucken müssen.

»Genau, einfach Patrick.«

Also hatten sie das Onkel weggelassen. Aus Onkel Patrick wurde Patrick und Alex kam sich neben Patrick noch ein wenig gleichberechtigter vor. Obwohl es in Patricks Haushalt weiterhin niemanden gab, dem man davon hätte erzählen können. Frauen und Freunde blieben eine Seltenheit in der geheimnisvollen Wohnung, in der sich alles weiter langsam und stetig änderte, wie eine Masse, die nie ganz fest werden wollte und sich unaufhörlich wie Lava fast unsichtbar langsam über eine Ebene schob. So blieb alles irgendwie stabil, wenn es auch in Bewegung war – ganz im Gegensatz zu Alex' Elternhaus, das nach außen statisch und starr wirkte und schließlich zerfiel. Seine Mutter starb und schien keine große Lücke zu hinterlassen, sein Vater heiratete erneut und kümmerte sich noch weniger um seinen Sohn. Die neue Frau war häuslicher, devoter und konnte wohl mit seinem Vater auf ihre unterwürfige Art etwas anfangen, mit Alex jedoch nicht, so lebte er in größeren Freiheiten als je zuvor mit seinem neuen Freund und Bruder Patrick.

Auch der Grenzstein war nie umgestürzt, doch die Bilder des Absturzes blieben stabil, selbst wenn das imaginäre Loch im Boden an Farbe gewann oder verblasste, je nach Stimmung. Das hatte er von Patrick gelernt. Er ließ Stimmungsschwankungen zu und beobachtete sich dabei selber, ohne Angst vor der Veränderung zu haben. Als Leitspruch begleiteten ihn dabei Goethes Worte, die, gefasst in einem kleinen, goldenen Rahmen, über Patricks Schreibtisch hingen: ›Wenn du willst, das alles bleibt wie es ist, musst du jeden Tag etwas ändern.‹ Seine Eltern hatten nie etwas geändert, sich nicht und die Wohnung nicht und ihr Leben nicht, aber um sie herum hatte sich alles weiterentwickelt. Und jetzt war seine Mutter tot und hinterließ keine Spuren.

Aber die Gespräche mit Patrick änderten sich. Eines Tages fing Patrick an über Dinge zu sprechen, die sie vorher nie berührt hatten. Und obwohl Alex viel Bewegung in Gedanken und Worten kannte, spürte er, dass dieses Thema anders war. Es betraf Patrick direkt und persönlich, und wenn er mit ihm sprach, fehlten jetzt die kleinen Lachfältchen um seine Augen und machten den Ernst der Lage deutlich, den Alex sonst nur aus dessen Gesprächen mit seinem Vater kannte. Alex war 18 und Patrick schien nur auf diesen Zeitpunkt gewartet zu haben. Sie saßen vor dem dänischen Kaminofen und tranken den Karamelltee mit Milch und braunem Zucker, den Alex so gerne mochte. Der Rauch von Patricks Zigarillos füllte den Raum, hing in waagerechten Schwaden wie Bewölkung in der Luft und wurde schließlich vom Feuer hinter der offenen Ofentür gierig aufgesogen. Das brennende Holz prasselte und bollerte wie ein fernes Gewitter, die Restfeuchte zischte aus den offenen Poren in den Schnittkanten, mit lautem Knallen landeten Teile der Glut auf dem Messingblech vor dem Ofen, wenn das Holz in der Hitze barst.

»Weißt du, Alex«, fing Patrick an und Alex schossen die Tränen in die Augen. Er ahnte, was kam. Nein! Nein! Schrie es in ihm, sag es nicht! Nein! Trotzdem sprach Patrick ruhig weiter.

»Weißt du, manchmal geht das Leben Wege, die nicht die

sind, die man selber gehen möchte. Dann weicht es vom direkten Weg zum Ziel ab, der Wind kommt aus einer anderen Richtung, und du als Steuermann kannst den Kurs zwar noch ändern, aber nicht mehr auf das Ziel zuhalten.«

Er blickte Alex in die tränenbenetzten Augen und versuchte aufmunternd zu lächeln, wobei Alex sah, wie schwer es ihm fiel. Der Junge wollte etwas sagen, wusste aber nicht was, wieder und wieder schluckte er und räusperte sich, doch die Worte steckten ihm fest in seinem Hals.

»Dann kannst du gegenan kreuzen und in Kauf nehmen, dass dir bei dem starken Gegenwind das Material ermüdet und du vielleicht auf dem Weg zurück aufgeben musst. Dann läufst du vor dem Wind ab und gerätst immer weiter vom Idealkurs fort.« Patrick sog an seinem Zigarillo und paffte zwei große Wolken in Richtung des pastellfarben abgesetzten Stucks an der hohen Decke. Schließlich fuhr er mit nachdenklichem Blick fort: »Oder du folgst dem Winddreher und hoffst, dass dein Weg lang genug ist, dass sich der Wind auch einmal wieder in die richtige Richtung wendet und du zurück auf Kurs kommst.«

Inzwischen liefen Alex die Tränen über die Wangen, vorbei an den Mundwinkeln und tropften auf sein Hemd.

»Du gehst fort?«, fragte er gepresst. Sein Zwerchfell zuckte unter dem Weinen, das jetzt nicht mehr aufzuhalten war. Er spürte, wie sich seine Ohren in den Weinkrämpfen schlossen, sah das Feuer durch einen Schleier von Tränen. Er sollte nicht gehen! Er sollte all dies hier nicht aufgeben.

»Ich habe schon versucht zu kreuzen die letzten Jahre, aber der Wind ist zu stark und gefährlich. Das Schiff und der Steuermann halten dem Druck nicht mehr stand. Ich habe einen großen Fehler gemacht und muss jetzt hier fort.«

Patricks Gesicht war vollständig erschlafft, einige Jahre gealtert und trotz der rosigen Färbung des Feuers blass und grau.

Am nächsten Tag war Patrick fort und riss ein riesiges, dunkles Loch in Alex' Eingeweide, das sich nie wieder zu schließen schien. Er fand einigen Trost bei Freunden von Patrick, die genauso litten. Manchmal bekamen sie Briefe, aber immer seltener. Patrick blieb verschwunden, ohne ein Spur zu hinterlassen. Ganz so, als wäre das sein Plan gewesen. Als hätten alle Gespräche, die sie zusammen geführt hatten, nur diesem einen Zweck gedient. Dass Alex stark wäre, wenn Patrick ihn verlassen würde. Alles schien zu genau getimt, um Zufall zu sein. Dafür kannte Alex Patrick gut genug. Er war alt und stark genug, um alleine zu leben. Die Eigentumswohnung war bezahlt und Alex als Besitzer eingetragen. Alles war geklärt, nur dass Alex nie verstehen konnte, warum Patrick ihm den Grund für sein Fortgehen nicht genannt hatte. Er verschwand einfach von der Bildfläche, spurlos und scheinbar endgültig.

9. Dezember 2002, Rodney Bay Marina, St. Lucia

Die schwarze, halbrunde Sonnenbrille verdeckte die Augen sowohl von vorn als auch von der Seite. Aus den Gesichtszügen waren keine Reaktionen zu erkennen, es war faltenfrei, als hätte es nie gelacht. Der Mann trug eine schwarze, gebügelte Lewis 501, ein schwarzes Boss-Polohemd mit harten Bügelfalten auf den Oberarmen sowie vermutlich teure schwarze Lederschuhe mit Ledersohlen und gelochtem Oberleder zur besseren Lüftung bei der Hitze. Die schwarzen Haare des Mannes waren kurz geschnitten, seine fast schwarzen Lippen standen vor, wie eigentlich sein ganzer Mund. Er war ordentlich rasiert und roch nach einem süßen, fast aufdringlichen Rasierwasser. Er ging nicht langsam, aber sein Körper schien sich nahezu nicht zu bewegen, als er den langen Betonsteg hinabkam. Es sah vollständig mühelos aus, fast als wäre es überflüssig, den Körper zum Gehen anzustrengen. Vor allem aber schien er nicht zu schwitzen.

»Mr. Ullrich?« Er sprach das Ullrich von Alex' Nachnamen wie Jullreick, fast hatte sich Alex davon nicht angesprochen gefühlt, aber er wusste, wie groß die Probleme im Englischen waren, seinen Nachnamen auszusprechen. Der Schwarze hatte sich neben Alex aufgebaut und verdunkelte mit seinen breiten Schultern und der beeindruckenden Körpergröße die Sonne. Alex schätzte ihn auf deutlich über 1,90 Meter und blinzelte gegen das Licht, das hinter dem Kopf des Mannes gleißte wie eine Korona.

»Das bin ich«, sagte Alex fast abwesend und wandte sich wieder dem Bug des Schiffes zu, vor dem er saß. 20 Zentimeter über der Wasserlinie hatte die blaue GfK-Außenhaut eine weiße Scharte, wie mit einem Beil hineingeschlagen. Der von hier ausgehende Riss im Kunststoff-Laminat des Rumpfes setzte sich fast einen Meter gezackt nach hinten fort und endete dort, wo das Querschott des Ankerkastens in den Rumpf der Yacht einlaminiert war. Trotz der Hitze und der unerbittlich auf das blaue Plastik brennenden Sonne war der Bereich um den Riss nass. Er war die letzte sichtbare Erinnerung an ihren Zusammenstoß mit der SEAFIRE. Der Mann zog eine goldene Marke an einer ebenfalls goldenen Kette heraus, und hielt beides in seiner linken Hand. Um dieses Handgelenk baumelte eine dickere goldene Kette mit schweren Gliedern. Am rechten Handgelenk trug er eine teure Uhr, wie Alex mutmaßte, obwohl er nichts von Uhren verstand.

»Polizei von St. Lucia, CID. Wir haben einige Fragen an Sie«, sagte der Mann langsam und mit langen Pausen zwischen den Sätzen. Sein Blick wanderte währenddessen einmal zum Horizont und wieder zurück, fast so, als hätte er mit seinen eigenen Fragen nichts zu tun. Alex stützte sich auf den Steg, schob seine Sonnenbrille von den Haaren auf seine Nase und stand auf. Er hatte vom CID gehört, der Schwarze war vom Criminal Investigation Department, zuständig für Kapitalverbrechen auf der kleinen Insel in der mittleren Karibik, auf der alljährlich die ARC endete, die Alex und seine Crew mitgesegelt waren. Alex war auf dieses Treffen vorbereitet, seitdem er das Sinken der SEAFIRE beim Hafenmeister angezeigt hatte. Die Polizei hatte auf der Insel nicht den besten Ruf – besonders im Umgang mit den Weißen, die hier wohnten, galt sie als langsam, nachlässig und willkürlich. Selbst eindeutige Verbrechen, die von ihren Landsleuten an Europäern oder den meist amerikanischen Fremden verübt wurden, ließ die Polizei über Jahre unbearbeitet, bis sie schließlich in Vergessenheit gerieten. Trotz der geringen Ausdehnung der Insel von gerade einmal 43 Kilometern in der Länge und 22 in der Breite waren die Zuständigkeiten zudem säuberlich nach Nord und Süd getrennt. Wurde ein Einbrecher im Norden gefasst und kam aus dem Süden, konnte es sein, dass in der Verfolgung diese Grenze nicht zu überwinden war. Ihrer Unzufriedenheit machten die hier lebenden Europäer gern mit einer Beschwerde im Complains Unit der Polizei in der Hauptstadt Castries Luft. Die Folge waren häufig vermehrte Kontrollen durch die Verkehrspolizei und teure, unsinnige Strafzettel für die Ausländer. Mit 150 000 Einwohnern entspricht St. Lucias Einwohnerzahl der einer deutschen Kleinstadt, die wenigen Weißen waren der Polizei keine Unbekannten. Und obwohl die Polizei nur eine verhältnismäßig kleine Fläche zu überwachen hatte, verfügte sie zudem über eine Art schnelle Eingreiftruppe, die in schwarzen Jeeps mit vergitterten Fenstern schwer bewaffnet über die Insel fuhr und versuchte, den zwischen Nord- und Südamerika florierenden Drogenhandel zu kontrollieren. Es waren also genug Instanzen, um eine kleine Diktatur am Leben zu erhalten, und zu viele für eine »Trauminsel«, als die St. Lucia in den Reiseprospekten aufzutauchen pflegte.

»Es geht um das deutsche Schiff, das'ie gefunden haben.« Der Mann sprach das auf den Inseln übliche Pidginenglisch, das sich aus der offiziellen Landessprache Englisch und der ehemaligen Muttersprache der als Sklaven für die Arbeit auf den Zuckerrohrfeldern aus Afrika deportierten Vorfahren gebildet hatte. Trotz des langsamen Sprechens verschwendete er keine Zeit mit Höflichkeitsfloskeln. Wohin der Blick diesmal ging, war unklar, in der Brille sah Alex nur sich selber, JOHANNA, den langen Steg und die anderen Schiffe, wie auf einem guten, aber unterbelichteten Foto. Er vermutete, dass der Polizist wieder zum Horizont sah, oder zumindest weit weg.

»Die SEAFIRE?«

»Sie wissen, welche'Schiff ich mein.« Seine Tonart lag irgendwo zwischen Ich-habe-keine-Lust-zum-Reden und Spieldeswegen-keine-Spielchen-mit-mir. »Sie haben der Küstenwache mitgeteilt, dass'ich ein Toter an Bord befand, Ihrer Meinung nach ermordet.«

»Das war deutlich«, entgegnete Alex, »er hatte ein Loch im Hinterkopf, wie von einem Einschuss.«

»Sind sie sicher, dass'es ein Einschuss war? Hätte es nicht auch ein Unfall gewesen sein können?«

»Sie haben Recht, ich habe noch nie einen Einschuss in

einem Kopf gesehen«, gab Alex zu und wurde langsam wacher, »aber das sah mir keinesfalls nach einem Unfall aus.«

»Hat außer Ihnen noch jemand den Mann auf dem Schiff gesehen?«, fragte der Schwarze, seine Stimme wurde härter, er schien Alex jetzt direkt anzusehen.

»Niemand, ich bin allein an Bord gegangen.«

»Dann wiss'n auch nur Sie, dass der Mann off'nsichtlich umgebracht wurde?«

Alex nickte und blickte den Polizisten fragend an. Am Ende des Steges, wo er in Richtung der Marinagebäude abknickte, stand ein weiterer Mann mit Sonnenbrille. Er war ähnlich akkurat gekleidet und bewegte sich nicht. Alex war er bisher nicht einmal aufgefallen.

»Wissen Sie, wer der Tote war?«, fragte der Mann.

»Keine Idee«, antwortete Alex wahrheitsgemäß, »warum interessiert Sie das derart? Es war ein deutsches Schiff.«

»Unsere Kollegen aus Deutschland ham' uns gebeten, Ihnen diese Fragen zu stellen. Sie werden sie in Deutschland noch einmal beantworten müssen«, er wirkte jetzt deutlich kürzer angebunden, sein selbstgefälliger Schutzschild war für Rückfragen nicht gemacht. »Befand sich außer dem Mann noch j'mand an Bord?«

»Ein Mädchen, ungefähr 25 Jahre alt. Sie lebte, als ich an Bord kam.«

Der Polizist schien einmal mit den Augenbrauen zu zucken. Unter seinem Haaransatz bildeten sich fast unmerklich einige Schweißperlen.

»Was für'n Mädchen?«

»Sie ist mit dem Schiff untergegangen. Ich habe sie nicht retten können«, fuhr Alex fort, »sie hatte eine dunkle Hautfarbe, sehr dunkel.«

Der Polizist trat einen winzigen Schritt zur Seite, sodass die Sonne nun an ihm vorbei genau in Alex' Augen stach.

»Hat sie 'was gesagt, als Sie sie getroffen haben? Wissen Sie ihren Namen?«

Alex machte langsam und eher nebenbei einen Schritt nach

links und lehnte sich an den Wasser- und Stromverteiler, der an jedem Liegeplatz die Yachten mit Energie versorgte. Die Sonne verschwand wieder hinter dem Kopf des Polizisten.

»Nein.«

Die Züge des Polizisten beruhigten sich. Er wendete sich beim Sprechen wieder ab.

»Sie wissen also nicht, wer'es war. Haben Sie etwas von Bord der SEAFIRE mitgebracht? Aufzeichnungen, irgend 'was?«

Bei Alex machte sich ein ungutes Gefühl breit. Er kannte das, er hatte häufig dagegen gehandelt und dieses Handeln hatte sich fast immer als falsch herausgestellt. Er nahm sich vor, erst einmal vorsichtig zu sein, ohne wirklich zu wissen, warum.

»Nichts, nein. Ich hatte absolut keine Zeit«, log er, »das Schiff war schon mehrere Meter unter Wasser, als es mir gelang, mich zu befreien. Ich hatte genug damit zu tun, mein Leben zu retten.«

Der Polizist sah ihn an, als wäre es ihm lieber gewesen, wenn ihm das nicht gelungen wäre.

»Vielen Dank, Sir«, sagte er vollendet und zog eine weiße Visitenkarte hervor, »bitte melden Sie sich, bevor Sie abreisen, noch einmal bei uns, damit wir Ihre Aussage zu Protokoll nehmen können. Auf Wiedersehen.«

Er drehte sich um, ohne auf eine Antwort von Alex zu warten und ging. Auf halber Strecke begneten ihm Tina und Jan, die bepackt mit gelben Einkaufstüten vom Supermarkt kamen. Die drei mussten einander ausweichen. Aufgeblasene Dingis, Segelsäcke, Wasserschläuche und die norwegische Fahne der SILVER MOON, die protzig von ihrem Heck hing, machten das Gehen auf dem Anleger zum Hindernislauf. Die Polizisten wechselten einige Worte, während sie durch ihre Sonnenbrillen vermutlich in seine Richtung oder zum Horizont sahen und gingen dann nebeneinander den Steg entlang durch das stählerne Tor hinaus. Alex folgte ihnen mit dem Blick, wie sie die steinerne Treppe mit der blauen, steinernen Brüstung des Hafengebäudes heraufstiegen und im Marinabüro verschwanden.

»Na Skipper, guckst schon wieder den schicken einheimischen Mädels hinterher?« Jan grinste.

»Wenn's wenigstens Mädels wären«, sagte er und nahm Tina einige der Tüten ab, bevor sie gemeinsam an Bord stiegen.

»Hier auf St. Lucia gibt es ein ziemlich großes Interesse für die Sachen, die uns da auf See passiert sind«, Alex nippte an seiner Cola, deren Dose sich in Höhe des eiskalten Getränks außen mit einer Feuchtigkeitsschicht überzogen hatte, und sah die beiden über den Rand hinweg vorsichtig prüfend an. »Schließlich war es ein deutsches Schiff und das Ganze passierte in internationalen Gewässern.«

»Du meinst, die Schwarzen in der Karibik sind normalerweise nicht so heiß darauf, sich fremde Arbeit ans Bein zu binden?«

»Ist ja kein Geheimnis, dass die Probleme der Weißen sie nur am Rande interessieren. Die drehen sich doch hier fast nur um sich selber. Und von internationalem Seerecht hat man hier doch wohl auch noch nicht allzuviel gehört. Die einzigen Seefahrer hier sind die Fischer, und um die kümmert sich niemand.«

»Und ein schwarzes Mädchen«, warf Jan ein, »ein schwarzes Mädchen war an Bord. So schwarz, dass sie entweder aus Afrika oder genauso gut von einer der karibischen Inseln kommen könnte.«

Alex sah Jan an, Tina blickte in ihren Drink und sagte nichts.

»Das wäre aber ein großer Zufall, findest du nicht? Vor allem weil sie ja vermutlich dort, wo wir sie getroffen haben, in der Passatregion, nicht aus der Karibik kamen ...«

»... es sei denn, sie waren auf dem Weg dorthin«, beendete Jan den Satz, »auszuschließen ist das nicht. Du hast selber gesagt, dass dir die Intensität, mit der hier nach Details geforscht wird, komisch vorkommt. Mir übrigens auch; wir haben gerade im Supermarkt einige Segler getroffen, die schon vor dir Besuch vom CID hatten.«

»Was wollten die denn von denen?«, fragte Alex.

»Auskunft über dich. Über diesen gewissen Herrn Ullrich aus Deutschland. Wer du seist, wo du herkämst, was du hier machen würdest.«

»Mein lieber Mann!« Alex fing wieder an zu atmen.

»Die Leute im Supermarkt sagten, sie wären sehr gezielt gefragt worden. Das hätte sich nicht so angehört, als hätte man da ins Blaue hineingefragt, nur um einmal ein paar Antworten zu bekommen. Die waren sich anscheinend zumindest im Ansatz klar darüber, wer du bist.«

»Das passt natürlich auch mit dem zusammen, was ich hier gerade erlebt habe: Der Schwarze vom CID wollte zwar sehr genau alles über die SEAFIRE wissen, aber über mich eigentlich nichts.«

»Weil er das alles schon wusste. Entweder von den anderen Seglern oder aus einer anderen Quelle.« Jan blickte seinen Freund ernst an.

Alex schien seine Gedanken zu erraten: »Kein gutes Gefühl, beobachtet zu werden. Vor allem, wenn es Leute sind, die man nicht kennt und die auch nicht wollen, dass man sie kennt.«

Er legte die Visitenkarte auf den Tisch, die er vorhin achtlos in die Tasche gesteckt hatte. CID stand darauf, darunter Criminal Investigation Department und die Adresse. Aber ein Name fehlte genauso wie eine Telefonnummer. Alex sah in die Richtung, in die der Mann verschwunden war, natürlich war er nicht mehr dort. Und selbst wenn er ihn getroffen hätte, hätte er wohl seinen Namen nicht preisgegeben. Sonst hätte er das wohl schon während des Gespräches getan. Irgendwie hätte er sich gewünscht, noch die ganze zusammengeschweißte Crew an Bord zu haben. Aber Jens und Wolfgang hatten wegen einer Regattaserie mit ihrem Tornado schnell wieder nach Haus gemusst, sodass ihm das große Schiff sehr leer vorkam. Mit den Brüdern in eine Bar zu gehen, hatte Alex immer sehr beruhigt. Mit ihren trainierten Körpern kamen sie ihm oft wie Bodygards vor. Obwohl er wusste, dass er Schutz bei seiner Statur nun wirklich nicht nötig hatte. So saßen nun nur die drei Freunde eine Weile ohne zu sprechen in dem riesigen Cockpit, Jan hatte sich an eine der Steuersäulen gelehnt und rauchte in tiefen

Zügen eine selbst gedrehte Zigarette. Sie war sehr rund und kaum von einer Fertigen zu unterscheiden. Immer wenn die Situation schwierig wurde, gelangen sie ihm besonders gut.

»Was soll's«, zuckte Alex schließlich mit den Achseln, »dann sollten wir uns vielleicht einmal das Buch genauer ansehen, das das Mädchen mir gegeben hat.«

Ungläubig blickten seine Freunde Alex an, der grinste und schuldbewusst zurückguckte.

»Das hast du ihm nicht gegeben?«, fragte Jan und verzog das Gesicht zu einer gequälten Grimasse, die ebenfalls an ein Grinsen erinnern sollte.

»Er hat nicht danach gefragt«, sagte Alex betont unschuldig und zog das Büchlein aus der Seitentasche seiner Shorts. Er legte es in die Mitte des Cockpittisches und klappte die eine Tischhälfte zur vollen Größe aus.

»Ich wollte es ihm nicht geben«, berichtigte er sich, nun wieder ganz ernst, »ich dachte, vielleicht später. Hatte kein gutes Gefühl dabei.«

Jan schüttelte den Kopf, er hatte nie großes Verständnis für Risiko. Tina setzte sich dicht neben Alex, sodass er die Wärme ihrer Haut spüren konnte.

»Mein lieber Mann, was für eine Klaue«, sie sah auf das verklebte Buch, »und dann noch nass geworden.«

Alex blätterte die welligen, harten Seiten um. Er hatte es sich schon auf See angesehen, fühlte sich aber der Entschlüsselung des Inhalts nicht gewachsen. Er hatte sich vorgenommen, das Buch der Polizei zu übergeben, seine Aussage zu machen und alles so schnell wie möglich zu vergessen. Mit seiner Art hatte der Mann auf der Pier bei ihm jedoch Misstrauen geschürt. Er wusste zu dem Zeitpunkt noch nicht warum, aber er wollte zumindest sehen, dass alles seinen geordneten Gang ging. Das war er dem Mädchen schuldig – zumindest fühlte es sich für ihn so an. Vor seinem inneren Auge erschien wieder ihr verzweifelter Blick, kurz bevor die SEAFIRE unterging. Soviel Leid lag darin, er konnte ihn einfach nicht vergessen.

Die Schrift im Notizbuch war nahezu unlesbar, Teile waren

mit Kugelschreiber geschrieben, andere mit Bleistift, wieder andere mit Faserschreiber oder Tinte. Diese Bereiche waren bis auf blaue Wasserränder an den Seitenecken fast leer. Auch die Seiten mit Bleistift waren nur schwer zu lesen, lediglich die Einträge mit Kugelschreiber waren klar. Scheinbar war viel mit Kürzeln gearbeitet worden, daneben wieder Zahlen, große Summen oder lange Telefonnummern, vielleicht auch Adressen. Alex blätterte die Seiten vorsichtig um, einige hatten sich bereits gelöst und lagen lose dazwischen, nur noch die Hälfte des Buches war eine feste Einheit.

»Ein Apotheker würde helfen«, versuchte Jan einen Witz, »die müssen auch immer die Rezepte der Ärzte enträtseln.«

»Vielleicht sollten wir es einmal mit einem ganz normalen Telefonbuch versuchen«, sagte Alex und versuchte einige Einträge zu entziffern: »Okt. 1992 steht oben auf der Seite«, fing er langsam an, »B.R. 450.0722, siebenstellig, wie die Nummern hier auf der Insel, dahinter noch etwas und ein Haken. Hier ist ein Fragezeichen: B.R.: Reduit? Manprbl.: P.U.!! CID: 15 000 USD. Und wieder eine Adresse, ohne Telefonnummer.«

»Was willst du damit?« Jan setzte sich in die Reling zurück und kniff die Augen in der Sonne zusammen, »da blicken wir doch nie durch!«

»Warte doch mal«, widersprach Alex abwesend, »vielleicht ist es einfacher, als wir denken.«

Er sah Jan und Tina nachdenklich an. »Nehmen wir mal an, das Mädchen vom Schiff kam tatsächlich aus der Karibik. Warum nicht? Schließlich war sie auf einer Yacht und Schwarze und Yachten treffen sich nun einmal hier. Dann könnte sie genauso gut von St. Lucia sein, oder nicht? Hat Jan doch vorhin selbst gesagt. Zumindest würde das zu dem Verhalten des CID-Mannes passen. Gehen wir doch einfach mal davon aus.«

Er sah den beiden in die Augen. Tina sagte nichts, Jan hob die Arme und verdrehte den Kopf. »Ja, habe ich, und selbst wenn …« Alex ließ seinen Blick auf ihm ruhen.

»Ja, okay, meinetwegen«, gab Jan widerwillig nach, »also was jetzt?«

»Der Schwarze eben war vom CID«, sprach Alex weiter, »die interessieren sich sehr für die SEAFIRE, die ist hier, glaube ich, nicht unbekannt.« Er machte eine Pause und drehte das Buch zu Jan, der wieder unter das Biminitopp gekommen war. »CID, hier steht's. Glaubst du, das ist ein Zufall?«

Jan beugte sich vor: »Das kann ja nun in jeder Sprache alles heißen«, sagte er mit wenig Überzeugung. »Du meinst, der CID hat damit zu tun?«

»Vielleicht gehört alles zusammen. Jemand 'ne Ahnung, wo der Revierführer ist?«, fragte Alex.

Tina stand auf und stieg ins Schiffsinnere hinab. Kurze Zeit später kam sie mit dem »Sailors Guide to the Windward Islands« wieder hinauf. Er galt bei den Yachties in der Karibik so viel wie die Bibel, nach der sich die Antillen bereisen ließen, als handelte es sich um einen Ausflug in den Nachbarort. Tina legte das spiralgebundene Buch wortlos auf den Tisch. Ihr missfiel die Situation offensichtlich, aber es war nicht ihre Art, sich mit ihrer Meinung in den Vordergrund zu stellen. Alex schlug die Seiten von St. Lucia auf, erst die Übersichtskarte und dann die Detailansicht von Rodney Bay.

»Da ist es«, sagte er ohne aufzusehen, »Reduit Beach Hotels, Beach Resort. Ich hatte es auf den Werbetafeln schon einmal gelesen.«

Jan setzte sich neben ihn und folgte seinem Finger. Schließlich nahm er das Notizbuch dazu und las leise nach: »B.R., also Beach Resort, Reduit ist Reduit Beach gleich hier vor der Tür«, er zeigte nach hinten zwischen die Hotels zwischen den Masten der Segelyachten auf der anderen Seite der kleinen Lagune, »unglaublich.«

Alex zog ihm das schwarze Buch weg.

»Passt alles zusammen«, sagte er schließlich, »hier geht's um eines der Hotels. Manprbl.? Vielleicht Schwierigkeiten mit irgend jemandem. Die Lösung ist der CID, die Summe dahinter das Bestechungsgeld und dann die damalige Kontaktadresse des Mittelsmannes.«

»Alex, jetzt übertreibst du. Wie willst du denn das alles aus den paar Kürzeln herauslesen? Das könnte genauso gut sonstwas bedeuten!« Tina sah ihn mit ihren braunen Augen fast bittend an. Alex sah die große Liebe darin, die gerade auf dem besten Wege war enttäuscht zu werden, ehe sie auch nur die Chance hatte sich zu entwickeln. »Das ist zehn Jahre her«, fuhr sie fort, »hier, bitte: 1992 steht da. Komm, du bist nicht James Bond, überlass das bitte der Polizei.«

»Wenn der CID da mit drinsteckt, ist das die völlig falsche Adresse.« Alex war aufgedreht und konnte seine Stimme kaum beherrschen.

»Ich glaube, dieses Buch könnte tatsächlich noch sehr interessant werden. Vielleicht auch nicht. Ich werde mir da die nächsten Tage mal ein wenig Zeit nehmen.«

Er ignorierte seine beiden Freunde, klappte das Buch zu, schob es wieder in die Tasche und schloss sorgfältig die Knöpfe.

»Kann mir jemand sagen, wie spät es ist? Ich muss Harry vom Flughafen abholen, der will zumindest mal sehen, wie wir sein Schiff zugerichtet haben.«

»Viertel nach vier«, sagte Tina matt. »Du musst los. Du kannst uns ja das Buch hier lassen, dann lesen wir noch ein bisschen darin.«

»Nee, lass mal, ich will's erst mal in der Tasche haben, fühlt sich besser an, danke trotzdem. Ich bin weg. Ich seh noch mal kurz in der Basis rein, ob die Reparaturmaterial für unsere Yacht haben.«

Er hob die Hand und stieg durch den offenen Heckkorb und die heruntergeklappte Rudergängerbank auf die Badeplattform und machte den kleinen Schritt auf den Steg. Dort begrüßte er einen der zahllosen deutschen Segler und machte sich mit ihm auf den Weg zum Ausgang. Tina saß still in der Ecke des Cockpits und sah ihm hinterher. Er machte schon wieder Späße, aus seinen Bewegungen konnte sie sehen, dass er sich mit dem anderen Segler über Material unterhielt, wahrscheinlich über die Regatta, Spinnaker und Schiffstypen. Dabei konnte er sich total entspannen, das brauchte er, ganz egal wie viel Stress um ihn herum war.

»Sorgen, schöne Frau?«, holte Jan sie zurück.

Sie lächelte gequält und nickte leicht.

»Alex?«

Wieder nickte sie.

»Du glaubst nicht, dass er auf sich selber aufpassen kann?«

Tina schüttelte den Kopf und lächelte.

»Ich glaube, das bekommt er schon hin«, tröstete Jan, »als Skipper ist er es gewohnt, einsame Entscheidungen zu treffen und durchzusetzen. Ich vertraue ihm da.«

»Das hier ist keine Yacht, Jan, und Alex ist hier nicht der Skipper«, sie sah ihm ernst in die Augen. »Auf seinem Schiff hat er zwar manchmal Schwierigkeiten, die er bewältigen kann, aber keine Feinde oder Ermordete um sich herum. Ich habe Angst, dass das eine Nummer zu groß für ihn ist.«

Jan setzte sich neben sie und legte den Arm um ihre Schulter. Sie schmiegte ihren Kopf daran.

»Wir sind ja auch noch da«, sagte er, »als seine Freunde. Damit können wir ihn zumindest vor den größten Schwierigkeiten zurückhalten.«

Tina nickte in seinem Arm, und Jan hoffte inbrünstig, dass er genug Kraft in seine Stimme gelegt hatte, um glaubwürdig zu sein.

* * *

Der schwarze Vogel klammerte sich mit seinen Füßen an der Reling fest und suchte unter dem abgeplatzten Kunststoffüberzug nach Essbarem. Zwei-, dreimal hackte er in den Zwischenraum von Draht und Plastik, dann hob er wieder den Kopf. In diesen Pausen beobachtete er den Mann aus seinen kleinen Augen genau. Der Vogel sah aus wie eine sehr schlanke Amsel, hatte im Vergleich riesige Füße und einen langen, spitzen, schwarzen Schnabel. In seinen Bewegungen lag etwas Verspieltes, er schien keine Angst vor dem Menschen in seiner Nähe zu haben. Von Zeit zu Zeit stieß er ein scharfes, klares *Tschupptschupp-Tschuiiip!* aus. Dabei versuchte er sich festzuhalten, als würde ihn sein eigener Ruf aus dem Gleichgewicht bringen. Er trippelte den Relingsdraht entlang bis zur nächsten

Niro-Stütze und kletterte nach unten, die letzten Zentimeter rutschte er auf dem glatten Metall wie ein Feuerwehrmann vor dem Einsatz und musste sich mit ausgebreiteten Flügeln etwas abstützen.

Der Mann wusste nicht, ob es immer derselbe Vogel war, der hier neben seinem Cockpit saß, er glaubte es aber – oder wollte es glauben. Er nannte ihn Anton, Anton mit den großen Hufen. Das hatte er mal irgendwo in einem Reisebericht über einen Vogel gelesen und es war hängen geblieben. Er nahm an, dass dieser Vogel gemeint war. Auf keinen anderen könnte Anton so gut passen. Die Einheimischen auf der Insel sagten einfach Black Bird, schwarzer Vogel. Das fand er zu einfach, und er glaubte auch nicht wirklich, dass das der richtige Name war. Es war ihm aber auch egal, er hatte einen Namen für den Vogel und der gefiel ihm. Anton reckte den Kopf vor, während er sich an der Relingsstütze festklammerte, und schnappte das Stück Kuchen mit einer blitzartigen Bewegung seines Kopfes zwischen den beiden Fingern heraus, die es ihm hinhielten.

»Lass es dir schmecken, Anton«, sagte der Mann, zu dem die Finger gehörten, mit seiner tiefen, warmen Stimme, und ein Lächeln erschien auf seinem Gesicht. Das Gesicht sah aus, als hätte es in seinem Leben viel gelächelt. Jetzt spielten traurige Züge mit hinein und unter der ehemals teuren und mit einfachen Mitteln zusammengeflickten Brille lagen Augenringe, die trotz ihrer Dunkelheit transparent wirkten, so, als könnte man bis auf den Schädelknochen hindurchsehen. Überall sonst war die Haut vom Wetter regelrecht gegerbt, es war zu sehen, dass sie gute Zeiten erlebt hatte und selbst jetzt wirkte sie nicht komplett ungepflegt, auch wenn das Gesicht unrasiert war. Nur die Augenringe passten nicht dazu, sie schienen aus einer anderen, empfindlicheren und dünneren Haut gemacht zu sein.

Es hatte geregnet heute Nacht. Neben der Stahlstütze, an der der Black Bird nach unten gerutscht war, stand an der Fußreling wie nach jedem Regen eine kleine Pfütze mit grünen, moosigen Rändern. Der Rest des Decks war in der morgendlichen Hitze bereits abgetrocknet. Nur die Pfütze im Schatten des

Cockpitsülls blieb, Anton freute sich über das kleine Bad, steckte den Kopf hinein, schüttelte ihn einige Male, bis alle Federn nass waren, richtete sich auf und schüttelte sich erneut, bis alle Federn wieder trocken waren. Die Bewegungen waren dabei so blitzschnell, dass sich der Mann Mühe geben musste, ihnen zu folgen. Dazwischen war Anton immer auf der Hut, blickte mit seinen wachen, wie kleine gelbe Knöpfe glänzenden Augen mit winzigen schwarzen Pupillen in die Welt, bereit, jederzeit zu fliehen, obwohl er das nicht müsste. *Tschuiiip!* machte er an der Fußreling, drehte sich mit einem Satz um 180 Grad herum, sprang von der Yacht und flatterte davon. Auf dem Maschendraht des übermannshohen Zauns, der das Gelände umgab, landete er recht elegant, putzte erneut das Gefieder und blickte zurück. *Tschupptschupp-Tschuiiip!* gellte sein Ruf scharf durch den erwachenden Morgen. Sein Pfeifen hatte etwas von der Fröhlichkeit, die die bereits spürbare Hitze des kommenden Tages über die Insel legen würde. Sein Ruf war aber auch so etwas wie eine Kampfansage an die Lähmung, die die Hitze in der Tätigkeit der Menschen vor allem um die Mittagszeit hervorrufen würde.

»Mach's gut Anton, bis später«, brummte der Mann. Er schwitzte. 14 Breitengrade nördlich des Äquators schickte sich der Tag zwar nicht unbedingt an, einen neuen Hitzerekord aufzustellen, aber einer dieser einfach heißen Tage würde er werden, und das war wahrlich schon genug. Die Hitze umfing die Einwohner auf der Insel wie ein Mantel, den sie nicht ablegen konnten. Der Mantel war den ganzen Tag bei ihnen, Wind, Regen oder die Nacht waren nicht in der Lage, ihn von den Schultern der Menschen zu nehmen. Er war der unsichtbare Schutz und die Last gleichermaßen, die das Leben auf der Insel zum einen Teil leicht und zum anderen Teil sehr schwer machten. Schon jetzt, am Morgen, betrug die Temperatur auf der vor dem Wind geschützten Westseite 28 Grad, und die Luft bewegte sich mit einer Vorsichtigkeit, als wollte sie erst einmal ein wenig an den Rockschößen des Mantels zupfen, bevor sie später dazu überging, ihn auffällig aufzublähen. Der Mann aß aufgrund der Hitze nicht viel, aber das meiste was er aß, war sehr kalorienreich. Dadurch war er etwas übergewichtig und schwitzte noch mehr. Man konnte die Muskeln, die er einmal reichlich gehabt hatte, unter dem schmutzigen blauen und auf den Schultern zu einem milchigen Rot ausgeblichenen T-Shirt noch sehen. Er meinte zu wissen, wie es um seine Muskulatur stand und versuchte sich aufzuraffen um ein bisschen zu trainieren. Er stieg in den Bauch des Schiffes hinunter und hängte sich an das Niedergangsluk. Die Gelenke in seinen Fingern, Ellbogen und Schultern knackten hörbar unter dem Gewicht, ebenso wie der Brustkorb. Auch das Luk knirschte unwillig unter der ungewohnten Last. Der Mann winkelte die Beine an, damit er den Kajütboden nicht berührte, und zog sich bedächtig mit dem Kopf aus dem Kajüteingang. Oben konnte er bis zur Ankerwinde und dem Bugkorb sehen, unten endete sein Blick nach wenigen Metern am Hauptschott unter dem Mast. Bugkorb – Schott – Bugkorb – Schott, die Bilder wechselten in schneller Folge acht Klimmzüge lang. Obwohl das eigentlich nicht schlecht war – schließlich wog er schätzungsweise gut 90 Kilogramm –, fühlte er sich danach unwohl. Die Präsenz seiner benutzten Muskeln störte ihn jetzt. Sie schienen wie Blei an seinem Oberkörper zu hängen und mehr zu belasten als zu helfen, außerdem schlug sein Herz schwer bis zum Hals und er schwitzte zusätzlich. Er zog sein T-Shirt aus und bewegte die Arme. Die kleine Kajüte stieß an ihre Grenzen, wenn er beide gleichzeitig ausstreckte. Wieder knackten die Gelenke, aber er brummte ein wenig milder gestimmt, als er einen Blick auf die Muskeln werfen konnte, die er gerade trainiert hatte. Er sah an sich hinunter: Anders war es mit den Beinen, sie gefielen ihm. Nach seinen langen Wanderungen um die Hügel, Berge und die endlosen Wälder und entlang der Strände fühlten sie sich gut an. Er hatte mit dem Training nie richtig aufgehört. Das waren Muskeln, die er brauchte und auf die war er jedes Mal stolz, wenn er ging oder eine Treppe oder eine Leiter heraufstieg. Früher war er viel Fahrrad gefahren. Hier gab es fast keine Fahrräder, außerdem war es dafür zu heiß, fast schon zu heiß, um sich überhaupt zu bewegen.

Er führte zu viele Selbstgespräche, das wusste er. Die Einsamkeit machte ihm zu schaffen. Anton war kein Ersatz für einen Menschen an seiner Seite. Ihm fehlten die Gespräche, die Späße, das Angesprochenwerden und das Antworten. Er konnte nicht umhin, sich einzugestehen, dass er ein wenig wunderlich geworden war. Er setzte sich auf die Salonbank und blickte sinnend aus dem ovalen Fenster, das zwischen den Bücherborden in den Rumpf eingelassen war. Das Fenster war matt, und die Sonne ließ die vielen kleinen Haarrisse im Plexiglas glänzen, wie es die See mit ihren kleinen Wellen im späten Gegenlicht zu tun pflegte. Nur die Bewegung des Wassers fehlte, was er hier sah, war statisch. Er beugte sich auf die andere Seite hinüber, nahm das T-Shirt von der Bank, sah es an und wischte einmal über das Fenster. Der Erfolg entsprach nicht seinen Vorstellungen. Er spuckte hinein, wischte noch einmal. Man konnte jetzt besser hinaussehen, auch wenn die Spucke und der Schmutz auf der dunklen, heißen Scheibe augenblicklich Streifen gebildet hatten. Kurzfristig roch es nach der heißen Spucke. Er würde es noch einmal machen, wenn die Sonne nicht draufschien, dann würde es besser werden. Er setzte sich wieder hin und sah hinaus auf den Platz der Werft: Die Schiffe in der Nachbarschaft waren sorgfältig aufgepallt, zum Teil mit Planen zugedeckt. Oben schauten die Masten heraus, die Segel lagen darunter im Schatten. An einigen Schiffen standen Leitern, ihre Besitzer oder die Arbeiter der Werft setzten sie in Stand. Einige Besitzer waren mit ihren Familien schon wieder zu Hause in den USA oder Kanada. Er beneidete sie um ihr normales Leben, umgeben von anderen normalen Leuten. Sie scherzten und unterhielten sich wahrscheinlich gerade und hatten das Gefühl, gebraucht zu werden. Sein Schiff und sein Leben waren von deren Art meilenweit entfernt, das wusste er. Er grinste ein wenig bitter über sich selber und sein derzeitiges Zuhause, auch wenn er gnädig genug war sich einzugestehen, dass er beileibe nicht der Allein-Schuldige an diesem Zustand war. Statt glänzendem, gepflegtem Mahagoni verlief eine braune Linie von der Steuerbord-Deckskante bis zum Fuß der Pantry an Backbord quer über das Hauptschott seiner Yacht. Unterhalb der schrägen Linie war die ehemals weiße Wand mit den Resten von Seepocken übersäht, der Lack spröde, schmutzig und aufgeplatzt. Über der braunen Linie war der Lack lediglich schmutzig. Er spuckte wieder in das T-Shirt und wischte mittendrin eine Fläche frei – nicht schlecht. Er setzte sich wieder und blickte von der Bank in der Mitte auf die gegenüberliegende Seite. Das Holz auf der gesamten Steuerbordseite war roh, die Schichten des Sperrholzes durch das Wasser gelöst. In den schiefen Schranktüren standen schmutzige Salzstreuer oder steckten Gabeln mit zerbrochenen Plastikgriffen um Luft hineinzulassen. Die Polster hatte er abgezogen, die Bezüge lagen zum Waschen in den Backskisten und waren mittlerweile verschimmelt, der Schaumstoff lag unter dem Schiff am Kiel und verwitterte langsam. Er würde irgendwann neuen schneiden lassen müssen. Vielleicht bekam er den alten aber auch wieder hin.

Er griff nach dem kleinen Holzdeckel des Flaschenfachs in der Mitte des Salontischs, der die Zeit im Wasser fast unbeschädigt überstanden hatte. Der Deckel war unten angeschrägt und hob sich auf einer Seite, wenn man auf die gegenüberliegende Ecke drückte. Der Deckel klappte hoch und er konnte ihn beiseite legen. Das Fach war leer und es war zu sehen, dass auch hier Wasser gestanden hatte. Es war leer bis auf einen ehemals weißen Lappen, der in dem quadratischen Ausschnitt steckte, der einst passgenau für Jonny-Walker-Flaschen gefertigt worden war. Er griff hinein und holte das kleine Tuchpaket heraus. Es war schwer, und er wog es in der Hand. Ein schmutziges Gummiband hielt es zusammen. Das Tuch war leicht ölig, sodass seine Finger anfingen zu glänzen, wenn er es in die Hand nahm. Es hatte die Form eines dicken Ls. Behutsam schob er das Tuch ein wenig beiseite, und der blaue Stahl der Waffe kam zum Vorschein. »Bluesteel forty-four«, murmelte er und freute sich an der Kälte, die die Waffe ausstrahlte. Obwohl er sie lange nicht mehr benutzt hatte, wusste er, dass sie funktionieren würde, wenn er sie brauchte. Sie war das einzige Teil auf dem gesamten Schiff, das absolut in Ordnung war: gepflegt, geölt, geprüft. Da war er penibel. Einmal in der Woche holte er die Pistole aus ihrem Versteck, breitete einen Lappen in der Pantry aus und zerlegte sie in alle beweglichen Bestandteile. Dann putzte er alle Teile und ölte sie mit Nähmaschinenöl frisch ein, ehe er die Waffe wieder zusammensetzte. Neulich war große Inspektion der Waffe gewesen, da hatte er alle Teile erst in Benzin ausgewaschen. Kleine Partikel hatten sich auf dem Grund der Schüssel abgesetzt und ihm bei dieser Reinigung Recht gegeben: Alle mechanischen Dinge mussten von Zeit zu Zeit komplett zerlegt werden, um zuverlässig zu funktionieren. Er nahm die 44er und drückte den kalten Lauf an seine Schläfe. Der kalte Stahl an seiner warmen Haut wirkt beruhigend. Irgendwann würde er abdrücken, irgendwann, wenn alles zuviel wurde. Es machte ihn traurig, aber es war irgendwie unvermeidbar, er wusste es. Und es hatte auch etwas von Sicherheit: Wenigstens das konnte er selbst bestimmen.

»Hey, Captain! Captain! German Captain! You're here?« Jemand rief unter seinem Schiff. Er ließ den Revolver in seinem öligen Lappen wieder in dem Salontisch verschwinden. Sorgfältig schob er das Brett darüber und strich einmal über die ehemals glänzende Tischplatte, die ebenfalls starke Wasserspuren aufwies. Er kletterte den Niedergang hinauf und stieg unter der verschlissenen Plane hervor, die die Sonne und der Wind so weit in ihre Bestandteile zerlegt hatten, dass sie im Grunde nichts und niemanden mehr schützte. Aber er mochte die Plane. Ihre herausgerissenen Messing-Ösen lagen immer noch angebändselt an Deck. Die Reste des blauen Tuchs raschelten wie ein aus Plastik nachgebildeter Palmenblätter-Sonnenschirm am Strand von Mallorca über seinem Kopf. Es hatte etwas Tröstliches.

»Oh, good morning, Joseph. Du bist schon wach?« Er legte seine Arme auf die Reling und stützte sein Kinn darauf.

»Hier'iss frische Farbe für dein Boot, Mister, Captain.« Der Schwarze grinste ihn vom Fuße der Leiter aus zwei Zahnlücken an. »Gute Farbe! Blau von der Yacht dahinten und Antifouling. Gutes Antifouling, kannst du glauben! Hat 'ne Menge Geld der Mann, viel Geld. Kauft nix billiges!«

Wieder grinste der Schwarze und streckte seinen Daumen hoch.

»Du bist ein echter Freund, Joseph!«, sagte er von oben, »ohne dich würde ich nie fertig werden.«

»Iss okay, Captain. Ich will den Captain wieder segeln sehen. Mit seinem Schiff! Wenn du wieder zu Hause bist, komm ich dich besuchen. Dann segeln wir zusammen auf deinem Boot. Bei dir zu Hause, Captain!«

Er lächelte. »Das werden wir tun, Joseph, genauso werden wir's machen. Danke!«

»Du darfst nicht mehr auf dem Boot sitzen, Captain. Hab' die Farbe zusammengerührt. Muss verarbeitet werden. Sonst wird sie schlecht, wie die letzte!«

Die Enttäuschung war auf seinem Gesicht zu sehen, als er eine andere Dose hochhob und schüttelte.

»Kann ich noch mal versuchen wieder gutzumachen. Weiß aber nicht, ob's geht. War auch gute Farbe, aber nicht so gut wie die hier. Wenn du keine Farbe nicht mehr willst, musst du sagen. Dein Boot will die Farbe!«

»Du hast Recht, Joseph, völlig Recht. Ich werde gleich hinunterkommen und die Farbe streichen. Ich brauch' nicht lange.«

»Nicht vergessen, Captain. Du denkst zuviel. Sitzt auf deinem Boot und denkst zuviel. Kein Boot fährt mit Denken. Mit Denken bleibt es immer hier. Kann dann nie mehr fahren. Und du kommst nie wieder nach Hause. Gehörst hier nicht hin, Captain. Bist'n sehr kluger Mann. Solltest hier nicht 'rumsitzen und denken.«

Er nahm die alte Dose mit der Farbe mit und ging davon.

»Du hast Recht, Joseph, völlig Recht«, sagte der Mann auf dem Schiff leise und stieg die Leiter hinab.

Er hob die Farbdosen an. Sie waren zu einem Viertel voll, vielleicht weniger. Er stapelte sie sorgfältig auf die anderen Dosen, die um den Kiel herumstanden, und deckte die grüne

Plane darüber. Er wünschte sich, er hätte Josephs Ehrgeiz, sein Schiff wieder ins Wasser zu bringen. Er zog sein braunes Portmonee aus der Tasche. Das Leder war roh, an einigen Stellen so dünn, dass man die Münzen hindurch spüren konnte. Er hatte es ringsherum mit Takelgarn genäht. Nicht sehr ordentlich, das musste er zugeben, aber es hielt noch. Er machte den Druckknopf auf, einige Münzen klimperten, er sah in die Tasche mit den Scheinen: 14 EC, Eastern Caribbean Dollar, wie die einheimische Währung hieß. Umgerechnet fünf Euro, das Geld langte mal gerade noch für einen Kaffee. Langsam stieg er wieder die Leiter hinauf, auf halber Strecke hielt er inne. Mit einer Hand strich er über die vergilbte Außenhaut seiner ehemals so geliebten Yacht. Die Oberfläche fühlte sich matt an, zu lange war das Polyester nicht mehr gepflegt worden.

»Morgen geht's los, ANNE«, sagte er zu dem Schiff, »versprochen.«

Er brauchte nicht viel, aber jetzt brauchte er Geld. Geld verdienen hieß arbeiten und arbeiten unter Menschen sein, etwas, was ihm in seiner jetzigen Verfassung nicht sehr gut bekam. Trotzdem schlüpfte er in seine ausgetretenen Badelatschen, wuchtete sich aus dem Niedergang und kletterte unter der Plane hervor. ANNE schwankte leicht unter seinem Gewicht, die Fallen schlugen im Mast. Er sah sich um. Die Sonne war um einige Grad gestiegen, während er unter Deck gesessen hatte. Der staubige Schiffslagerplatz hatte etwas Tröstliches und Trostloses zugleich. Einerseits war er vertraut, andererseits aber auch für ihn das Eingeständnis, dass er mit dem aktiven Yachtleben in der Marina nichts mehr zu tun hatte. Vor allem nicht hier: ANNE stand weit hinten am Zaun, um ihre Pallhölzer wuchsen Schlingpflanzen, und die Nachbarschiffe waren derart alt, dass sich ihre Abstützungen zum Teil schon durch die morschen Rümpfe gebohrt hatten. Dort wo die aktiveren Schiffe lagen, sah er eine schwarze Dieselwolke aufsteigen; der Travellift, mit dem die Schiffe an Land gebracht wurden, hob zwischen seinen weiten Armen einen Rumpf aus dem Wasser, um ihn einige Meter weiter an Land wieder abzusetzen. Dort konnte in den nächsten Tagen das Unterwasserschiff gewartet werden. Der Eigentümer des Lagerplatzes war ein Einheimischer aus dem Nachbarort und betrieb eine kleine Werft. Aber die hier zu verdienenden Dollar waren erbärmlich, zumeist einheimische Währung und somit leidlich wenig wert. Er sah über den kleinen Kanal der Marina hinweg auf das Verwaltungsgebäude und stöhnte: Wenn er Geld verdienen wollte, dann dort. Auch wenn im Angesicht der glänzenden Yachten sein derzeitiger Zustand noch deutlicher wurde.

Er nahm alle Kraft zusammen, als er in den Vorraum ging. Er war leer.

»Rudi, bist du hier?«

»Wart eine Minute, ich komm gleich!«

Er ging hinter dem Tresen hindurch und sah in das kleine Büro. Rudi sprach gerade mit einem der Skipper, der mit dem ARC über den Atlantik gekommen waren.

Rudi sah ihn an, ganz Geschäftsmann: »Wartest eben vorn, ich komm gleich zu dir«, sagte er in seinem Schweizer Akzent mit rollendem R und kratzendem Ch.

Er ging durch die kleine, gläserne Bürotür wieder hinaus und trat in den Schatten des Laubenganges, der im ersten Stock die Büros des Marinagebäudes verband. Unter ihm hatten sich eine Unzahl von Autos auf dem verwinkelten Parkplatz versammelt, deren Besitzer von der Regatta profitieren wollten. Eher nebensächlich schlenderten sie über die erhitzte Fläche und sprachen die Segler an: »Need a taxi, mister? Taxi? To the city?«

Er rülpste von der Cola, die er gerade getrunken hatte, und lehnte sich über die Brüstung. Das Marinagebäude teilte das Grundstück in zwei Hälften: Auf der einen Seite Richtung See lagen die Yachten mit ihren westlichen Crews, die andere Seite war in der Hand der Einheimischen mit ihren Autos, das Gebäude dazwischen war quasi das Relais, wenn man so wollte. Autos bedeuteten viel auf der Insel, speziell für die Männer. Er drückte die leere Plastikflasche flach zusammen und legte sie auf den Boden. Die Fenster der meisten Autos waren geöffnet und bassstarker einheimischer Reggae wummerte über den Parkplatz. Front- und Heckscheiben waren bis auf Sehschlitze mit Folien verdunkelt und mit Sprüchen verziert wie »Driver of Lords sake« oder »If you don't want trouble, leave earth!«. Diese privaten Taxis kosteten weit mehr als die lokalen Busse, in denen man für zwei Eastern Caribbean Dollar die 20 Kilometer bis in die Hauptstadt fahren konnte. Das waren dann meist verschlissene Kleinbusse, deren Türen scheppernd schlossen und deren Lenkräder schon zigfach mit Schonbezügen überspannt waren.

»Na, Skipper, Geld alle?« Rudi legte ihm die Hand auf die Schultern und lächelte mild. Er führte hier seit einigen Jahren ein kleines Charterunternehmen und machte Reparaturen auf privaten Yachten. Er sah ihn an.

»Ich wollte dich mal fragen, ob du etwas zu tun hast?«, fragte er.

»Zu tun habe ich immer reichlich«, antwortete Rudi, »das weißt du ja. Vor allem für Leute wie dich. Fachleute sind wirklich rar auf der Insel, wie immer.«

Er schwieg einen Augenblick, stellte sich neben ihn und ließ seinen Blick über den Parkplatz schweifen.

»Ich nehme an, du möchtest nicht auf einem amerikanischen Schiff arbeiten?«

»Ist der Eigner an Bord?«

»Er ist in der Marina.«

»Kannst du ihn fernhalten?«

»Ich kann ihm nicht verbieten, auf sein Schiff zu kommen, bloß weil ein Ölwechsel gemacht wird.«

»Hm.«

Rudi atmete einmal tief ein und wieder aus.

»Weißt du ...«, weiter kam er nicht.

»Ich weiß«, fiel ihm sein Gegenüber ins Wort.

Rudi sah ihn von der Seite an. »Ich glaube, du vereinsamst da langsam auf deinem Kutter. Du könntest bei mir locker 1500 oder 2000 US-Dollar im Monat machen. Alles fast ohne Steuern. Wir besorgen dir 'ne Arbeitserlaubnis und dann legst du los. Von der

Kohle schwimmt deine ANNE in ein paar Monaten wieder. Du musst das nur wollen. Jeder Ami, jeder Deutsche ist froh, wenn ein Weißer auf seinem Schiff schraubt und kein Einheimischer.«

Er sah Rudi an: »Ist nicht auf einem von deinen Schiffen etwas zu tun?«

»Du bist einfach unverbesserlich! Ich möchte bei Gelegenheit einmal wissen, was mit dir passiert ist. Man erzählt sich ja die komischsten Geschichten ...«

»Nun?«

»Jaja, schon gut. Ich frag nicht mehr. Auf der RED ALERT ist der Starterknopf kaputt. Keine große Geschichte, ich hab' bloß keinen neuen. Sieh mal zu, ob du den wieder hinbekommst, meine Jungs sind damit überfordert.«

Er sah ihn mit einem schwachen Lächeln an.

»Du bist ein Verrückter«, sagte Rudi, »bringt aber nicht mehr als zehn US. Wenn's nicht geht, bau' den vom Kat gegenüber aus und setz' ihn erstmal auf RED ALERT ein. Die geht morgen wieder in Charter, der Kat liegt noch 'ne Woche.«

»Wird gemacht!« Er blühte förmlich auf.

»Bei Gelegenheit müssen wir uns aber einmal über deine Geschichte unterhalten. Dann kommst du mal zu uns 'rauf und wir reden über alles. So viel wie du an meinen Schiffen reparierst, kosten die bald mehr als neue.«

Hinter ihnen war jemand herangetreten. In der entstehenden Pause drehte sich Rudi um.

»Kann ich etwas tun?«, fragte er verbindlich.

»Ich brauche morgen eine Flex, Epoxid-Harz, Spachtel und blaues Gelcoat«, sagte der Segler.

»Blaues Gelcoat wird schwierig, alles andere kein Problem. Komm eben mit 'rein.«

Rudi drehte sich noch einmal kurz um. »Bis später, Skipper, denk noch mal 'drüber nach.«

Er hob die Hand zum Abschied und stieg die Betontreppe auf den dicken grünen Rasen hinab, der das Gebäude von der Hafenanlage trennte. Irgendwie hatte Rudi schon Recht: So konnte es nicht weitergehen, er musste da irgendwie 'raus.

Rudi saß Alex gegenüber in dem kleinen Büro.

»JOHANNA, was? Schlimme Geschichte. Wollt ihr das wirklich selber machen?« Er sah Alex in die Augen.

Alex grinste schief zurück: »Hast du jemanden, der das kann und es schnell macht?«

»Eigentlich schon«, sagte Rudi und atmete wieder tief durch, als würde eine große Last auf seinen Schultern liegen, »so'n verschrobener Knabe aus Deutschland, der da drüben auf seinem Wrack wohnt. Leider ziemlich menschenscheu.«

Alex zog die Augenbrauen zusammen: »Erzähl mal.«

»Eine von diesen typischen, komischen karibischen Geschichten. Ist hier irgendwann einmal mit seinem Schiff angekommen, schien alles gut zu laufen. Er hatte Kontakte auf der Insel, sogar 'ne Freundin aus einem der Hotels und irgendwie auch genug Geld. Frag' mich nicht, womit er das verdient hatte. Auf jeden Fall haben die sich das hier ganz gut gehen lassen, ohne groß rumzuprotzen. Die beiden hatten hier ihre Basis und sind immer einmal segeln gegangen zu den Tobago Cays, nach St. Vincent oder so. Sie waren immer nur zu zweit. Die hast du auch nie auf Partys gesehen, höchstens einmal tagsüber beim Kaffee und das war's. Er machte einen ganz aufgeräumten Eindruck und wollte wieder nach Deutschland zurück. Eines Tages ging sein Schiff hier mitten in der Bucht auf Tiefe. Seine Freundin hatte man später erschossen am Strand gefunden.«

Er zeigte aus dem Fenster und Alex schaute nach draußen. Von dem Büro überblickte man ungefähr ein Drittel der Bucht und konnte zwei der Stege sehen, an denen jetzt zwischen den etwas farblosen Charteryachten die bunt beflaggten ARC-Schiffe lagen. Dahinter kam ein kleiner Kanal, in dem einige Langfahrtensegler vor Anker lagen, und schließlich auf der anderen Seite die Yacht-Tankstelle und die eingezäunte Werft, in der vielleicht vier Dutzend Schiffe an Land standen. An einigen wurde gearbeitet, andere sahen so aus, als würden sie das Wasser nie mehr wiedersehen.

»Was da genau passiert ist, weiß keiner so richtig«, fuhr Rudi fort, »irgendwann hat der sein Schiff mit einem Haufen Schwarzen von da drüben wieder hoch bekommen, dann haben die es an Land gestellt und seitdem wohnt er da an Bord.«

»Wie lange?«

»Bestimmt schon zwei Jahre. Die Schwarzen nennen ihn da drüben alle nur Captain«, Rudi lachte. »Meiner Ansicht nach müsste er dort dringend mal wieder 'raus. Umgibt sich zuviel mit ihnen.«

»Klingt nicht so, als wäre das mein Mann«, zweifelnd blickte Alex den Schweizer an.

Rudi verzog das Gesicht und schüttelte den Kopf: »Ja, vielleicht hast du Recht. Mach's mal lieber selber. Obwohl er's bestimmt könnte und das Geld gut brauchen würde. Schade eigentlich.«

Alex sah auf die Uhr und richtete sich schlagartig auf.

»Ach du Scheiße, schon nach halb fünf! Ich muss los!« Er sprang auf.

»Bis morgen, Rudi! Bist du hier?«

»Oder auf dem Steg, kennst ja meine Schiffe.«

Rudi schloss seine Bürotür und ging nachdenklich über den Rasen zu seinen Schiffen. Die Karibik besteht aus mehreren einzelnen, fast unabhängig nebeneinander existierenden Welten. Auf der einen Seite die Nachfolger der Eroberer und der ehemaligen Sklaven, die die karibischen Ureinwohner fast vollständig verdrängt haben und ihren Alltag auf den Inseln bestreiten. Auf der anderen Seite die Hotel- und Charterurlauber mit ihren dazugehörigen Mikrokosmen, die für wenige Tage die Vorteile der weißen Strände, Sonne und Palmen mieteten. Ihr später mit nach Hause genommener Eindruck, dieser kurze Ausschnitt, prägt das Bild der Karibik in den Köpfen der Menschen in den USA oder Europa und verklärt es zu einem Brei, dessen Essenz irgendwo zischen der Meuterei auf der Bounty und dem immerwährenden Paradies angesiedelt ist. Diesem Bild folgen die Aussteiger mit ihren Yachten, die diesem Traum hinterherreisen und ihre eigenen Geschichten schreiben. Endlose karibische Geschichten, die Häfen sind voll damit. Voll mit Geschichten, erzählt von Skipper zu Skipper: über gescheiterte Existenzen, geplatzte Träume, falsche Vorstellungen oder zuviel Alkohol und Langeweile, weil die Inseln zwar wunderschön, für einen Europäer aber auch langweilig wie kaum etwas anderes sind. Wer sich aus der westlichen Welt hierher verabschiedet, bringt sein Leben, sein soziales Umfeld, seine Bücher und sein Hobby am besten mit. Die Geschichten ranken sich aber auch um Drogenkriminalität, Strandungen, Mord oder Ehestreite mit tödlichem Ausgang. Blieb man zu lange in einem Hafen und hielt sich zu lange in den Bars bei den teuren lokalen Bieren auf, könnte man fast meinen, die Karibik hätte nichts Schönes zu bieten, obwohl man sich nie ganz sicher sein kann, wie viel Wahres tatsächlich an den einzelnen Geschichten ist. Alex kannte auch die andere Seite, er dachte zurück an Zeiten, die sie auf Mayero, in den Tobago Cays oder vor Sandy Island westlich von Carriacou verbracht hatten: Das Leben scheint aus einer endlosen Party zu bestehen, wenn man sich für zwei Wochen ein Schiff chartert und mit Freunden in bester Urlaubslaune die Inseln bereist. Abgesichert mit einer Reiserücktrittskostenversicherung und dem Urlaubsgeld in der Tasche sieht man über die Schwierigkeiten des Alltagslebens dann großzügig hinweg. Die mangelnde Schulbildung oder das nicht funktionierende politische System in diesem Teil der Erde sind einem Segler dann genauso egal wie einem Hotelurlauber, der in einer geschlossenen Anlage am Strand seine Ferien verbringt. Die geschlossene Anlage ist das Schiff, in dessen Grenzen man für die Zeit, die man hier ist, keinen Alltag hineinlassen möchte. Zwischen 2500 und 7000 Euro pro Woche kostet eine Yacht in dieser Gegend bareboat. Das heißt: Gemietet wird lediglich das Schiff, ohne Skipper, ohne Verpflegung. 3000 Euro pro Person kann so ein Urlaub dann schon einmal kosten. Dann ist man für zwei Wochen Robinson, hat seine eigenen kleinen Trauminseln, die man, wenn man es richtig macht, einen halben oder ganzen Tag für sich alleine haben kann. Es ist Leben wie in einem großen Planschbecken: Wasser und Luft haben rund 30 Grad, und auf einem Ankerplatz mit sechs Metern Wassertiefe kann man problemlos bis zum Grund sehen. Der weiße

Korallensand tut das seine dazu, dass das Schiff in einem fast unnatürlichen Türkis schwimmt, wie es in Nordeuropa nirgends zu finden ist. Ein so verlockendes Türkis, dass man jeden Moment zwischen Sonnenaufgang und Sonnenuntergang einfach hineinspringen möchte. Danach nimmt man sich ein eiskaltes, karibisches Bier aus dem Kühlschrank und setzt sich unter dem Bimini-Topp in das schattige Cockpit, das von dem ständig wehenden Passat mit einer erfrischend kühlenden Brise durchfächelt wird. So angenehm kann das Segeln hier sein, wenn man nicht hinter die Kulissen blickt und die Geschichten nicht kennt.

In diesem Jahr war Alex dabei, seine eigene Geschichte hinzuzufügen, die die Karibik endgültig vom Traum in die Realität versetzen würde. Diese Geschichte hatte mitten auf dem Atlantik begonnen, als er noch nichts von ihrer Tragweite ahnte, und war jetzt auf dem Wege sich fortzusetzen, als er sich auf dem Parkplatz in eines der privaten Taxis gesetzt hatte. Der Fahrer hatte kurze Haare und trug ein weißes Hemd und eine dunkle Hose. Alle Fenster waren geschlossen, und die Klimaanlage in dem Suzuki kühlte den Innenraum auf Temperaturen, in denen sich empfindliche Lebensmittel mehrere Tage gehalten hätten. Er fuhr stur geradeaus, winkte nicht aus dem Fenster, hupte nicht, wie es die Busfahrer zu tun pflegten, wenn sie die 15 Kilometer zwischen Rodney Bay Marina, wo das Schiff lag, und der Hauptstadt Castries abspulten. Er war einfach ruhig und fuhr. Alex war das ganz recht, auf ein weiteres Gespräche hätte er jetzt keine Lust gehabt.

Als er aus Rudis Büro gekommen war, war es fast dunkel gewesen. Die Sonne in der Karibik machte das ganze Jahr über regelmäßige Zwölf-Stunden-Schichten. Gegen sechs stieg sie fast senkrecht hinter dem Horizont hervor, sodass es gegen halb acht schon so warm war, wie in einem deutschen Sommer um elf. Abends stürzte sie genauso senkrecht ab, verschwindet gegen sechs hinter dem Horizont, ohne sich die Zeit für eine lange Dämmerung zu nehmen. Abendrot – Sonnenuntergang – dunkel: Wenn man sein Bier langsam trank, brauchte man für den

Sundowner in den Tropen kein zweites mehr zu bestellen. Alex war schnell zum bewachten Eingangstor der Marina gegangen, an deren linker Seite ein Wachmann in seinem Häuschen döste. Die Schranke hatte offen gestanden, er hatte überlegt, ob er mit dem Bus fahren sollte. Es war zu spät gewesen, mit dem bummeligen Bus, der mit Pech alle naselang hielt, hätte er es nicht mehr rechtzeitig zum Flugplatz und zu Harry schaffen können. Alex hatte sich umgesehen. Neben ihm hatte der schwarze Suzuki das Gelände verlassen, so, als hätte er sich an seine Fersen geheftet. Natürlich war das nicht so: Jeder Taxifahrer nahm nur jede Chance war, einen Segler in seinen Wagen zu bekommen. Das Fenster neben ihm ging herunter.

»Hello, Sir, brauchen Sie einen Wagen zum Flughafen?«, fragte der Fahrer vollendet.

»Yes, thank you. Wie viel?«

»20 EC, Sir.«

Alex stieg auf der linken Seite in den Wagen – auf St. Lucia fuhr man aus alter englischer Tradition links –, und auch die Geldscheine und Münzen wurden von dem Konterfei von Queen Elisabeth II. geziert. Der Preis war okay, da lohnte sich kein Handeln. Er schöpfte keinen Verdacht, auch wenn es sich um einen ungewöhnlich günstigen Tarif handelte, er war mit viel zu vielen Sachen in seinem Kopf beschäftigt. Normalerweise fingen die Fahrer mit wesentlich höheren Summen an. Es war ihm egal, auch wenn er sich wunderte. Wahrscheinlich hatte der Fahrer gemerkt, dass er in ernster Stimmung war und ließ das Handeln zugunsten seines Geschäfts sofort sein. Der Mann war sowieso anders als die anderen Fahrer. Wesentlich höflicher, mit kürzeren Sätzen und leiser. Während sich der Wagen in den Verkehr einreihte, zog Alex noch einmal das Büchlein aus der Tasche. Die mit Kugelschreiber geschriebenen Seiten fielen bereits heraus, er steckte den Rest wieder ein. Wieder sinnierte er über die Zahlen und Kürzel und verglich sie mit den Telefonnummern, die er an den Holzschildern entlang der Straße identifizieren konnte. Die Nummern der Restaurants oder Werkstätten, die auf unebenen betonierten Plätzen Reifenreparaturen und neue Auspuffanlagen anboten, waren ebenfalls siebenstellig. Mit einem Punkt nach der dritten Zahl. Er konnte sich lediglich keinen Reim aus den anderen Dingen machen, die dahinter standen. Für die Kürzel fand er am Straßenrand keine Entsprechungen. Außer für die, die sie schon entziffert hatten, und das war erschreckend genug. Vielleicht hatte Tina Recht: Warum wollte er das alles eigentlich wirklich wissen? Alex schob die losen Zettel in die Seitentasche und sah auf die Straße.

Rechts zog der Parkplatz des Einkaufszentrums mit »C.Q's Supermarket« vorbei, wie jeden Tag versammelten sich hier die Schwarzen vor der Tür von »Kentucky Fried Chicken«, um mit ihren Autos zu posieren und sich mit Freunden zu treffen. Am Straßenrand warteten die Frauen mit ihren Einkaufstüten oder grob gewebten Plastiktaschen voller Obst auf die Busse, die an den kleinen Ausbuchtungen von dem erhabenen Asphaltbelag herunterfuhren, um sie mitzunehmen. In dem Bus sagte man nur etwas, wenn man jemanden kannte, sonst schwieg man in der Enge des Minivans, der auf fünf Sitzreihen ein gutes Dutzend Reisender fasste. Zum Aussteigen langte ein einfaches »Stop the car, driver!« von der letzten Reihe. Meist wurde es in den Reihen davor noch einmal wiederholt, um bei der lauten Musik sicherzugehen, dass es angekommen war. Dann kam wortlos Bewegung in die Mitreisenden, die seitlichen Sitze wurden zusammengeklappt und der Passagier aus der letzten Reihe konnte aussteigen. Dann wurden ein, zwei EC durch das offene Fenster gereicht und in die Kasse geworfen, die aus einem am Armaturenbrett angehängten Plastikbecher bestand, und die Fahrt war zu Ende.

Der schwarze Suzuki Vitara hatte den leichten Anstieg fast genommen, als der Fahrer sich umdrehte und auf der rechten Seite entgegen der Fahrtrichtung der anderen Autos zum Stehen kam, die rechten Reifen rutschten auf dem losen Bankett.

»Raus hier!«, sagte der Fahrer, ohne ihn anzusehen.

»Hey, warum denn? Ich will zum Flughafen!«, empörte sich Alex, eine leise Angst beschlich ihn.

»Sie steigen hier aus!« Der Mann versuchte, an ihm vorbei an den Türgriff zu kommen und die Tür zu öffnen.

»Hey, Mister! Ich habe bis zum Flughafen bezahlt! Was willst du?« Alex wurde ärgerlich. Auf dieser Insel konnte einem tatsächlich alles passieren. Der Fahrer griff in seine Hemdtasche, zog die 20 EC hervor und hielt sie Alex hin.

»Raus hier, los!«, wiederholte er stur, »ich fahre nicht zum Flughafen.«

»Du bist doch bekloppt!«, schimpfte Alex verärgert auf Deutsch und steckte die 20 EC wieder ein, »ein richtiger Idiot!« Er war stinksauer. Mit der rechten Hand nahm er den Türgriff, während er intuitiv in den Rückspiegel sah, wie er es als Fahrer in Deutschland vor dem Aussteigen gewöhnt war. An der Biegung hinter sich sah er ein Auto in seine Richtung auf die Straße einbiegen, der würde auf der linken Seite fahren, von vorn kam niemand.

»Arschloch!«, schimpfte er noch einmal und stieg aus. Der Fahrer sah ihn nicht einmal an und gab Gas. Von hinten hörte er den Wagen herankommen. Er drehte sich um und blickte wie ein Kaninchen in die Scheinwerfer, direkt auf ihn zu rasten. Das Auto fuhr auf der falschen Seite! Er ging einen Schritt zur Seite, um es passieren zu lassen, trotzdem fuhr der Wagen auf ihn zu. Die hintere Tür sprang auf und traf ihn hart an der Hüfte, sodass er in den Straßengraben geschleudert wurde. Der Graben war über einen Meter tief und genauso breit, dafür gemacht, die immensen Wassermassen aufzunehmen, die ein tropischer Regenguss über der Insel abzuladen in der Lage war. Alex schnappte nach Luft. Er fühlte stinkenden, feuchten Schlamm, Steine, Plastikflaschen und Bierdosen um sich herum. Er versuchte sich aufzurappeln und sah nach oben. Der Wagen hatte angehalten. Zwei Männer sprangen zu ihm in den Graben. Alex hatte es eben geschafft, den Oberkörper aufzurichten, als ihn ein harter Schlag neben der Nase traf. Er sackte zusammen. Der andere Mann klopfte Alex' Hose ab, öffnete schließlich triumphierend seine Seitentasche und zog das Notizbuch heraus.

»Okay!« Wie durch dichten Nebel hörte Alex nur dieses eine Wort.

Dann wurde er hochgehoben und weitere, harte Schläge in den Magen und sein Gesicht folgten, während einer der beiden ihn von hinten festhielt. Schließlich ließen sie wieder von ihm ab, er fiel in den Schlamm, spürte die Steine und Dosen und hörte in einer weit entfernten Welt das Auto mit durchdrehenden Reifen davonrasen. Alex übergab sich, dann wurde es dunkel um ihn herum. Das Letzte, an das er sich erinnerte, war der Geruch des Rasierwassers. Er kannte diesen Geruch: So süßlich war er ihm schon einmal heute Mittag auf dem Steg entgegengeschlagen.

10. Dezember 2002, Gros Islet, St. Lucia

Verglichen mit dem Reichtum, den die Marina in Sichtweise auf der anderen Seite des Kanals bot, war der Ort eine armselige Ansiedlung von Holzhütten mit rostigen Blechdächern. Gros Islet grenzte im Westen an den ungepflegten Strand, an dem unbenutzte Fischerboote neben alten Netzen und Plastikmüll ihrem Verfall entgegendämmerten, im Süden an den Kanal, der zur Marina führte. Die Straßen ganz unten am Kanal entlang Richtung Strand waren berüchtigt, selbst bei den Schwarzen. Überall saßen mit Drogen voll gepumpte Einheimische an den Straßenecken und in den Hauseingängen und fragten mit leerem Blick, ob man Marihuana kaufen wolle. Manchmal riefen sie auch nur ein einfaches »Okay?« als Begrüßung herüber, das man ebenfalls mit »Okay« beantwortete. Die Hotels von Reduit Beach auf der anderen Seite waren gehobener westlicher Standard, abends leuchteten die Lichterketten der teuren Cocktailbars nach Gros Islet herüber. Trotz der gerade einmal 30 Meter, die der Kanal breit war, trennte er jedoch Welten. Die Einwohner von Gros Islet waren ausnahmslos schwarz, nur wenige Weiße verirrten sich hierher in die kleinen Pensionen, die Rucksacktouristen günstige Unterkünfte vermieteten. Fast genauso ausnahmslos waren die schlichten Zimmer in den Hotels direkt am Strand an westliche Urlauberinnen vermietet, die tagsüber zumeist wortlos in billigen Liegestühlen auf den Abend warteten. In der Marina warnte man jeden eventuellen Besucher davor, den Ort überhaupt und wenn, dann schon gar nicht bei Nacht zu besuchen, wenn die Schwarzen aus ihren Häusern kamen, um zu feiern; die Urlauberinnen schienen jedoch genau auf diese Zeit zu warten.

Die Ziege in dem kleinen Hinterhof in der Mitte des Dorfes

schrie in regelmäßigen Etappen fast ohne Unterbrechung. Jedes Mal wieder, wenn sie das Ende ihrer ausgefransten Leine erreicht hatte. Die Leine war um ihren Hals geknotet und zog sie etwas herunter und zur Seite. Die andere Seite der Leine war an einen hölzernen Pfahl gebunden, der oben vom Hereinschlagen mit dem Hammer zersplittert war. Der Strick war kurz, gerade so lang, dass die Ziege die Wände der beiden Häuser nicht berühren konnte. Das häufige Im-Kreis-Laufen hatte ihn noch weiter verkürzt, der Weg von einer Seite zur nächsten dauerte keine drei Sekunden. Alex zählte mit: einundzwanzig, zweiundzwanzig, dreiund...*määäh.* Einundzwanzig, zweiundzwanzig, dreiundzwa...*määäh.* Es war so dicht an seinem Ohr, wie er noch nie eine Ziege gehört hatte. Es hörte sich fast an wie ein Röhren, das tief aus ihrem Inneren kam.

Das Haus, zu dem das Zimmer gehörte, in dem er sich befand, hatte keine Fensterscheiben, sondern lediglich Läden aus Holzlamellen, die auf der Innenseite mit Moskitonetz bespannt waren. Ein leichter Wind fächelte hinein und durch die Ritzen unter dem Dach wieder hinaus. Das Dach war aus Blech und braun vom Rost. Für eine Verkleidung des puren Blechs gab es keinen Bedarf oder kein Geld – oder beides. Auch das Nachbarhaus hatte lediglich Holzlamellen nach außen. Der Streit zwischen seinen Bewohnern war laut und drang deutlich herüber. Er hatte ihn schon einmal in seinem Traum gehört, dann war er vorbei, jetzt fing es wieder an. »Du bleibst ab jetzt im Haus, du Hure! Wirst dich nich länger nich rumtreiben und nix im Haus machen! Wird ich dir schon zeigen, Miststück! Du solls' dich um das Haus kümmern, nich um die andern Männer, Hure! Warum hab ich dich bloß geheiratet?«

Er versuchte, den Streit zu überhören. In den seltenen Pausen fielen erste Regentropfen auf das Blechdach, in der Ferne krähte ein Hahn, dann einer näher dran und schließlich einer ganz nahe, vielleicht im Nachbargarten. Ruhe. Dann wieder der erste und so weiter. Noch mehr Geräusche. An seinem Kopfende brummte der Fernseher im Nebenzimmer, nicht laut.

Er probierte sich zu bewegen, es schmerzte, der Regen nahm

zu, das betäubende Rauschen auf dem blanken Blechdach übertönte alles andere. Er schlief wieder ein.

Als er das nächste Mal aufwachte, hatte sich die Geräuschkulisse geändert. Hunde bellten, sonst war es bis auf den Fernseher aus dem Nachbarhaus leise. Der Priester im Fernseher redete auf seine Zuhörer ein, beschwor sie, vorbereitet zu sein auf den Tag, an dem sie in den Himmel hinauffahren würden. Es würde nur zählen, was sie Gutes getan hätten, ob sie ihren Nachbarn, Kindern und Freunden geholfen hätten und ein guter Ehepartner gewesen wären. Nur dann wären sie sicher, dass das Paradies nach dem Tode auf sie wartet. Und nur dann wäre es nicht schlimm, wenn der Tag käme. Dann hätten sie nichts zu befürchten und könnten diesen großen Tag in Frieden und Ruhe abwarten. Der schwarze Priester betete nun abwechselnd mit einer schwarzen Frau.

Alex war nicht alleine im Zimmer. Neben dem Bett saß ein Mädchen und las. Er drehte seinen Kopf leicht zur Seite, sie hatte nicht bemerkt, dass er wach war. Er sah sie an. Sie war vielleicht Anfang zwanzig, ungewöhnlich schlank und hatte fast europäische Gesichtszüge, obwohl ihre Haut pechschwarz war. Die Lippen waren nicht so vorgewölbt, wie es bei rein afrikanisch-stämmigen Einwohnern von St. Lucia der Fall war. Die Nase war ausgeprägt, aber klein. Sie trug ein weißes, hautenges Top mit einem Reißverschluss auf der Vorderseite, das ihre kleinen Brüste überspannte. Dazu eine knappe, abgeschnittene, verwaschene Jeans. Sie hatte die Beine übereinander geschlagen, mit den Armen stützte sie sich auf ihre Knie, eine Hand hielt das Buch, mit der anderen hielt sie ihr Kinn.

Jetzt hatte sie gemerkt, dass er sie beobachtete und sah zu ihm herüber. Sie legte das Buch auf den kleinen Nachttisch hinter sich und drehte sich zu ihm um. Sie berührte seine Hand, er erwiderte den Druck.

»All right?«, fragte sie.

»Keine Ahnung«, antwortete er und versuchte ein Lächeln. Ihre Hand war groß, die Haut trocken und sehr kalt. Die Berührung an seiner Hand erfrischte und stimulierte ihn gleichermaßen. Er war verwundert über sich selber und bekam eine Erektion, die sich unter dem dünnen Laken, das ihn bedeckte, deutlich abzeichnete. Es war ihm peinlich. Sie lächelte wieder und strich mit ihrer Hand mit leichtem Druck wie selbstverständlich darüber. »Nicht jetzt«, sagte sie.

Sein Gesicht glühte, so unangenehm war ihm das Ganze. Er räusperte sich. »Wie heißt du?«, fragte er.

»Maleica.«

»Hübscher Name.«

»Meine Mutter hat ihn mir gegeben. Maleica Elisabeth. Aber ich mag nur Maleica.«

»Klingt schön.«

»Meine Mutter sagt, es klingt wie ›I like you‹.«

»Schwer, dich nicht zu mögen.«

»Du kennst mich nicht.« Sie kicherte und drückte wieder seine Hand.

»Wo bin ich?«

»In unserem Haus.«

»Wo ist das?«

»In dem Haus meiner Familie in Gros Islet.«

»Das ist direkt neben der Marina.« Er wurde langsam klarer. »Wie bin ich hierher gekommen?«

»Mein Bruder hat dich an der Straße gefunden.«

»Dein Bruder?«

»Er hat dich dort liegen sehen. Alle anderen sind an dir vorbeigefahren.«

Er sah sie fragend an. Sie deutete auf seine Haut. »Gefährlich, dich verletzt im Auto zu haben. Er hatte Angst und hat lange gewartet, bis kein anderes Auto mehr kam, ehe er dich einlud. Er ist ein starker Mann.« Jetzt lachte sie und deutete mit ihren Armen die Größe und die Schulterbreite ihres Bruders an.

»Weil ich weiß bin?«

Sie nickte. »Wir haben weiße Freunde, sie helfen uns auch. Du hattest Glück, dass mein Bruder dich gesehen hat. Es war dunkel.«

Er sah aus dem Fenster. Auch jetzt war es dunkel.

»Gestern Nacht. Du musstest schlafen. Meine Großmutter hat dich zum Schlafen gebracht.«

»War ich wach?«

»Das weißt du nicht mehr? Du wolltest mit meinem Bruder kämpfen, aber er ist stärker!« Wieder lachte sie. »Du wolltest weg mitten in der Nacht. Meine Großmutter hat dir etwas zum Schlafen gegeben.«

»Wie lange habe ich geschlafen?«

»Die halbe Nacht und den ganzen Tag. Dein Körper wollte den Schlaf, nur dein Geist wollte ihn nicht.«

Sie drückte seine Hand. Er lehnte sich ins Kissen zurück. Vielleicht hatte sie Recht. Jetzt brauchte er sich auch nicht mehr aufzuregen, den Termin am Flughafen hatte er um einen vollen Tag verpasst, da kam es auf einige Minuten oder Stunden auch nicht mehr an. Vor seinem inneren Auge kamen der Suzuki und die beiden Schläger zurück, die ihn abgedrängt und im Straßengraben verprügelt hatten. Und der Geruch des Rasierwassers, das er zum ersten Mal an dem Schwarzen vom CID wahrgenommen hatte. Er war sich sicher, dass ihn die beiden, die er vorher auf dem Steg getroffen hatte und die sich als Polizisten ausgegeben hatten, im Graben so zugerichtet hatten. Wenn er an ihre Schläge zurückdachte, konnte er sich vorstellen, warum ihn niemand mitnehmen wollte und Maleicas Bruder soviel Angst hatte: Er würde von dieser Insel nicht fliehen können, wenn er Schwierigkeiten bekäme. Nach 40 Kilometern ist hier jede Flucht zu Ende.

Der Schlaf hatte ihm gut getan, er fühlte sich erholt. Nicht so wie die letzten Nächte an Bord, da war er morgens immer mit Kopfschmerzen aufgewacht, als hätte er die Nacht vorher getrunken. Jetzt hingegen war sein Kopf klar, wenn er auch unter den Nachwirkungen der Schläge auf eine andere Weise schmerzte – aber viel weniger. Maleica schien seine Gedanken erraten zu haben. Sie sah ihn an.

»Meine Großmutter kennt viel Tränke. Die Frauen rufen sie, wenn Kinder kommen. Oder nicht kommen. Die Frauen wollen nicht ins Krankenhaus, da kennen sie die Medizin nicht. Sie wollen eine Heilerin. Meine Großmutter hilft ihnen mit unseren Mitteln. Auch dir.«

Afrikanische Naturrezepte, er hatte viel davon gehört. Auch dass die Menschen hier oftmals westliche Medizin als Teufelswerk abtaten, wusste er. Sie verließen sich lieber auf das Wissen der Alten. Die Geschichten, die sich die Weißen der Insel darüber erzählten, waren teilweise skurril und lächerlich. So wie er sich jetzt fühlte, konnte es keine schlechte Medizin sein.

»Ich muss die Leute an Bord benachrichtigen«, sagte er und fühlte die Aufregung in sich aufsteigen, »sie werden mich vermissen.«

»Ich weiß«, sagte sie und sah ihm in die Augen, »sie sitzen vorne.«

»Was?« Fast hätte er vor Aufregung geschrien. Alex hatte plötzlich das Gefühl, aus dem Bett zu fallen. »Was meinst du damit?«

»Du hast gestern Nacht den Namen des Schiffes und deiner Freunde gerufen. Immer wieder. Nachdem wir dich schlafen gelegt haben, hat Ben, mein Bruder, sie hergeholt. Er hat ein Auto.«

Alex sank wieder ins Kissen und sah an die Decke. Er zog seine Hand aus ihrer, stützte sich auf den Arm und sah sie an. Er schüttelte ganz leicht den Kopf.

»Du meinst, während wir uns unterhalten, sitzen meine Freunde hier nebenan und sehen fern?« Er deutete auf die Wand hinter sich.

»Mit meinem Bruder«, nickte sie.

»Wer?«

»Ein Mädchen und ein Junge.«

»Tina und Jan?«

»Ich glaube, so heißen sie.«

»Ich bin Alex.«

»Ich weiß.«

Maleica ging hinaus, um den beiden Bescheid zu sagen, dass er wach sei. Alex blickte an die Decke. Manchmal fällt man weich, dachte er, und weiß gar nicht, womit man das verdient hat. Er dachte zurück an letzte Nacht, fühlte die Gefahr, die von der Situation ausging. Jetzt spürte er die Wärme, die ihn trotz der Armseligkeit seiner Umgebung umhüllte. Vielleicht war es so etwas wie Fügung, was ihn ausgerechnet hierher gebracht hatte.

»Du bist wach«, sagte die brüchige Stimme in der Ecke leise, es folgte ein Lachen, das an leises Kreischen erinnerte. »Sehr wach!« Ein Husten folgte.

Alex schrak im Bett auf, er hatte die Alte in der Ecke des Zimmers nicht bemerkt, und auch Maleica hatte ihm nichts davon gesagt. Sie musste das ganze Gespräch verfolgt haben.

»Wer bist du?«, fragte er.

»Lisa, die Großmutter.« Diesmal lachte sie nicht. »Du hast schlimm ausgesehen, als Ben dich herbrachte. Musst auf dein Leben aufpassen. Wer solche Leute kennt, muss aufpassen. Sehr aufpassen.«

Alex' Augen hatten sich an die Dunkelheit gewöhnt und er konnte Details erkennen. Die alte Frau saß in der Ecke des türkisgrün gestrichenen Zimmers auf einem unbequemen, kleinen Holzstuhl mit einer geflochtenen Sitzfläche. Sie war so dürr, dass ihre Knochen und Gelenke von der Haut überspannt wurden wie von einem Tuch. Sie trug ein einteiliges, dünnes Kleid mit großen bunten Blumen, das schon bessere Tage gesehen hatte. Ihre pergamentartige, schwarze Haut lag wie ein loses Tuch über ihrem Schädel. Als sie weitersprach sah er, dass sie nur noch einen Zahn hatte.

»Gott wird die, die das getan haben, bestrafen«, sagte sie bestimmt und sah aus dem Fenster.

»Vielleicht werden wir nie wissen, wer es gewesen ist«, warf er ein.

Aber die Alte sprach weiter, als hätte sie ihn nicht gehört. »Gott wird es wissen und so sicher wie Jesus Christus der Sohn unseres Herrn ist, wird Gott die Schuldigen bestrafen. Sie können ihrer Strafe nicht entgehen.« Sie stand auf und schlurfte zur Tür, die vor ihr aufging.

»Niemand entgeht seiner Strafe. Niemand.« Während sie

hinausging murmelte sie weiter vor sich hin. Alex konnte sie nicht mehr verstehen. Irgendetwas hatte sie erregt, nur konnte er sich nicht vorstellen, was das gewesen sein könnte.

»Schwarze Suzukis! Du willst auf der Insel bleiben und schwarze Suzukis suchen? Du bist wahnsinnig. Lass den Quatsch hier und komm mit uns segeln. Deswegen sind wir nämlich hier.«

Jan war ärgerlich, das war selten. Er schäumte förmlich. Wütend saugte er an seiner Zigarette, inhalierte und blies ungestüm den Rauch aus.

»Hier passiert genug! Da müssen wir uns nicht auch noch einmischen! Schau dich einmal an, wie du jetzt schon aussiehst. Was willst du noch?«

Alex wusste, dass sein Freund Recht hatte, und wenn Jan in Rage war, war er nur schwer wieder zu beruhigen, Alex überlegte sich einen Einwurf, schüttelte dann aber leicht den Kopf: Es war besser, wenn Jan erst mal Dampf abließ.

Der polterte weiter: »›Kein Risiko‹ brauchst du nicht zu sagen. Kann ich nicht mehr hören. Ich seh noch die SEAFIRE vor mir. ›Kein Risiko‹, hattest du gesagt, ›nur mal rüber, gucken‹. Und dann bist du uns fast abgesoffen. Das war verdammt knapp, Alex!«

Alex blickte zu Tina hinüber, die sich auf den Stuhl gesetzt hatte, auf dem die Alte vorhin gesessen hatte. Jan stand am Fenster, hatte die Läden aufgeklappt und blies den Rauch ins Freie. Tina zog die Schultern hoch und sah an Alex vorbei.

»Da hat er Recht«, sagte sie mit gerunzelter Stirn, »wir machen uns ja auch Sorgen um dich.«

»Ihr habt damit ja nichts zu tun«, sagte er, »ihr geht mit Harry segeln, ich bleib hier allein auf der Insel.«

»Ach ja, Harry!« Jan hatte sich am Fenster umgedreht, »der hat sein Schiff gesehen, hat gesagt, wir sollen das mal wieder in Ordnung bringen und ist nach Union Island geflogen.«

»Nach Union? Wieso das denn?«, fragte Alex nachdenklich.

»Hat gesagt, er hätte nicht so viel Urlaub und den wolle er

nicht in der Werft verbringen. Wollte in ein Hotel und wir sollen ihn dann da aufsammeln wenn wir fertig sind«, Jan griff in die Tasche und zog ein Bündel Scheine hervor. »Hat uns 3000 Euro hier gelassen. Für die Reparatur.«

Alex winkte ab und Jan steckte das Geld wieder ein.

»Ist ja reichlich viel«, sagte Alex, »wofür?«

Jan zuckte mit den Schultern und zog die Augenbrauen hoch, was heißen sollte: Was fragst du mich das? Über die Bargeldmengen, die Harry zur Verfügung hatte, hatten sie sich schon häufig Gedanken gemacht. Und damit war er auch reichlich großzügig, wenn er auch bei jeder offiziellen Rechnung knauserte, handelte und abzog, bis der Vertragspartner aufgab und schließlich einwilligte. Aber wenn es um das Schiff und die Crew ging, war immer reichlich vorhanden, immer Bargeld, gerne auch mal Dollar. Häufig hatten sie sich darüber unterhalten, ob es Schwarzgeld war. Harry hatte es ihnen nie erzählt.

»Schafft ihr drei das mit dem Schiff alleine?«, fragte Alex schließlich.

Tina nickte.

»Kein Thema«, Jan resignierte, »kriegen wir schon hin.«

Jan atmete hörbar und schüttelte mit dem Kopf. Seinen Freund von etwas abzubringen war in letzter Instanz meist unmöglich, und auch jetzt hatte er seinen Kopf wieder durchgesetzt. Jan war immer noch sauer. Sie hatten sich schließlich darauf verständigt, dass Alex auf der Insel bleiben würde und Jan mit Denis und Tina nach Union fahren würde. Obwohl Jan seinerseits darauf bestanden hatte, dass sie über das Satellitentelefon erreichbar bleiben wollten. Alex bekam das Telefon, welches Jan sich bei Rudi gemietet hatte. Eigentlich war es dafür gedacht, mit Harry in Kontakt zu bleiben, bis sie die JOHANNA repariert hätten. Aber Harry hatte sein eigenes gar nicht mit nach Union genommen, sondern sie mit einem lapidaren »Ich hoffe, ihr beeilt euch!« zurückgelassen. Dadurch hatten sie jetzt zwei Telefone und Alex die ständige Möglichkeit, seine Freunde herbeizurufen. Das war zwar ein Kompromiss, beruhigte Jan aber ein wenig. Als Maleica lächelnd mit ein paar Gläsern Limonade wieder ins Zimmer trat, hatten sie das Thema Bootsreparatur gerade abgeschlossen und wandten sich wieder dem zu, was Alex auf der Insel zu finden hoffte.

»Auf St. Lucia fahren viele Leute schwarze Jeeps«, sagte Maleica bedächtig, während sie sich langsam im Zimmer umschaute, »ich weiß aber die Marke nicht. Wir könnten Ben fragen.«

Ohne sie anzusehen und eine Antwort abzuwarten, war sie von ihrem Stuhl in einer einzigen Bewegung aufgestanden und ging mit leicht schwingender Hüfte zur Tür. Jan sah zu Alex hinüber und zog die Brauen hoch, er nickte leicht. Maleicas Anblick hatte ihn sichtlich beeindruckt. Ben schob sich mit einem fleckigen, abgeschnittenen T-Shirt, einer langen, schmutzigen Jeans und heruntergetretenen Badelatschen hinter ihr in den Raum. Obwohl er sich entspannt an den Türrahmen lehnte, wurden seine Muskeln trotzdem beeindruckend sichtbar. Offensichtlich verwandte er einige Zeit auf ihr Training. Ben merkte, wie Alex seine Erscheinung zur Kenntnis nahm.

»Was suchst du, Mann?«, fragte er Alex ohne Betonung.

»Einen schwarzen Suzuki. Es war ein schwarzer Suzuki, aus dem ich aussteigen musste, bevor ich im Graben gelandet bin.«

»Ich weiß, »sagte Ben fast lustlos, »gibt 'ne Menge schwarze Autos auf der Insel.«

»Auch Suzukis?«

»Welche?«

»Vitaras.«

»Kenn ich einige.«

Alex sah ihn an. Innerlich grinste er. Er kannte diese Art des Gesprächs. Es war nicht so, dass Ben ihnen nicht helfen wollte, sondern dies war vielmehr die Art, wie man sich hier zu unterhalten pflegte. Als Europäer konnte es einem den letzten Nerv rauben, wenn man das erste Mal hier war. Oder man spielte das Spiel eben mit. Alex wollte mitspielen.

»Auch Weiße fahr'n Vitaras«, sagte Ben.

»War 'n Schwarzer!«, antwortete Alex.

»Nich so viele«, sagte Ben und ging hinaus. Sie hörten die

Kühlschranktür zufallen und den Dosenöffner die Bierflasche aufhebeln, klackernd landete der Kronkorken im Vorgarten. Mit der beschlagenen Piton-Flasche kam Ben wieder hinein. Er stellte sich an seinen Platz an den Türrahmen und nahm einen langen Schluck.

»Nummernschild?«

»Hm?«

»Wie sah's aus, Mann? Hast du irgendwas gesehen?« Ben sah ihn an. »Rot? Mit'm TX drauf? Dann war's 'n Taxi!«

Alex schüttelte den Kopf.

»Rot war es nicht. Was gibt's noch?«

Ben sah ihn grimmig an und sagte ungeduldig: »Mann, du bist verrückt! Erst liegst du im Graben, dann liegst du hier im Bett und jetzt willst du alle Schilder von der Insel wissen. Ich würde dir kein Wort sagen, wenn meine Schwester dich nicht mögen würde. Und die mag dich, Mann. Das mach' ich nur wegen meiner Schwester. Würde dich sonst in'n Bus setzen und zur Marina schicken, auf dein Boot. Du bringst mich in Schwierigkeiten. Ernsthaft, Mann!«

Er nahm wieder einen Schluck aus der kleinen Flasche und warf sie aus dem offenen Fenster. Die Ziege raschelte mit ihrem Strick und grunzte.

»Musst du zumachen, nachts. Komm' die Moskitos rein. Gibt viele hier bei uns«, sagte er ruhiger zu Jan. Der machte zwei schnelle Schritte zum Fenster und schloss die klemmenden Läden.

»Kannst du ihm helfen?«, fragte Maleica, die bis jetzt schweigend neben dem Bett gesessen hatte. »Du kennst doch die Autos hier.«

»Immer nur Ärger mit deinen Freunden«, schimpfte Ben, »können einen nicht in Ruhe lassen ...«

Maleica senkte den Kopf.

»... war beim letzten auch schon so, immer nur Probleme«, polterte Ben weiter und ging in die Küche nach nebenan.

Die üblichen Geräusche, der Kronkorken landete auf der Straße. Er kam wieder rein.

»Kannst du mir helfen, bitte, ich hatte den Wagen zwar gesehen, aber nur kurz. Rot war das Nummernschild nicht«, sagte Alex.

Ben lümmelte sich an den Türrahmen, stöhnte und begann: »Schwieriges System hier auf St. Lucia. Jedes Auto soll zu erkennen sein. Gibt P vorn wie Privat, PA bis PD, PD sind wir jetzt, immer wenn eins mit vier Zahlen dahinter voll is', kommt'n neuer Buchstabe.«

Alex schüttelte langsam den Kopf.

»Gibt noch H, H wie hire, Mietautos. Geht auch HA, HB wie bei den Privaten. Sind auch schon bei D, immer mit vier Zahlen, viele Mietautos auf St. Lucia. Viele Leute aus den Hotels mieten Autos hier. Viele Geländewagen.«

Er sah Alex fast bittend an.

»War es beides, glaube ich, nicht«, sagte Alex, »aber schwarz war es.«

»Schwarz oder weiß, kann beides sein, kommt auf die Farbe des Autos an«, sagte Ben und sah in dem Raum umher. Offensichtlich missfielen ihm die vielen Augen, die ihn sahen, wenn er sprach.

»Hilft nicht viel«, fuhr er fort, »dann gibt's noch die Farmer. Meist Pick-ups, mit Ladefläche, haben FAR vor den Zahlen auf'm Schild. Hinten und vorne, wie die andern. Gibt aber nicht viele. Nicht viele Farmer ham genug Geld für'n Auto. Verdienen nicht viel.«

Alex schüttelte den Kopf. Ben drehte sich zur Seite und ging ins Wohnzimmer. Alex hörte, wie er sich eine Zigarette anzündete, aber er kam nicht wieder herein. Alex sah Maleica an.

»Ben! Komm zurück!«, rief sie bestimmt. »Gibt's noch andere Autos?«

Ben fluchte im Nebenraum und kam durch die Tür. »Du weißt, dass es noch andere gibt, Maleica! Du weißt es!«, sagte er laut und ging durch die Tür nach draußen.

»Erzähl im davon!«, befahl Maleica streng.

Ben kam wieder hinein. Er sah Maleica grimmig an, sie erwiderte seinen Blick nicht.

»Gibt noch T«, fing er unwillig an, »T für Transport, eigentlich sind das Lieferwagen. Auch schwarze Schilder.«

»Wie bei den anderen?«, fragte Alex interessiert, »TA, TB und so weiter?«

Ben sah ihn an, er nickte: »Auch bis TD«, sagte er leise.

»TD«, sagte Alex, »ich glaube es war TD.«

»Scheiße«, sagte Ben, »du bist in Schwierigkeiten. Und wir auch. Frag' nicht warum.«

Er ging hinaus und machte sich das nächste Bier auf.

Alexander brauchte nicht zu fragen warum, er wusste es. Ben würde ihm nichts Neues erzählen müssen. Er hatte sich im Vorfeld der Reise intensiv mit Jan über die Karibik informiert. Schließlich hatten sie einige Wochen bleiben wollen, da ist es schlau, wenn man über die Strukturen Bescheid weiß, mit denen man es zu tun bekommen kann. Für die kleine Tropeninsel St. Lucia sind Drogen fast so ein großes Problem wie Aids. Und Aids hatte ungefähr die gleichen bedrohlichen Dimensionen angenommen wie in Afrika. Die Zuwachsrate war erheblich und das Gesundheitsministerium versuchte, dem mit aufklärender Werbung entgegenzusteuern, um das Problem einzugrenzen. Ebenso wie bei den Drogen. Fast täglich schrieb der »St. Lucia Mirror« warnende Artikel, oder es gab neue, bedrohliche Fakten und Zahlen zu den Themen, die die von ihnen ausgehende Bedrohung deutlich machen sollten. Gerade jetzt vor Weihnachten hatte das Blatt einen Appell an alle Einwohner veröffentlicht, um der Drogenmafia das Handwerk zu legen. Mit dem Anbau selbst hatte die Insel nichts zu tun. Hier wuchs zwar Marihuana, das vor allem die Rastafari als Teil ihrer Religion ansahen und mit ernstem Blick behaupteten, es sei für sie auf Gottes Grab gewachsen. Marihuana, Gras, Weed oder wie es sonst noch hieß, war aber kein wirkliches Problem, auch wenn es verboten war. Von Zeit zu Zeit unternahm die Regierung einige halbherzige Versuche, den Anbau zu stoppen, indem sie durch Razzien und dem Niederbrennen der Felder die Rastafari zum Aufgeben bringen wollte, hatte damit aber immer nur kurzfristigen Erfolg. Auf der ebenfalls unabhängigen Nachbarinsel St. Vincent hatte es nach der letzten Razzia sogar eine kleine Demonstration gegeben; sechs Rastafari waren mit selbst gemalten Schildern durch die Hauptstadt Kingston gezogen und hatten ernst für den Erhalt ihrer Arbeitsplätze skandiert.

St. Lucias Drogenproblem aber hat einen anderen Namen, einen, den die ganze Welt versteht und der die ganze Welt bedroht: Kokain. Und dahinter standen keine ansässigen kleinen Dealer, sondern das südamerikanische Drogenkartell, das die Insel zur Relaisstation für die Lieferungen nach Europa oder Nordamerika macht. Im unwegsameren Süden hatten sich einige Kolumbianer niedergelassen, große Villen gebaut oder gekauft und konnten von dort fast ungestört handeln. Die Geldmengen, die von hier aus flossen, erschlugen jegliches Rechtsempfinden auf der Insel. Die Regierungsmitglieder wurden mit riesigen Dollarmengen ruhig gestellt, aber auch St. Lucias Jugendliche ließen sich davon beeindrucken: Große Autos, teure Uhren oder Designerkleidung, wie die Statussymbole, die nach außen gezeigt werden mussten, hießen, waren mit einem durchschnittlichen Jahreseinkommen von rund 4000 Dollar pro Kopf nicht zu finanzieren. Vor allem nicht auf einer Insel, wo alle Güter, die nicht selbst hergestellt werden konnten, teuer importiert werden mussten. Also eigentlich alles.

»Das kolumbianische Kokain legt sich wie eine Hand um den Hals der Inseln«, hatte Jan bei ihrem letzten Gespräch in Europa gesagt, als sie mit ihren Recherchen fertig waren. Beide hatten sich in das Thema Karibik förmlich hineingesteigert. Wenn sie sich zu Reisevorbereitungen trafen, versuchten sie einander mit immer neuen Erkenntnissen zu überraschen. »Sie sind mit ihrer schwachen Wirtschaft einfach zu klein und verletzlich«, hatte Jan sein Wissen weiter vorgetragen, während sie im herbstlichen Hamburg mit einem Tee gemeinsam über den Papieren brüteten. »St. Lucia hat nur zwei wirtschaftliche Standbeine: Bananen und Tourismus. Der Bananenmarkt liegt im Moment am Boden und bringt kaum noch Geld in die Staatskasse, und für den Tourismus fehlt Geld. Geld, das ausländische Investoren bringen müssten, die zurückschrecken, weil das Staatsgebilde noch nicht stabil genug ist. Die Abnabelung von der englischen Krone ist gerade einmal 40 Jahre her, nicht viel Zeit für eine Insel, sich eine stabile Wirtschaft aufzubauen, und nicht zu vergleichen mit den französischen Nachbarinseln wie Martinique oder Guadeloupe, die als französische Protektorate mit Fördergeldern aus Europa gestützt werden.«

»Und diese kleine, verletzliche Gesellschaft erweist sich als der ideale Nährboden für die Kokain-Mafia um ihre Verteilerstationen zu installieren«, hatte Alex fortgesetzt, »die unterbezahlte Polizei, der sogar das Geld für einheitliche Uniformen fehlt, hat natürlich gemerkt, dass es effektiver ist für eine Organisation zu arbeiten, die viel Geld ins Land bringt. Mit dem Geld kommen Waffen und mit ihnen die Gewaltverbrechen auf die Insel.«

Auf eine Insel, die zwar eine beneidenswert niedrige Verbrechensrate, diese aber gepaart mit einer beunruhigend hohen Quote der Gewaltkriminalität hat. Und die ist – das ist kein Geheimnis – fast ausschließlich auf Drogen zurückzuführen. Denn viel Geld bringt gerade in armen Regionen Gier, Neid und Gewalt mit sich, wenn man kaum etwas zu verlieren hat. Der Ausweg für die Karibikstaaten ist schwierig bis unmöglich. Keine der Regierungen will sich mit den mächtigen Drogenbossen anlegen, den Zorn auf sich ziehen, wenn die Wege der Drogen unterbrochen werden. Stattdessen wird schon offen über geradezu verzweifelte Gegengeschäfte mit den Kolumbianern gesprochen: Man könnte den Drogentransporten freie Fahrt direkt in die Abnehmerländer garantieren, im Tausch gegen eine kokainfreie karibische Zone. Dem wirken jedoch die USA und Europa entgegen, die so viele Transporte wie möglich noch außerhalb ihrer Grenzen abzufangen versuchen, ungeachtet der Probleme der kleinen Staaten. Die bekannten Wege der Drogenkuriere sind leichter zu kontrollieren als unbekannte, die Drogenmafia ist so einfacher zu schädigen. Eine fast ausweglose Situation für das Inselparadies St. Lucia mit nicht einmal 200 000 Einwohnern.

»Da kommt dein Suzuki her«, sagte Ben und sah zu Alex hinüber, »das sind die Leute, mit denen du dich anlegst. Mit den Kolumbianern. Jeder kennt die Autos hier. Sind die einzigen, die alle gleich aussehen, und ich kenne das Haus, vor dem sie stehen. Fahren immer über die Insel, keiner weiß, was die machen. Da hilft dir keiner, auch die Polizei nicht.«

Alex sah ihm nachdenklich ins Gesicht, Ben starrte aus dem Fenster. Keiner sprach ein Wort, man hätte eine Stecknadel fallen hören können, wäre nicht das Geraschel der Ziege im Vorgarten gewesen.

»Kannst du mir das Haus zeigen?«, bat Alex schließlich.

Ben sah ihn mit seinen dunklen Augen an, das Weiße der Augen war fast gelb.

»Du bist verrückt, Mann! Total verrückt!«, sagte er, »warum fahrt ihr nicht zurück nach Deutschland und nehmt die Scheiß Drogen gleich mit!«

Er schlug wütend gegen die Tür. Maleica nahm sanft seinen Arm und gemeinsam gingen sie hinaus.

* * *

Patrick stand im Salon seines Schiffes und wusste nicht, was er tun sollte. Alles so lassen und alles andere übersehen? Warum nicht? Eigentlich ging es ihm gut. Sogar sehr gut. Er hatte alles, was er brauchte. Er sah sich um: Die Pantry gegenüber, ein Kocher mit zwei Flammen, Spüle, dahinter der Kartentisch. Die elektrische Anzeigetafel war jüngst wieder zum Leben erwacht, er hatte sie ausgebaut, alle Schalter und Dioden entfernt und in einer großen Schüssel mit Süßwasser gereinigt. Mit kleinen, weißen Lappen, die er aus seinen alten T-Shirts gerissen hatte, hatte er sich die Arbeit gemacht, den Dreck schließlich aus allen Ecken herauszuputzen, eher er sie wieder einbaute. Die kleinen Zeiger des Amperemeters und des Voltmeters waren nach dem Anschließen der Batterien sofort zum Leben erwacht, die Kontrolldioden der Schalter für die Innenraumbeleuchtung fingen an gelb zu glimmen, als er die Schalter umlegte. Wieder und wieder war er mit dem Lappen über die Tafel gefahren, ihm standen die Tränen in den Augen: ANNE hatte wieder angefangen zu leben, ihr Herz die ersten Schläge gemacht. Als das Tuch das zehnte oder zwanzigste Mal über die Bezeichnungen fuhr, hielt einer der kleinen Aufkleber neben einer der Sicherungen nicht mehr stand. »Waterpressure« klebte an seinem Lappen. Er musste lachen, laut lachen – das erste Mal seit Monaten oder Jahren lachte er laut, wenn auch mit Tränen in den Augen. Wieder und wieder hatte er über »Waterpressure« geputzt und lachte laut in seiner kleinen Kabine. Patrick wollte die Vergangenheit nicht wieder in sein Leben lassen, sie hatte ihm zu viele Schmerzen und Leid gebracht. Die Trennung von Alex, der Tod seiner Freundin und schließlich das Versenken seines kleinen Traumschiffes. Er wollte die Vergangenheit nicht seine Gegenwart sein lassen. Es musste auch eine Zukunft geben.

Patrick hatte Wasser auf dem Herd erhitzt, einen Teebeutel Earl Grey in seinen American-Airlines-Becher aus Kunststoff gehängt, von denen er während eines Fluges von New York nach Amsterdam einmal vier Stück von den Stewardessen geschenkt bekommen hatte, weil ihm ihre Form so gut gefiel. Er setzte sich auf die frisch gewaschenen Polster, die zwar fleckig, aber nach Waschmittel duftend auf den alten Bänken lagen. Der Schaumstoff war noch nicht wieder drin, er würde sich morgen darum kümmern. Alle Schaumstoffe würden morgen mit Süßwasser und Seife gewaschen, damit sie genauso dufteten wie die Bezüge. Er hatte ihre Reißverschlüsse zugezogen und mit den kleinen runden Klettband-Stücken an ihre richtigen Plätze gehängt. Das sah ein bisschen lustig aus, der Salon wirkte aber größer dadurch, auch wenn es unbequem zum Sitzen war. Warum war der Junge hier aufgekreuzt? Warum war er nicht in Deutschland geblieben? Das ganze Leid der Trennung stieg wieder in ihm hoch, wenn er daran dachte, dass Alex, sein Alex, nur einen knappen Meter hinter ihm in Rudis Büro gegangen war. Er hätte sich nur umdrehen müssen, um ihn anzufassen. Er wollte nicht alles erklären. Hatte nicht die Zeit lange genug gebraucht, um Gras über die Geschichte wachsen zu lassen?

Sein Zigarillo ließ waagerechte Rauchschwaden durch die kleine Kajüte ziehen, die unterhalb des Niedergangs verwirbelten, von der von oben einströmenden Luft kurz nach unten zurück in das Schiffsinnere gedrückt wurden und sich schließlich dicht an die Treppe geduckt nach draußen schlichen. Aus dem batteriebetriebenen CD-Spieler klang eines seiner Lieblingslieder: »Katamaran« von Hartz und Kaczmarek, ein deutsches Lied. Er sah auf das Cover, die Vornamen der Interpreten waren nirgends zu entdecken. Made in W.-Germany. Auf dem Foto war nicht klar, ob die Person neben Hans Hartz eine Frau war, er nahm es an. Wollte es annehmen. Über Monate hatte er die CD nicht mehr gespielt, immer wenn er die ersten Takte hörte, wurde das Heimweh so stark, dass er nicht weiterhören konnte. Jetzt wusste er, dass die Heimat nicht ohne die Ferne existieren konnte – und umgekehrt. Das eine wird durch das andere erst komplett. Da hatte der Fehler in seinem Denken gelegen! Schwarz und Weiß, Ferne und Heimat waren das Rezept. Schwarz oder Weiß, Ferne oder Heimat waren zu einfach, inkomplett und zerstörten seinen Geist. Ließen keine Grautöne zu.

Er hatte langsam wieder zu sich selbst gefunden, war froh, dass er diese Zeit hinter sich und sogar einigermaßen unbeschadet überstanden hatte. Jetzt war das hier seine Heimat, die Ferne war Deutschland. Sie machte die Heimat erst so schön. Wie viele Segler hatte er getroffen, die überdrüssig der Zivilisation alle Brücken hinter sich abgebrochen hatten und mit dem Schiff eine neue Welt suchten. Zu oft saßen sie mit aufgedunsenen Gesichtern jeden Abend in der Bar, während sich ihr Schiff ungepflegt am Anker drehte und nicht wusste, wohin es den Bug wenden sollte. Reisen ohne Heimat ist auch Reisen ohne Ziel; selbst wenn es ewig in der Ferne blieb, musste das Ziel doch erreichbar und sichtbar bleiben. Er war schon einmal davongelaufen, hatte mit der Ganzheit nichts zu tun haben wollen. Er hatte Alex allein gelassen, zwar abgesichert, aber allein gelassen. Er hatte aufgegeben, nicht mehr gekämpft, als es wichtig gewesen wäre.

Schwarz und Weiß also, Yin und Yang, die sich gegenseitig komplettieren. Sicher hatte er es früher gewusst, hatte danach versucht zu leben. Aber durch die ganzen negativen Geschichten war es in seinem Gehirn verschüttet worden. Er hatte den Blick auf das Ganze verloren, auf den er früher immer so stolz gewesen war. Jetzt war es wieder da: Yin und Yang zierten als der schwarz-weiß ineinander verschlungene Ball das Heck von ANNE, jeweils das Herz des anderen im Schwerpunkt von sich selbst. Das weiße Herz schlug in der größten schwarzen Fläche und umgekehrt das kleine schwarze Herz mitten in der weißen Fläche. Auch sein Herz schlug wieder, kräftig und gleichmäßig, teilweise beschleunigt durch Neugier oder Freude – wie früher. Er war froh, dass der Mast von ANNE noch stand, er hörte den Passat in den Wanten orgeln, fast so, als würde er sicher am Anker liegen. Irgendwie tat er das ja auch. Sein Herz schlug stärker. Diesmal würde er nicht davonlaufen, diesmal nicht. Er wusste nicht, ob Alexander ihm seinen Fortgang jemals verziehen hatte, aber er würde versuchen, ihm zu helfen. Kaum ein Weißer verstand die Strukturen auf der Insel so gut wie er. Kaum einer kannte die Wege so gut, die Hintermänner und die Schläger. Er kannte das alles aus eigener, bitterer Erfahrung und Alexander würde davon nicht verschont bleiben, wenn er versuchte es zu leugnen.

»Hi Captain! Du bis'schon wach?«, hörte er Josephs heiseres Rufen unter seinem Schiff.

Er schälte sich aus dem Niedergang.

»Sieht gut aus, dein Schiff. Fährt bald wieder«, Joseph lachte sein durch Zahnlücken geziertes Lachen.

»Hallo, Joseph! Ja, stimmt. Es geht ihm schon wieder besser.«

Er sah aus dem Cockpit zu Joseph hinab und kniff die Augen zusammen. Das Licht war jetzt um die Mittagszeit gleißend hell und er hatte keine Sonnenbrille auf. Joseph hatte wieder einige Farbeimer mitgebracht und Holzreste unter dem Arm.

»Gutes Holz, Captain«, sagte er, »nicht viel, aber gut. Kannst du in deinem Schiff bestimmt gebrauchen. Lack ist auch noch da!«

Er hob den gebrauchten Fünf-Liter-Eimer hoch.

»Hab immer einen Anstrich weggelassen. Jedes Mal. Merkt

der reiche Mann nicht. Kommt zum Lackieren immer wieder. Und jetzt langt es auch für dich!«

Er lachte und stellte die Dose unter das Schiff.

»Wird dich noch deinen Job kosten!«, raunte Patrick im Flüsterton von oben und lächelte.

»Wenn du es nicht erzählst, merkt's keiner«, antwortete Joseph gleichgültig. »Dein Schiff ist genauso wichtig, wie das vom reichen Mann. Genauso wichtig!«

Der Schwarze winkte und stiefelte in Richtung der riesigen Motoryacht davon, die mit ihren drei Decks selbst die aufgepallten Schiffe an Land überragte. Unter den Mahagoni-Handläufen konnte Patrick die schmalen Streifen des blauen Klebebandes sehen, mit denen das Weiß der Yacht beim Lackieren des Holzes geschützt wurde. Das Schiff hieß OCEAN LORD, der Name stand in erhabenen, goldenen Buchstaben am Aufbau hinter der Brücke. Sie führte keine Nationale, wahrscheinlich, weil sie an der Werft lag. Von ihrem geschwungenen, scharfen Bug bis zu der monströsen Heckplattform maß sie bestimmt 100 Fuß, schätzte er. Gut dreißig Meter, da musste man kein schlechtes Gewissen haben. Er stieg die Leiter hinab, hob prüfend die Lackdose und nickte in die Richtung der Luxusyacht.

Als er in der Marina ankam, fühlte er, dass er einen Sonnenbrand auf der Stirn und auf den Füßen bekommen hatte, dort wo die Sandalen sie nicht abdeckten. Er schwitzte. Die meisten Schwarzen fuhren die Strecke mit dem Bus oder ließen sich mit dem Auto mitnehmen, oder sie gingen nicht her. Zu Fuß waren nur die wenigsten unterwegs, meist die ganz Armen – oder die Weißen. Die kämpften sich auch in der größten Mittagshitze mit kurzer Hose und T-Shirt die Hauptstraße entlang, die auf ihrem Weg vom äußersten Norden der Insel zur Hauptstadt Castries auch die Werft in Gros Islet und die Marina verband. Er ging die Strecke immer zu Fuß, es tat ihm gut. Er bewegte sich wegen der Hitze sowieso zu wenig, wie die meisten hier. Rudi hatte ihm gesagt, dass die JOHANNA wieder auslaufen würde, sobald die Rumpfreparatur beendet war. Welche Reparatur das war, brauchte hier niemand zu fragen: Alle kannten natürlich die Geschichte, die dem Schiff auf der Überfahrt passiert war. Er ging durch das Gittertor zu Steg 1, der sich von hier T-förmig von Nord nach Süd erstreckte. JOHANNA war trotz ihrer Kollision sehr früh während der Regatta eingelaufen und hatte so einen der vorderen Plätze am Steg bekommen. Er wandte sich nach rechts und ging die Betonpier entlang. Die meisten Schiffe lagen mit dem Heck zum Steg, viele der Segler dösten im Schatten der Biminitopps oder waren mit ihren Schiffen beschäftigt.

JOHANNA lag anders herum, mit ihrem Bug zum Steg, davor schwamm ein kleines rotes Beiboot, dessen eine Seite mit einer blauen Flüssigkeit gesprenkelt war, die ins Wasser tropfte und sich in blassen Wolken auflöste. Jan kniete auf der Gummiwurst, auch seine Beine waren blau wie seine Hände, von denen es blau die Unterarme entlanglief und sich mit dem Schweiß vermischte. Er hatte einen unübersehbaren Sonnenbrand auf dem Rücken, trotzdem schliff er unbeirrt weiter. Ab und zu tauchte er das blaue Schleifpapier in das Hafenwasser, wickelte es wieder um den Schleifklotz und schliff weiter.

»Hallo, JOHANNA«, sagte Patrick, »sieht ja schon wieder ganz gut aus.«

»Scheiß Arbeit«, brummte Jan, »außerdem stimmt die Farbe nicht.«

Patrick dachte an ANNE und die vielen Farben, mit denen er das Unterwasserschiff gestrichen hatte. Hier konnte er die Reparatur an JOHANNAS Bug kaum noch erkennen. So unterschiedlich waren die Ansprüche.

»Hab gehört, ihr wollt schon wieder los«, sagte er.

»Wenn wir fertig sind, übermorgen wahrscheinlich. Unseren Chef abholen, der ist schon nach Union.«

Jan unterbrach seine Arbeit und sah ihn an. Spontane Gespräche unter Seglern waren normal und die Würze in der Eintönigkeit des Hafens.

»Auch mit dem ARC ’rübergekommen?«

»Schon einige Jahre her«, antwortete er, »ist Alex an Bord?«

»Nicht hier«, sagte Jan. »Kennt ihr euch?«

»Flüchtig«, sagte er mit Enttäuschung und Erleichterung in der Stimme. »Ist er schon wieder nach Hause nach der Geschichte?«

»Der? Der fliegt doch nicht einfach nach Hause!«

Jan warf das Schmirgelpapier ins Boot, wo das abgeschliffene Gelcoat sofort neue blaue Flecken hinterließ. Mit der flachen Hand fuhr er über den fast makellosen Bug und überprüfte seine Arbeit. Er drehte sich wieder um.

»Alex möchte hier gern auf der Insel bleiben und etwas suchen.«

»Was will er suchen?«

Jan setzte sich hin und sah ihm in die Augen: »Ich glaub' das weiß er selbst nicht so richtig«. Plötzlich wurde er misstrauisch. »Bist du Deutscher?«

»Hamburg.«

»Kennst du Alex aus Hamburg?«

»Ja, aber lange her.« Ihm wurde die Sache langsam unbehaglich, er hatte sich das ein wenig einfacher vorgestellt. Er hatte gedacht, er geht einfach mal her und schaut mal zum Schiff. Und jetzt war dieser junge Kerl so misstrauisch, dass er kaum verschwinden konnte, ohne irgendwie verdächtig zu wirken.

»Kennst du dich aus auf St. Lucia?«, fragte Jan.

»Ganz gut«, sagte er.

»Vielleicht ist's nicht richtig, aber ich sag's dir trotzdem: Er hat da drüben Leute getroffen, mit denen er sich auf der Insel umschauen will.« Jan deutete über die Bucht nach Gros Islet. »Geschwister. Ben und Maleica heißen die, glaube ich. Vielleicht kann er jemanden brauchen, der sich hier auskennt. Mehr weiß ich nicht.« Jan sah ihn zweifelnd an: »Kennst du ihn gut genug?«

»Ich glaube schon«, sagte er, »klingt aber nicht ganz normal, was er da macht. Er geht nicht mit euch segeln?«

Jan schüttelte den Kopf: »Das weiß nicht einmal unser Eigner. Du siehst so aus, als könnte man dir trauen: Ich glaube, Alex kann jede Hilfe gebrauchen, auch wenn er nie darum bittet.«

»Ich weiß«, sagte Patrick.

Sicher, dachte er, sicher braucht er Hilfe. Wer sich hier auf der Insel mit den falschen Leuten einließ, brauchte bestimmt welche. Vor allem, wenn man die Eigenheiten nicht kannte. Er hatte so gehofft, dass Alexander die Insel einfach verlassen würde. Jetzt war er in Gefahr, in großer Gefahr sogar und konnte das Ausmaß vermutlich noch nicht abschätzen. Und Patrick konnte Alex nicht helfen, nicht jetzt jedenfalls, solange er nicht wusste, wo er war.

14. Dezember 2002, St. Lucia, Karibik

Der Pick-up rumpelte über die löchrige Betonpiste zwischen Soufrière und Castries. Alex hatte das Gefühl, die Kurven würden kein Ende mehr nehmen. Ihm war schlecht wie nach einer Nacht im Sturm. Sich mit den Händen an der Ladeklappe festzuhalten traute er sich nicht, weil er Angst hatte, der Fahrer oder der Wagen hinter ihm könnten seine Hände sehen. So versuchte er, sich und den lose auf der Ladefläche hin- und herrutschenden Reservereifen unter Kontrolle zu bekommen. Trotzdem prallte er in jeder Kurve wieder unsanft an die Außenwand und er fühlte, wie seine Ellbogen und seine Knie von den endlosen Schlägen taub wurden. Es gab absolut nichts zum Festhalten. In den Schlaglöchern wurde er zudem leicht vom Boden angehoben und prallte unsanft auf die verbeulte Blechfläche zurück.

Er nahm an, dass sie denselben Weg wieder zurückfuhren, den er mit Ben vor Stunden nach Süden genommen hatte. Bis Castries war die Insel eher sanft gewellt, dann kam ein hoher Berg, eine Ebene und dann folgten die steilen Vulkanberge im Süden von St. Lucia, die Pitons. Die Fahrt mit Ben hatte über zweieinhalb Stunden gedauert. Er sah auf seine schwarze Casio-Uhr: Die Zeiger waren fast nicht zu erkennen. Er fluchte. Sie waren jetzt schon wieder eine Stunde unterwegs, gleich musste die Ebene kommen, dann noch ein Berg, an den er mit Grausen dachte und dann würde es ruhiger werden. Vorausgesetzt die Marina war das Ziel, was er allerdings annahm, nach alldem was er im Haus gehört hatte.

* * *

Ben hatte ihn weit hinter den Pitons, wie die beiden spitzen Vulkankegel im Süden der Insel hießen, abgesetzt. Sie waren lange durch den Dschungel gefahren, entlang an steilen, feuchten Felswänden und riesigen Farnen und Wurzeln, bis sie schließlich angehalten hatten. Alex hatte ihn gebeten zu warten, aber Ben hatte ausgesehen, als sei der leibhaftige Teufel hinter ihm her. Er hatte ihn mit weit aufgerissenen Augen angestarrt und aus allen Poren geschwitzt. Die letzten Kurven hatte er kaum noch das Lenkrad festhalten können, so hatte er gezittert. Er hatte das Licht ausgeschaltet und mitten in der Wildnis angehalten.

»Keinen Meter fahre ich weiter, Mann, niemals«, hatte er gesagt und trocken geschluckt, »niemals. Du bist verrückt! Verschwinde hier! Verschwinde von der Insel, so lange es noch geht.«

Bens Stimme hatte sich fast überschlagen bei den letzten Worten und auch Alex' Herz schlug bis zum Hals, als sie hier am Straßenrand standen. Je länger das andauerte, desto größer würde die Gefahr werden, dass einer der Suzukis hier vorbeikäme und sie entdeckte, das wusste er. Also musste er schnell handeln. Alex hatte sich noch Bens Telefonnummer in das Satellitentelefon gespeichert und war ausgestiegen. Ohne Licht hatte Ben gewendet, hatte eine kleine Bananenpalme umgefahren und war mit krachenden Gängen davongerast. Alex hoffte, dass er heil nach Hause kam. Er wusste, dass die Schwarzen zum Übertreiben neigten und an Teufel und so eine Art Voodoo glaubten, aber warum Ben vor diesem Haus solche Angst hatte, konnte er nun spüren. Die Gefahr, die von dieser Gegend ausging, war fast mit den Händen greifbar. Aber für Zweifel war es nun zu spät. Er stand mit seinem Rucksack in der pechschwarzen Nacht auf einer unbeleuchteten Straße, die um den Süden der Insel herum auf ihre Atlantikseite führen musste. In einem Umkreis von mehreren Kilometern gab es keinerlei Ansiedlung. Wenn er Ben glauben konnte, musste das Anwesen von den Kingpins, den Hauptpersonen im Drogendeal wie Ben leise gesagt hatte, um die nächste Kurve liegen. Dort, wo auch die schwarzen Suzukis stünden, die einzigen mit einem T-Kennzeichen auf St. Lucia.

Alex stolperte entlang dem Randstreifen der Straße nach oben. Hinter der nächsten Kurve war es genauso dunkel wie hinter der übernächsten und der danach. Fast hatte er geglaubt, Ben hätte ihn einfach irgendwo hinausgelassen nur um wegzukommen, als sich der tropische Wald langsam zu lichten begann. Die feuchte, kalte Luft des Unterholzes, die frisch nach Waldboden roch, wich der wärmeren, feuchten Luft, die direkt über die Ebene vom Meer heraufstieg. Das Haus stand nicht weit entfernt von der Straße auf einer Anhöhe. Offensichtlich war es nicht das Ziel gewesen, das Grundstück auf der Bergkuppe komplett einzuebnen, vielleicht, um es von oben besser überblicken zu können.

Vom Haupthaus senkte sich das Grundstück sanft in alle Richtungen hinab. Die Auffahrt war betoniert und endete in einer weiten, offenen Garage, die rechtwinklig rechts an das Hauptgebäude anschloss. In der Auffahrt und in der Garage sowie in fast allen Fenstern des Erdgeschosses brannte Licht. Ben hatte Recht gehabt: Neben einer japanischen, weißen Limousine mit dunkel getönten Scheiben standen hier fünf schwarze Suzuki Vitaras. Alle gleich, alle mit einem Kennzeichen, das mit TD begann, danach jeweils vier Zahlen. Er war sich sicher, dass einer davon der Wagen war, mit dem er neulich unterwegs war, auch wenn er beim besten Willen nicht sagen konnte, welcher. In der Garage drückten sich einige Gestalten umher, die sich ihrer Sache offensichtlich sehr sicher waren. Zwei von ihnen lehnten an der Wand und hatten die Augen geschlossen, die anderen saßen auf Stühlen um eine gewaltige hölzerne Trommel, auf die früher mal dicke Kabel gewickelt waren und die sie nun als Tisch benutzten. Sie spielten murmelnd Domino, knallten die Steine auf die Platte und fluchten oder lachten leise, wenn sie Geld aus einer kleinen Schachtel nahmen oder es hineinlegten.

Unter dem linken Dachvorsprung des Haupthauses stand ein beuliger, roter Pick-up. Er gehörte offensichtlich nicht zu dem Hauptfuhrpark; unter der Ladefläche zwischen den Rädern lagen zwei kräftige Hunde mit den Schnauzen auf den Vorderpfoten. Alex war an der Straße gute 20 Meter von dem Geschehen entfernt. Er wechselte auf die gegenüberliegende Straßenseite, lief ein Stück entlang des Waldes bergab, wechselte erneut die Seite und stieg jetzt aus der anderen Richtung der Bergkuppe wieder auf die Einfahrt zu. Jetzt war er auf der Seite der Einfahrt, wo der Pick-up nur noch wenige Meter neben ihm stand. Im Halbdunkel neben dem Wagen sah er die zwei Hunde liegen.

»Danke, Maleica«, murmelte Alex leise ins Dunkel und zog eine kleine Plastiktüte mit gebratenen Schweinesteaks aus seinem Rucksack. Er stieg mit dem Fleisch in der Hand über den weichen Rasen in Richtung der Auffahrt. Schräg über sich konnte er die Terrasse erahnen, die von der Bergkuppe die See zwischen St. Lucia und St. Vincent überblickte. Er sah indirekt angestrahlte Korbmöbel, aber keiner schien sich dort aufzuhalten. Als er die Auffahrt erreicht hatte, hoben die Hunde ihre Köpfe. Er kniete sich auf den Boden und schleuderte eines der Fleischstückchen unter dem Pick-up hindurch. Er versuchte nicht daran zu denken, was passieren würde, wenn die Hunde scharf waren und das Schwein verschmähten. Einer der Hunde knurrte und schob sich langsam unter den Pick-up, um an das Futter zu kommen. Im Hintergrund sah er die Schwarzen, die herübersahen und lachten. Offensichtlich dachten sie, dass die Hunde eine Schlange oder eine Maus erbeutet hätten. Sie wandten sich wieder ihrem Spiel zu. Mit dem Fleisch zwischen den Zähnen knurrte ihn der größere Hund an. Er war keine zwei Meter von ihm entfernt. Der Hund machte sich zum Sprung bereit, spannte die Hinterläufe, jeden Moment konnte die Geschichte schief gehen. Alex warf das letzte Fleischstück dem anderen Hund vor die Füße, worauf sich der Größere umdrehte und sofort eifersüchtig danach schnappte. Alex hatte sich unterdessen durch die offene Heckklappe auf die Ladefläche des Pick-ups geworfen und lauschte in die Nacht. Unter sich hörte er die Hunde krachend auf die Knochen beißen und verfluchte sich selbst, dass er die Knochen nicht entfernt hatte. Sein Herz trommelte wie verrückt in seiner Brust, er meinte man müsste es bis in die Garage hören, aber bis auf die Geräusche unter ihm und das Spielen der Männer blieb alles still.

Alex drehte sich um und rutschte bäuchlings über die rostige Ladefläche nach vorn. Der Wagen hatte einen ebenso rostigen Dachgepäckträger auf der Fahrerkabine. Von dort müsste man mit Glück die Dachkante des Hauses über sich erreichen, dachte er. Er sah sich um: Mit den Pfoten auf der Ladefläche sah ihn der große Hund mit gefletschten Zähnen an. Er sah aus wie ein Dobermann gemischt mit irgendetwas. Dicker, aber gefährlich. Das war nicht zu bestreiten.

»Scheiß drauf!«, machte Alex sich leise Mut und schwang sich mit einem Bein auf das Wagendach, stieg mit dem anderen auf den Dachgepäckträger. Es blieb nur noch der Weg nach vorn, wenn er wartete, würde der Hund ihn anfallen oder die Wachen auf ihn aufmerksam machen. Er trat zwischen die Streben und beulte das Dach des Autos ein, es machte ein scheußlich lautes *Blong*. Er sah sich nicht um, griff nach dem überstehenden Brett des Hausdachs und zog sich hinauf. Er hörte die Hunde auf den Pick-up springen und bellen. Das Dach trug ihn, er schob sich über die grüne Dachpappe nach oben, rutschte über den Giebel und blieb liegen. Unter ihm tobten und bellten die Hunde auf der Pritsche des Wagens. Er hörte ihre Krallen auf dem nackten Blech, wenn sie versuchten, auf die Fahrerkabine zu springen. Das Bellen klang eher wie ein tiefes Brüllen.

Die Wachen begannen nun, die Hunde anzuschreien: »Blöde Viecher! Sollt keine Vögel jagen, sondern aufpassen!«

Er hörte, wie die Wachen mit Knüppeln auf die Hunde einschlugen, die winselnd vom Wagen sprangen.

»Euch werd ich's zeigen, Mistviecher!«, brüllte der Mann, »los, 'runter hier!«

Aus dem Haus waren weitere Männer hinzugekommen, gemeinsam untersuchten sie den Wagen und leuchteten das Haus mit hellen Taschenlampen ab. Die Lichtkegel endeten kurz vor Alex an der anderen Seite des Giebels. Einer der Männer war auf den Wagen geklettert und fing an zu lachen. »Das sind Wachhunde! Guckt euch das an! Prügeln sich um einen Knochen aus der Mülltonne! Hier, blöder Hund!«, rief er und warf den Knochen herunter.

Die Hunde blieben mit eingeklemmten Schwanz unter dem Pick-up liegen. Die Schwarzen lachten und wurden schließlich von einem weiteren Mann zur Räson gebracht: »Was macht ihr hier für Lärm?«, brüllte der in gebrochenem Englisch, »seid ihr wahnsinnig? Los, zurück auf eure Plätze. Ihr sollt das Gelände bewachen!«

Alex hörte ihn noch Befehle in einer anderen Sprache rufen, wahrscheinlich Spanisch oder Portugiesisch. Weitere Männer kamen aus dem Haus und verteilten sich schnell auf dem Grundstück. Jetzt war das Gelände vollständig abgesichert. Alex drehte sich nach hinten und stöhnte. Der Mann auf seiner Seite des Dachs stand keine fünf Meter entfernt unter ihm am Rande der Terrasse, er blickte den Hang hinunter. Über seiner Schulter hing eine Maschinenpistole, die er mit beiden Händen schussbereit festhielt. Er hatte schwarze Haare, eine dunkelbraune Haut und ein breites, flaches Gesicht. Wahrscheinlich war das einer der Kolumbianer. Der würde sich nicht so leicht ins Bockshorn jagen lassen wie die Schwarzen in der Garage. Alex war sich sicher, dass er von der Waffe ohne zu zögern Gebrauch machen würde, wenn er sich falsch bewegte. Die Wache machte einige Schritte vom Haus fort in den Garten hinaus. Alex schob sich langsam die Dachschräge unter dem Giebel entlang zu einer Brüstung, die zu einem Balkon gehören musste. Der Abstieg dorthin würde nicht leicht sein. Er zögerte. Aber es gab nicht allzu viele Alternativen, wie er zugeben musste. Rings um das Haus Wachen und eine direkt vor ihm, die ihn, sobald sie sich umdrehte, sofort entdecken würde. Zurück? Wohl kaum, aus Richtung der Auffahrt kamen immer noch Geräusche, die Sache hatte sich immer noch nicht wieder beruhigt. Gesprächsfetzen drangen zu ihm herüber, Autos wurden angelassen und Befehle erteilt. Offensichtlich hatte er die Wachen ordentlich aufgemischt. Trotz der schwierigen Situation musste er grinsen.

Mit den Händen auf dem Giebel rutschte er langsam auf das Ende des Daches zu, die grüne Dachpappe zerschürfte ihm wie eine Raspel dabei Knie und Ellbogen. Er versuchte, nicht daran zu denken. Wo das Dach aufhörte, sah eine graue Stange von unten hervor, an der er sich festhalten konnte. Mit einem Bein schwang er sich über die Kante, griff die Stange und ließ sich nach unten rutschen. Die Stange hielt seinem Gewicht nicht stand und knickte mit einem leisen Knirschen ab; er fiel fast ungebremst auf den Balkon und landete auf einem Bambustisch, der gnädig unter seinem Gewicht nachgab. Alex hielt das Rohr im Arm und lauschte. Er lag auf dem Rücken, mit dem Kopf auf einem kleinen Stuhl, dem Tischchen waren seine mit Bast festgezurrten Beine weggeknickt und hatten seinen Sturz gedämpft. Vorsichtig spähte er durch das Balkongitter: Die Wache hatte nichts gehört oder wusste nicht, woher die Geräusche gekommen waren. Der Mann blickte in seine Richtung, sah um die Hausecke und nahm dann wieder seinen Platz an der Seite der Terrasse ein. Alex erhob sich langsam von dem knirschenden Tisch, sein Rücken schmerzte von dem Aufprall. Die Balkontür war offen, der mit Moskitonetz bespannte Rahmen ließ sich leicht gegen den Druck eines Magneten öffnen. Als er eintrat, schnappte er mit leichtem Klacken zurück. Alex sah sich um: Er befand sich im Schlafzimmer des Hauses, es war dunkel. Über ihm brummte leise ein Deckenventilator, sonst war nichts zu hören. Obwohl das Bett penibel ordentlich gemacht war, roch das Zimmer bewohnt, auf einem kleinen Hocker neben der Tür lag ein gepackter, offener Samsonite-Koffer. Sein Besitzer war also gerade gekommen oder wieder auf dem Weg, das Haus zu verlassen.

Alex schlich sich zur Tür und blickte auf den Flur. Er befand sich in einem kleinen Treppenhaus mit weiß gekalkten Wänden und einer hölzernen Decke wie im Schlafzimmer. Das untere Stockwerk war komplett offen, der Eingangsbereich, in den er hineinsah, ging direkt in das Wohnzimmer über, aus dem Stimmen klangen. Männliche Stimmen und auch die einer Frau. Sie sprachen alle in einem Englisch, dem er anmerkte, dass es nicht ihre Muttersprache war. Leise schlich er mit seinen offenen Segelsandalen die Treppe hinab und wartete an der Wand. Durch das kleine Fenster in der Tür neben sich konnte er direkt vor der Eingangstür eine weitere Wache erkennen. Nur durch die Tür getrennt, war er keinen halben Meter von ihr entfernt. Deutlich sah er jedes Detail am Hinterkopf des Mannes. Sein Herz raste noch mehr. Alex spähte um die Ecke: Vor der offenen Terrassentür saß eine Gruppe von Menschen. Das Gespräch wurde deutlicher, aber er konnte keinen von ihnen erkennen.

»Das Christkind kommt in zwei Tagen. Ein großes Geschenk, gleich neben TC«, sagte einer.

»Mutter Maria wartet schon«, der andere lachte, verstummte aber schnell wieder. »Wir werden diesmal bloß umladen. Keine langen Manöver, alle sind etwas nervös auf der Insel.«

»Der Tod von Frank hat ganz schön Staub aufgewirbelt«, sagte die Frauenstimme. »Wir können uns keine Fehler mehr erlauben.«

Alex fuhr zusammen. Diese Stimme, er kannte diese Stimme, aber woher? Das konnte nicht sein! Seine Gehirn spielte ihm einen Streich, er beruhigte sich ein wenig. Die Leute, die hier saßen, waren alle Fremde.

»Die Probleme sind auf eurer Seite gewesen«, sagte eine Stimme mit südlichem Akzent.

»Wenn's Probleme gibt, gibt es die für alle von uns«, erwiderte die Frau scharf, »ihr seid da nicht ausgenommen.«

Es trat eine Pause ein. Alex hörte, wie Gläser nachgefüllt wurden, anschließend fing der zweite Mann wieder an zu sprechen.

»Auf das Christkind«, sagte er, »auf dessen Erfolg.«

Die anderen murmelten Antworten, es folgte eine Stille bis die Gläser abgestellt wurden. Die Gesellschaft erhob sich, offensichtlich war die Besprechung beendet. Alex wurde panisch. Er hatte sich hinter die Ecke zurückgezogen, aber die Schritte kamen eindeutig in seine Richtung. Federnd hetzte er die Treppe hinauf und verschwand im Schlafzimmer. Neben der Tür sah er sich den Koffer näher an. Dunkler Anzug, Hemden, Unterhosen, einige Gürtel und ein kleines Paket, eingehüllt in eine Plastiktüte. Er griff hinein und zog den Inhalt in das fahle Licht, das von draußen hereinfiel. Ihm stockte der Atem, als er es herauszog, er konnte es fühlen, noch bevor er es gesehen hatte, sein Äußeres hatte sich als unauslöschliches Profil in sein Denken eingebrannt: Es war das schwarze Notizbuch, das er von der untergegangenen SEAFIRE mitgenommen hatte.

Alex legte sein Ohr an die Tür. Sein Herz schlug so stark in seinem Kopf, dass er kaum etwas hören konnte. Das Geländer knirschte, und er hörte Schritte die Treppe hinaufkommen. Schnell steckte er das Buch wieder in die Tüte und schob sie unter die Wäsche, dann lief er zur Balkontür und klemmte sich hinter den Mauervorsprung. Das Licht fiel auf seine Füße, den zerbrochenen Tisch und das abgeknickte Rohr. Durch das Moskitonetz konnte man jetzt nicht nach draußen sehen. So lange niemand auf die Idee kam auf den Balkon zu gehen, war er sicher. Vorsichtig sah er um die Ecke: Ein Paar stand mit dem Rücken zu ihm am Eingang. Der Mann schloss den Koffer, die Frau nahm ihre Handtasche und das Licht wurde ausgeschaltet. Wieder hörte er ihre Stimme, sprachen sie nicht Deutsch? Und wer war der Mann? Auch ihn hatte er noch nie gesehen, obwohl er von seinem Aussehen durchaus ein Europäer hätte sein können. Diese Stimmen gingen ihm nicht aus dem Kopf.

Das Licht im Haus war verloschen, als er gebückt über das Dach zum Giebel lief. Die meisten Fahrzeuge waren bereits aus der Einfahrt verschwunden. Nur der Pick-up stand noch mit laufendem Motor neben der Einfahrt, während die beiden Schwarzen die Hunde in den Zwinger neben der Garage brachten und fütterten. Alex ließ sich auf der Rückseite des Hauses das Dach hinabrutschen und sprang schließlich beherzt ab. Zum Glück verschwendet in der Karibik niemand einen Gedanken an Dachrinnen, dachte er und kippte mit den Knien in den wunderbar weichen Rasen. Diese Weichheit wollte fast nicht zu der Realität passen, unwillkürlich strich er mit der Hand darüber, bevor er die Mauer entlanglief und nach einem kurzen Blick auf die Ladefläche des Toyota hechtete. Er schob sich vor das Reserverad, zog die grüne Plane notdürftig über sich und versuchte, sich festzuhalten, als der Fahrer in Atem beraubender Geschwindigkeit den Berg hinabraste.

Das Hin- und Herfliegen auf der Ladefläche hatte ihm kaum Zeit zum Nachdenken gegeben. Jetzt wurde die Fahrt endlich ruhiger. Er hob die Plane etwas und der verwirbelnde Fahrtwind blies ihm den Schmutz der Ladefläche ins Gesicht. Mit zusammengekniffenen Augen spähte er über den Rand. Neben der Straße befanden sich weite Flächen mit angepflanzten Bananenpalmen. Wenn er ein wenig nach vorne sah, konnte er im Scheinwerferlicht die gegen das Ungeziefer in blaue Plastiktüten verpackten Bananenstauden an den Bäumen hängen sehen. Die Fahrerkabine vor ihm dröhnte vom Bass der laut aufgedrehten Musik. Da musste er sich keine Sorgen machen, entdeckt zu werden. Alex fiel zurück auf die Ladefläche und versuchte, es sich mit dem Kopf auf dem Reservereifen etwas gemütlich zu machen. Er blickte nach oben: Trotz der rasenden Fahrt sah er die Sternbilder wie auf dem Atlantik tröstlich und stabil über sich. Ihn überfiel eine tiefe Sehnsucht nach der Ruhe auf See, kurze Zeit später fielen ihm die Augen zu. Als der Wagen ruckend an einer Ampel hielt, erwachte er. Sie waren mittlerweile mitten in Castries. Links sah er den Hafen mit zwei wie Tannenbäume erleuchteten Kreuzfahrtschiffen, die zum Sightseeing vor der Stadt lagen. Immer noch dröhnte die Musik aus der Fahrerkabine, der Fahrer und Männer auf der Straße riefen sich Dinge zu, die er nicht verstand. Sie verließen die Stadt Richtung Norden. Erwartungsgemäß wurden die Kurven hier weniger, auch wenn die Fahrt immer noch beschwerlich und bei der Fahrweise seines Chauffeurs fast unerträglich war. Aber schließlich konnte er sich nicht beschweren. Die beiden wussten nichts von ihrem blinden Passagier und waren auf dem besten Wege, ihn wieder im Norden der Insel abzusetzen.

Alex machte sich Gedanken über das kurze Gespräche, das er in dem Haus mit angehört hatte. Wer war das Christkind? Was war das Geschenk? Hatten die Leute über Drogen gesprochen, und wenn ja, wo sollte die Lieferung übergeben werden?

Im Norden der Insel gab es nicht viele Plätze zum Anlegen, das war der touristisch am besten erschlossene Teil. Kaum jemand würde wohl gerade hier auf die Idee kommen, Drogen umzuladen. Es wurde heller auf der Ladefläche und Alex sah über die Seite: Das blaue Eingangstor der Marina flog vorbei. Der Wagen verringerte seine Fahrt einige hundert Meter weiter und bog mit leichtem Schlingern langsam auf den staubigen Weg hinter dem Werftzaun ein. Das Tor wurde geöffnet als sie näher kamen und der Wagen nahm in einer kleinen Staubwolke direkten Kurs auf die Tankstelle am Hafen, wo die Yachten ihren Diesel bunkerten. Als der Toyota stehen blieb, zog Alex schnell wieder die Plane über sich und wartete, bis die beiden Türen zugeworfen wurden und sich die Schritte und Stimmen seiner Fahrer entfernt hatten.

Alex schob die Plane vorsichtig zur Seite, links und rechts neben ihm standen aufgepallte Schiffe. Er sprang von der Ladefläche und versteckte sich im Dunkeln hinter einem der Kiele. Der Boden war übersäht mit leeren Farbdosen, harten Pinseln und alten Matratzen. An der Tankstelle lag eine Motoryacht, alle Decks waren hell erleuchtet und es herrschte rege Betriebsamkeit, offensichtlich machte man sich zum Auslaufen bereit. Die beiden Schwarzen aus seinem Toyota wechselten einige Worte mit einem Mann unten an der Gangway, der hob die Hand zum Abschied und ging hinauf. Die Gangway wurde eingezogen und mit dumpfem Dieselbrummeln, das fast nicht zu hören war, glitt OCEAN LORD aus der Hafeneinfahrt. Der Name der Yacht prangte erhaben an der Seite des Aufbaus und wurde dezent von hinten beleuchtet. An der Heckreling knapp über der Wasseroberfläche stand eine Frau im dunklen Abendkleid, ebenfalls indirekt angeleuchtet von den zahlreichen versenkten Strahlern knapp über dem Teakdeck, die das Ganze noch pompöser erscheinen ließen. Die gläsernen Salontüren nach achtern waren aufgeschoben und gaben über ihr einen Blick auf das luxuriöse in teurem Holz und Leder gehaltene Interieur frei. Gerade trat der Mann mit zwei Drinks in der Hand hinaus, dann verschwand das Schiff hinter den Palmen. Es war der

Mann, den Alex noch vor einer Stunde mit dem Koffer im Haus der Drogenmafia gesehen hatte.

Als der Toyota das Werftgelände verlassen hatte, traute Alex sich aus seinem Versteck. Außer den fünf Jeeps, die weit hinten zwischen den Schiffen geparkt waren, war alles andere unwirklich wie ein Traum und vollständig ohne Spur verschwunden. Es war dunkel, die Zikaden zirpten, und aus der kleinen Holzhütte an der Einfahrt zur Werft klangen die Geräusche eines Fernsehers. Sonst war nichts zu hören. Er sah sich um. Im Dockyard Pub am unteren Ende des Werftgeländes neben der Tankstelle brannte die bunte Weihnachtsbeleuchtung. Er musste nachdenken und ging hinüber. Außer dem schwarzen Barmann hinter dem Tresen saß nur noch ein völlig betrunkener Yachtie dort, der von seinen Geschichten auf See erzählte. Alex setzte sich an das andere Ende der Bar und bestellte ein Bier. Erst jetzt merkte er, dass er schon seit Stunden weder etwas gegessen noch getrunken hatte. Das erste Bier hinterließ sofort schwere Spuren. Er bestellte ein Sandwich und eine Flasche Wasser; der Barmann sah ihn finster an, wahrscheinlich wollte er lieber Feierabend machen. In der Bar und über den Tischen brannten noch alle Lampen, die aus Palmenblättern geflochtenen Lampenschirme schwankten im Passat. Die Luft war ungewohnt trocken, schon seit Wochen hatte es im Nordteil der Insel nicht mehr nachhaltig geregnet. Unter der hölzernen Terrasse mit ihren leeren Tischen und Stühlen plätscherten kleine Wellen an die Uferbefestigung.

Alex bestellte sich ein neues Bier, versuchte sich zu entspannen und das Geschehene zu einem Ganzen zusammenzufügen. War er wirklich einfach in ein Privathaus eingestiegen, hatte dessen Besitzer belauscht und war dann als blinder Passagier hierher gefahren? Rein rechtlich war es Hausfriedensbruch, sogar Einbruch, was er bis jetzt getan hatte. Vielleicht waren es nur reiche Amerikaner, die sich mit bewaffneten Bodyguards umgaben und jetzt zu einer Kreuzfahrt aufbrachen. Wer würde ihm wohl eine andere Geschichte glauben? Er sah an sich herab. Die ehemals beigen Shorts waren fleckig, fast dunkelbraun, seinem dunkelblauen Polohemd waren die Strapazen nicht anzusehen. Wohl aber seinen Beinen und den Armen: Ringsherum waren sie abgeschürft und an den Prellungen geschwollen. Bis jetzt hatte er keinen Gedanken an einen Plan verschwendet, wie er es gewohnt war, stattdessen hatte er nur reagiert. Immer nur auf eine neue Situation reagiert, wenn sie kam. Er hatte das alles aber auch nicht geträumt. Der Mann auf dem Atlantik hatte einen Einschuss im Kopf gehabt und sein Taxifahrer hatte ihn nicht zufällig an dieser Stelle abgesetzt. Das war alles geplant gewesen. Ben, Maleicas Bruder, war der beste Beweis. Allein das Kennzeichen des Wagens hatte ihn schon in Panik versetzt. Mit dem Rauschgift, das die Kolumbianer hier angeblich umschlugen, hatte er nichts zu tun gehabt. Das würde ganz woanders ablaufen. Nicht in der Marina, so hoffte Alex jedenfalls. Langsam kehrte er mit seinem Blick wieder aus der unscharfen Ferne zurück, in die er bisher gestarrt hatte. Die Schemen und Umrisse wurden wieder deutlich. Keinen Meter vor ihm stand der Barmann und gaffte ihn an. Zwischen ihnen stand sein Sandwich auf dem Tresen.

»Oh ja, danke, vielen Dank«, stammelte Alex, und der Barmann wandte sich ab. Er ging in eine unbeleuchtete Ecke, ließ ihn jedoch von dort nicht aus den Augen.

Alex sah zu den Masten in der Marina. Die Flaggen am Vorstag von JOHANNA fehlten zwischen den anderen, sie hatten sich wohl schon auf den Weg nach Union gemacht, um ihren Urlaub zu genießen. Um alles zu vergessen. Kein schlechter Gedanke. Auf jeden Fall waren Jan und Tina erst einmal weg und konnten nicht mehr in Gefahr kommen. Vielleicht hätte er mitfahren sollen, sinnierte er, einfach weg. Aber auch die Möglichkeit mit Harry gemeinsam Weihnachten zu verbringen, behagte ihm nicht. »Was für ein Gedanke!«, sagte er leise zu sich, »was für Kapriolen das Gehirn macht. Mensch, Alex, du steckst mitten drin und träumst von Weihnachten. Wach auf! Das ist kein Traum, so sehr du es auch willst. Das ist alles Realität.« Ebenso wie das schwarze Mädchen auf dem Schiff, dachte er. Ihr trauriges Gesicht war wieder vor seinem inneren Auge erschienen, als er Maleica das erste Mal sah. Sie waren sich so ähnlich, wahrscheinlich sogar fast gleich alt. Er wischte das Bild fort und konzentrierte sich auf sein Sandwich. Die Menschen in dem Haus erschienen jetzt wieder vor ihm, allerdings eine Stufe klarer. Er versuchte seine Gedanken zu ordnen: Das war kein normales Gespräch gewesen, da war er sich sicher. Was bedeutete zum Beispiel TC? Welches Geschenk vor TC? Niemand unterhielt sich so. Und das Notizbuch – auch das war keine Einbildung gewesen. Mitten auf dem Atlantik gefunden, fast dafür umgebracht worden und jetzt hatte er es wieder gesehen, auch wenn er nicht hineingeschaut hatte. Trotzdem war er sicher, dass es das Buch war.

»Bis' du auch mit dem ARC 'rübergekommen?«, versuchte der Mann am anderen Ende der Bar ein Gespräch, »schöner kurzer Trip, sei froh!«

Alex betrachtete den Mann. Er hatte einen zerzausten roten Bart und eine verbrannte und aufgedunsene Gesichtshaut. Er sah so aus, als würde er schon einige Jahre auf der Insel festhängen.

»Im Leben eines Schiffseigners gib's nur zwei glückliche Momente«, lallte er weiter, »wenn er's kauft und wenn er's wieder verkauft! Haha! Wenn er's wieder verkauft! Hahaha! Will's du meins kaufen?«

Er trank einen kräftigen Schluck aus dem Glas vor ihm und lachte und röchelte tief aus den Bronchien vor sich hin. Ihm gefiel sein Witz wohl ausgezeichnet, oder es war einfach Verzweiflung. Der Mann steckte sich eine Zigarette an. Alex nahm sich den Caribbean Compass, der kostenlos für alle Besucher auf den Inseln auslag, und blätterte teilnahmslos darin herum, um einem weiteren Gespräch mit Brian, wie er sich unterdessen vorgestellt hatte, zu entgehen. Eigentlich musste er nachdenken. Er würde in ein Hotel gehen und nachdenken. Alex war gerade dabei die Zeitung wieder fortzulegen, als ihn die Headline fesselte.

»TCMP startet 2003!«, starrte ihn die Schlagzeile an. Alex las weiter: Der Tobago Cays Marine Park würde 2003 für alle Besucher kostenpflichtig. Tobago Cays – TC! schoss es ihm durch den Kopf. Die kleine, unbewohnte Inselgruppe im Süden der Karibik in den Grenadinen war das Ziel. Natürlich. Da wollte die Motoryacht also hin. Vielleicht hatten sie nicht über Drogen gesprochen, aber zumindest über die Tobago Cays. Sie waren auf dem Weg nach Süden und es war der Mann an Bord, der sein Notizbuch hatte, da war er sicher. Die Tobago Cays waren nicht weit, er kannte die Route. Aber er saß hier fest, in dieser verfluchten Bar, und JOHANNA war bereits unterwegs. Zum Glück, dachte er. Er wollte nicht, dass Tina mit in diese Geschichte hineingezogen wurde. Das hier war seine Baustelle. Er sah zu Brian hinüber, der wieder grübelnd über seinem Glas zusammengesunken war.

»Sag mal, Brian, bist du eigentlich mit dem Dingi hier?«, fragte er freundlich.

Was er vorhatte, war auch nicht gerade ehrenhaft, und Rudi würde es ihm bestimmt nicht verzeihen. Dazu kannten sie sich nicht lange genug. Alex würde ihm einen Brief in den Briefkasten stecken, in dem er die Geschichte erklärt. Und er war gewillt, die Konsequenzen für sein Handeln zu tragen. Jetzt brauchte er erst mal dringend dieses Schiff und konnte keine Fragen nach dem »Wofür« gebrauchen.

* * *

Mit einem großen Schritt landete Alex auf der mit rutschfester Beschichtung versehenen Badeplattform des Katamarans. Das Boot war erst vor kurzer Zeit aus einer Charterflotte auf Martinique hierher gekommen. Auf dem kleinen Spiegel des Backbord-Rumpfes stand in blauen Buchstaben der Name CORROSSOL, darunter waren noch die Umrisse des Heimathafens zu sehen, dessen Buchstaben bereits abgezogen waren: FDF für Fort de France auf Martinique. Alex schwang sich am Bimini-topp in das große, leere Cockpit und verharrte. Auf dem Steg gab es keine Bewegung, lediglich auf der amerikanischen Yacht einige Boxen weiter waren die harten Bildwechsel des Fernsehers hinter den geschlossenen Gardinen sichtbar, wie immer lief die Maschine, um das Schiff mit der nötigen Energie zu versorgen. Er sah sich um: Das Marinagebäude war dunkel bis auf ein Büro, auch der Bosuns Chair, die Bar im ersten Stock, war bereits dunkel und hatte die Läden geschlossen. Niemand würde das Verlassen des Hafens bemerken. Alex ging auf den freistehenden Steuermannssitz zu und griff unter das blaue Polster. Er grinste. »Danke Rudi«, sagte er leise. Das würde ihm langes Suchen ersparen. Offensichtlich waren Mechaniker an Bord, die Reparaturen an dem Schiff vornahmen. Am Abend wurden dann die Schlüssel gar nicht erst wieder ins Büro gebracht, sondern blieben an Bord. Er ging zum Kartentisch und schrieb eine kurze Erklärung für Rudi, faltete sie zusammen und sprang an Land. Im Laufschritt trabte er zu Rudis Büro und schob den Zettel unter der Tür durch. »Danke Rudi«, murmelte er noch einmal. Als er dem Steg näher kam, hielt er inne. Hatte er nicht jemanden an dem Katamaran gesehen? Alex blieb stehen und sah sich um. Alles blieb ruhig, wahrscheinlich spielte seine Phantasie ihm unterdessen Streiche. Wundern würde es ihn nicht, obwohl er ziemlich sicher war, auf dem Steg eine Bewegung gesehen zu haben. Je näher er kam, desto mehr beruhigte er sich wieder. Alles war wie vorher, vielleicht war es bloß ein streunender Hund gewesen.

Mit schrillem Pfeifen erwachten die Instrumente zum Leben, laut röchelnd sprang die eine Maschine an, an der anderen Seite brauchte er einige Versuche, ehe überhaupt der Starter drehte. Schließlich plätscherte auch hier das Kühlwasser zwischen die leeren Charteryachten. Alex fluchte leise vor sich hin. So laut erschienen ihm die Motoren nur, wenn man besonders leise sein wollte. Man würde ihn in der gesamten Marina hören, aber egal. Er sah nicht einmal auf, als er mit einigen Handgriffen die Achterleinen löste, der Katamaran trieb quietschend auf die Fender an seiner Leeseite, die an der Nachbaryacht hingen. Alex sah schnell über die Reling: alles in Ordnung. Er warf die Vorleinen und die diagonal verlaufenden Springs los und sprang zurück ins Cockpit. Ein dumpfes Poltern kam aus den Tiefen des Maschinenraums, als er den Ganghebel der Steuerbordmaschine nach vorn schob. Mit unangenehmem Scheuern schob sich der Katamaran aus der Box und drehte die Bugspitzen Richtung Hafeneinfahrt. Alex drückte auch den zweiten Ganghebel nach vorn, die Maschine kuppelte ein und willig nahm das Schiff Fahrt auf.

Augenblicklich wehte der warme Fahrtwind durch den Spalt zwischen der fast mannshohen Kajüte und dem Biminitopp. Die spärliche Beleuchtung der Marina und der Mond erhellten schwach die beiden weißen Bugspitzen, die in den Kanal hineindeuteten, der zur Ausfahrt führte. Alex überkam ein seltsam heimatliches Gefühl, wie es sich immer einstellte, wenn sich ein Schiff von der Wohnung im Hafen in eine See gehende Yacht verwandelte. Alle Dinge an Bord erfüllten jetzt einen anderen Zweck, waren nicht mehr Möbel zum Wohnen und Fenster zum Heraussehen, sondern Teil der Yacht, die mit dem Meer zu arbeiten bereit war. Trotz der kritischen Situation erfüllte es Alex mit einer Euphorie, die ihn fast ein wenig berauschte, als er das gewaltige Schiff durch den Pulk der im Hafenbecken ankernden Yachten lenkte. Dieses Gefühl kannte er aus keiner anderen Situation in seinem Leben, nicht vom Autofahren und auch nicht von kleineren Schiffen. Hier wärmte es richtig seine durch die Ereignisse in den vergangenen Wochen angeschlagenen Nerven. Andere Segler hätten diese Situation wahrscheinlich als bedrohlich empfunden oder wären gar nicht erst nachts alleine ausgelaufen. Alex beruhigte es, hier war er zu Hause, er kannte sich aus. Mit der rechten Hand schob er langsam die Gashebel vor und zurück, um die Arbeit des Ruders zu unterstützen. Die linke Hand lag auf dem mit Leder bespannten Lenkrad, das beruhigend im Takt der Maschinen vibrierte.

Der kleine Leuchtturm blinkte zweimal, dann war die Nacht wieder schwarz. *Blinkblink*, wieder dunkel. Alex lenkte den Kat ein wenig nach Steuerbord, die Kompassrose drehte sich träge unter der Nadel und blieb bei 250 Grad stehen. Wieder blinkte der Leuchtturm, diesmal deutlich neben dem linken Bug. Alex brummte zufrieden und schaltete mit einem Druck auf die ON-Taste den Autopiloten an. Er stellte sich noch einen Augenblick hinter den Sitz und sah zu, wie sich das Ruderrad wie von Geisterhand drehte und so genau Kurs hielt, wie es wohl kaum ein Steuermann kann. An den schmalen Griffen schob er die große Plexiglastür auf, ging zum Kartentisch und knipste das rote Licht an. Mit einem Griff zog er die Kunststoffhülle mit den Seekarten und dem Revierführer hervor und lächelte unwillkürlich. Jedes Schiff hat irgendwie die gleiche Ordnung, dachte er, wie in einem gut sortierten Werkzeugkasten. Die Menschen, die einen umgeben und mit denen man segelt, haben alle fast das gleiche System und benutzen die gleichen Navigationsmittel. Mit zwei gespreizten Fingern maß er grob die Länge der zu segelnden Strecke ab. Bis zu den Tobago Cays waren es etwa 90 Meilen vorbei an der Westseite von St. Lucia, St. Vincent und schließlich Bequia, oder *Bäquäi* wie es die Einheimischen aussprachen, bis er in die Inselgruppe der Grenadinen kam. Dem Traumrevier der Chartersegler und Aussteiger, in dem sich auch das flache Horseshoe-Reef befand, hinter dem die Tobago Cays geschützt vor den Wellen des Atlantik lagen.

War man wie Alex die Tidenreviere der Nordsee mit ihren tückischen Strömungen gewöhnt, war das Revier hier wirklich einfach zu segeln. Alex würde keine Hilfe brauchen. Der Wind kam mit fast hundertprozentiger Wahrscheinlichkeit aus Ost oder Nordost und die nächsten Inseln waren zumeist schon am Horizont auszumachen, wenn man die letzte gerade verließ. Geankert wurde in der Karibik immer bei ablandigem Wind in Lee der Inseln auf gut haltendem Sandgrund und einer Wassertiefe, die man sich in der Bucht aussuchen konnte. Zwar war jetzt um die Weihnachtszeit Hochsaison und die Inseln relativ voll, aber selbst das war kein Vergleich mit den Anlegemanövern in den kleinen Häfen in Dänemark oder der Navigation in Schweden, wo man wie ein Luchs auf die unter Wasser lauernden Steine achten musste. Alex rief sich noch einmal die Grundregel der Navigation in der Karibik vor Augen. Die Riffe waren zumeist leicht zu sehen, so lange man bei Tageslicht unterwegs war: Alles Wasser über 15 Meter war dunkelblau und perfekt zum Segeln, die Buchten mit flacherem Wasser zum Ankern türkis und die Riffe braun-gelb. Netterweise war die Stufe der

Gefährlichkeit deutlich nach Farben sortiert. Aber wehe, man war im Dunkeln unterwegs, oder die Sonne verschwand hinter den Wolken: Dann war Schluss mit der Deutlichkeit, aber bis dahin wollte er auch schon in den Cays sein.

Das kleine Leuchtfeuer war in sicherem Abstand an Backbord von Corrossol vorbeigezogen, Alex korrigierte den Kurs am Autopiloten auf 230 Grad. Die nächsten zwanzig Meilen ging es im Schutz der Insel unter Maschine nach Südwesten, bevor der Passatwind ein Segeln erlauben würde. Der Passat kam immer aus Osten, Alex aber war im Westen der Insel. Dazwischen waren hohe Berge, die Wind und Wellen erst einmal fernhielten. Alex sah auf die Uhr: Es war viertel nach zwei, bei der jetzigen Geschwindigkeit würde er drei Stunden Ruhe haben, bevor er die Segel setzen würde. Er nahm sich eine Decke aus dem Salon und ging vorsichtig aufs Vorschiff. Mit einem wohligen Seufzer legte er sich in das Trampolinnetz, das die beiden Rümpfe miteinander verband. Im Takt der von hinten einlaufenden Dünung, die aus dem Atlantik kommend von der Nordspitze abgelenkt hinter die Insel lief, wurde er rhythmisch in das Netz gedrückt und wieder angehoben. Das war sein Lieblingsplatz. Das Dröhnen der Maschinen war hier genauso unhörbar wie die Gespräche der Crew, wenn eine an Bord war. Unter ihm nur das Rauschen und Plätschern der beiden Bugwellen und nichts um ihn herum bis zu den Sternen, die als glitzernde Punkte auf einem pendelnden Teil des Himmels über ihm standen. Er zog die Decke über seinen Kopf, die Geräusche blieben draußen und seine Umgebung entfernte sich auf leisen Sohlen von ihm. Nach kurzer Zeit waren seine Gliedmaßen bleischwer, er konnte in das Geschehen nicht mehr eingreifen und schlief ein.

Nach einer Stunde weckte ihn das Piepen seiner Uhr, er musste den Kurs kontrollieren. Alex sah sich um, alles wie vorher, links die Insel, rechts die Karibische See. Schnell ging er nach hinten und kontrollierte die Instrumente. Die Maschinen liefen perfekt, die Tankanzeigen standen auf voll. Selbst unter Maschine könnte er also bequem bis in die Tobago Cays fahren. Am Kartentisch las er die Position vom GPS ab und trug sie als kleines Kreuz in die Karte ein, der Kurs war richtig, der Autopilot arbeitete auf das Grad genau. Gerade wollte er sich umdrehen, als er eine kalte Hand spürte, die ihm sanft über das linke Bein strich. Kurz darauf eine zweite auf der anderen Seite an seiner Brust und ein Körper schmiegte sich von hinten an ihn an. Er spürte kleine Brüste an seinen Schulterblättern und wie ein schlankes Knie sich vorsichtig zwischen seine Beine schob. Langsam drehte er sich um.

»Maleica«, hauchte er.

»Nimm mich mit dir«, sagte sie leise, »fort von der Insel.«

Alex brachte gerade noch ein schwaches »Warum?« hervor, aber sie sah ihm in die Augen und legte ihm einen Finger auf die Lippen. »Schsch«, machte sie bloß und schob ihre schlanke Hand zwischen seine Beine. Augenblicklich spürte er, wie sich seine Hose spannte. Langsam öffnete sie den Reißverschluss ihrer schwarzen Kunstlederweste und führte seine Hand zu ihren Brüsten. Alex war wie betäubt, als er die stramme Wölbung unter seinen Fingern spürte. Sanft schob er die Weste von ihren Schultern, während sie seine Hose öffnete. Ihr schlanker Körper hatte etwas knabenhaftes, die dunkelbraune, fast schwarze Haut glänzte unwirklich im Licht des Kartentischs. Er umfasste wieder ihre Brüste, während er spürte, wie die Hose auf seine Füße fiel. Mit beiden Händen hielt sie seinen erregten Schwanz und bewegte die Vorhaut langsam vor und zurück. Schließlich drehte sie sich um und legte den Oberkörper auf den Kartentisch. Alex öffnete den Reißverschluss ihres schwarzen Rocks und ließ ihn ebenfalls nach unten gleiten. Maleica trug keinen Slip, ihr schlanker Körper stand nahtlos braun wie aus dunkler Schokolade gegossen vor ihm. Mit beiden Händen knetete er ihr zart das Gesäß, worauf sie ihren Rücken zu einem Hohlkreuz durchbog. Er ließ seine Hand leicht zwischen ihre Pobacken gleiten, fast automatisch fanden sie ihren Weg zwischen die Oberschenkel. Er merkte wie sich ihr Körper spannte, als er mit einem Finger zwischen ihre feuchten Schamlippen glitt. Sie war erregt wie er und so nass, dass er seinen Finger in sie eindringen ließ. Sie stöhnte kurz auf und legte den Kopf auf den Kartentisch, als er ihren Kitzler fand und mit dem Mittelfinger massierte.

Mit einer Hand umfasste sie seinen heißen Schwanz.

»Komm«, sagte sie leise.

Alex trat an sie heran und ließ sein Glied in sie hineingleiten, ihre nassen, rosa Schamlippen sahen dabei fast aus wie eine offene Wunde, die in der schwarzen Haut glänzte. Erst langsam und schließlich immer schneller stieß er seinen Schwanz in sie hinein; Maleica stöhnte jedes Mal leise auf, wenn er in sie eindrang. Vor Alex' Augen verschwamm die Realität, das Brummen der Diesel, seine Verletzungen, die letzten Tage und Wochen verkochten in seinem Gehirn zu einer einzigen Suppe aus Verlangen und Vergessen. Schließlich wurde seine Lust zu stark und er explodierte in ihrer heißen Scheide. Maleica schnappte nach Luft und schrie schließlich gellend auf, ihr Rücken war durchgebogen als müsste er brechen, während Alex spürte wie sich ihre enge Scheide im Orgasmus noch fester um seinen Penis schloss. Alex blieb in ihr, stellte sich dicht an ihre strammen Backen, sodass er die kühle Haut an seinen Leisten spürte. Mit beiden Händen griff sie nach hinten und führte seine Hände an ihre Brüste. Mit den festen kleinen Kugeln in der Hand ließ er sich auf sie sinken und gemeinsam hoben und senkten sie sich im Takt der Wellen auf dem Kartentisch.

* * *

Alex wachte auf, als ihn die hoch geschleuderte Gischt traf und bis auf die Haut durchnässte. Eine wütende Schauerböe fegte um die Südseite der Insel und tauchte das Wasser ringsherum in ein weißes, rauschendes Nichts. Bei jeder Welle hoben sich die Bugspitzen weit aus dem Wasser, um ins nächste Wellental wieder tief hineinzufallen. Hilflos rollte er auf dem Trampolin hin und her, ehe er schlaftrunken Halt fand und sich unsicher schwankend auf die Beine stellte. Das Schiff bockte unter ihm wie ein Rodeopferd. Mühsam kletterte er auf allen Vieren über das Trampolin, nahm die nasse Decke mit, die der Wind um den Mastfuß gewickelt hatte, und ging gebückt nach achtern.

Das Schiff machte stampfend langsame Fahrt gegen die See. Als er unter dem Biminitopp hindurch ins Cockpit stieg, sah er Maleica zusammengerollt mit einer Decke unter dem Cockpittisch liegen. Er beugte sich zu ihr und legte seine Hand auf ihre Stirn, neben ihr zeugte eine Lache von Erbrochenem davon, dass sie seekrank war.

Er blickte auf das Windanzeigeinstrument. Der Passat hatte an der Südspitze der Insel auf über 20 Knoten aufgefrischt. Alex fiel mit dem Autopiloten zwanzig Grad weiter ab und rollte die Genua aus. Während er die Schot mit der Winsch auf dem Kajütdach dichtholte, beruhigten sich die Bewegungen des Schiffes augenblicklich. Er stoppte die Maschinen, die eintretende Stille bis auf das rhythmische Rauschen des Heckwassers entspannte ihn. Allein mit dem Vorsegel machte er fast sieben Knoten. Am Kartentisch setzte er mit dem sorgfältig angespitzten Bleistift ein kleines Kreuz für seine Position in die Seekarte. Mit den Fingern griff er die verbleibende Strecke ab – knapp 70 Meilen. Unter Segeln würden sie wahrscheinlich noch vor Sonnenuntergang bei den Tobago Cays sein. Die OCEAN LORD mit ihren großen Maschinen war wahrscheinlich schon da. Einerseits hoffte er, rechtzeitig dort zu sein, andererseits war er irgendwie auch gar nicht scharf auf die Begegnung mit Leuten, die ihn wegen eines Notizbuches zusammenschlugen. Was er mit Maleica machen sollte, wusste er nicht. Er hatte sie in eine der Achterkabinen verfrachtet und in eine Decke gehüllt. Dankbar hatte sie ihre Arme um seinen Nacken gelegt und »hilf mir« in sein Ohr gehaucht. Ihr Gesicht war grünlich eingefärbt, er konnte ihr nur etwas Wasser geben und auf ruhigere See warten. Für die nächsten Stunden auf dem offenen Atlantik konnte er nichts für sie tun.

Alex holte das Satellitentelefon aus seinem Rucksack und schaltete es ein. Ja, er war Rudi wirklich sehr zu Dank verpflichtet. Wenn das hier alles gut geht, werde ich mir was für ihn einfallen lassen, dachte Alex. Das grünliche Display des geliehenen Mobiltelefons leuchtete schwach. Nach zwei Ruftönen wurde der Anruf auf der JOHANNA entgegengenommen.

»Hallo! Alex hier.«

»Hier ist Denis«, sagte sein Gesprächspartner.

»Ist Jan in der Nähe?«

»Nein, der ist an Land«, antwortete Denis, »wie geht es bei dir?«

Alex fiel es schwer, seine Enttäuschung zu verbergen. Ausgerechnet mit Denis wollte er nicht sprechen. Seine Art kam ihm falsch vor, als wollte er ihn aushorchen.

»Alles in Ordnung«, sagte er, »ich bin auf dem Weg nach Süden. Wo seid ihr im Moment?«

»Immer noch in Union«, antwortete Denis, »brauchst du uns?«

»Nein«, sagte Alex, »alles in Ordnung. Ich will in die Tobago Cays. Sag Jan, er soll mich anrufen.«

»Mach ich, viel Glück!«

»Danke!« Er legte auf.

Das Gespräch war extrem enttäuschend für ihn gewesen. Tröstende Worte von Jan, das war's, was Alex jetzt gebraucht hätte. Einen Freund. Aber nicht das aalglatte Gespräch mit Denis. Er sah aus dem salzverkrusteten Salonfenster. Direkt an der Südspitze von St. Lucia stieg die morgendliche Sonne aus dem Meer in den unterdessen wieder karibisch blauen Himmel. Trotz aller Schwierigkeiten würde sich auch dieser Tag wieder in einen Traumtag verwandeln. Auch das war ein Trost.

* * *

Rudi sah Patrick tief in die Augen. Sein Gesicht verriet fast keine Regung. Er hatte sich weit in seinem alten, blauen Bürostuhl zurückgelehnt, dessen Stoffkanten über die Jahre in der Karibik glänzten und fast schwarz geworden waren. Mit den Fingern bearbeitete er sehr langsam die Schaumstofflehnen, an deren Spitzen bereits rostiger Stahl zum Vorschein kam.

»Du machst Witze, oder?«, fragte Rudi wieder.

»Keinesfalls, CORROSSOL ist weg, oder jedenfalls nicht in ihrer Box.«

Rudi versuchte, sich immer noch nichts anmerken zu lassen. Das war typisch für ihn: kein Ärger, keine Falte, nichts.

»Scheiße!«, sagte er scheinbar emotionslos und schwieg eine Weile.

Patrick wurde die Situation langsam ungemütlich. Wenn Rudi einen so ansah, hatte man fast das Gefühl, dass er einen selbst in Verdacht hatte.

»Irgendeiner der Mechaniker mit ihr an der Tankstelle?«

»Die sind alle auf dem Steg.« Dass sie alle an der Lücke standen und debattierten, verschwieg Patrick.

»Also geklaut.« Rudi zog die Augenbrauen etwas hoch, sonst blieb sein Gesicht starr.

»Vermutlich.«

»Weißt du, wer sie geklaut haben könnte?«

»Nicht die geringste Ahnung.«

Rudi drehte sich mit dem Bürostuhl zu der Termin-Stecktafel hinter sich um und beugte sich vor.

»Die Chartergäste kommen erst nächste Woche. Sechs Mann aus Deutschland«, sagte er, »jetzt müssen wir erstmal ein Schiff irgendwo herbekommen.«

Er drehte sich wieder zu Patrick um und hatte die Fingerspitzen aneinander gelegt. Wortlos sahen sie sich einen weiteren Moment an.

Ein Geräusch ließ sie beide aufhorchen. Kathrin war aus dem Vorraum zu ihnen nach hinten gekommen.

»Ich glaube, das hilft euch weiter«, sagte die schlanke Frau im Türrahmen. Sie und Rudi hatten sich hier vor Jahren kennen gelernt. Sie jobbte auf großen Yachten, er war mit einer kleinen Yacht hier hängen geblieben, mit der er eigentlich eine Weltumseglung machen wollte. Aber dann ging das Geld aus und unterdessen hatten sie Kinder. Das war nun schon einige Jahre her. Sie hielt den handgeschriebenen Zettel hoch, den sie zwischen der Post gefunden hatte.

»Unser Freund Alex entschuldigt sich für die morgendliche Überraschung«, sagte sie. »Kein Wort wo er hin ist. Nur, dass wir ihn verstehen würden, wenn er es uns später erklärt.«

»Verstehen fällt mir im Moment schwer!«, schnaubte Rudi und verbarg nun nur noch mühsam seinen Ärger.

»Alex!«, sagte Patrick leise. Er saß wie eine Marmorstatue auf seinem Holzstuhl. Jegliche Farbe war aus seinem Gesicht gewichen und er fror trotz der weit über 30 °C in Rudis Büro. Sein Körper und sein Geist hatten sich einige Zehntelsekunden voneinander entfernt. Er musste sich anstrengen zu sprechen, seine Stimme war zeitversetzt zum Denken und schien von weit herzukommen.

»Er legt sich mit den falschen Leuten an«, sagte er leise.

»Wovon redest du?«, fragte Rudi, »kennst du ihn?«

Kathrin und er sahen ihn ernst an. Man konnte ihre Sorgen förmlich von ihren Gesichtern ablesen. Kathrin hatte drei Glas Wasser auf den Tisch gestellt und langsam hatte Patrick angefangen zu erzählen. Von seinem Besuch bei der JOHANNA, dem Gespräch mit Jan und dass er schließlich Joseph nach den Geschwistern in Gros Islet gefragt hatte. Vor einer kleinen Holzhütte mit einer Ziege im Garten waren sie stehen geblieben. Joseph ging zuerst allein hinein und kam mit einer schlanken, schwarzen Frau wieder heraus in den Schatten des Vordachs der kleinen Veranda. Trotz der grimmigen Zwischenrufe ihres Bruders hatte Maleica schließlich die Geschichte erzählt: Dass sie Alex im Graben gefunden hatten, dass man ihn zusammengeschlagen und das Notizbuch gestohlen hatte und dass er Ben gebeten hatte, ihn in die Berge zu fahren. Als sie zu dem Punkt kam, dass Ben ihn dort allein gelassen hatte, war ihr Bruder ruhiger geworden. Ben hatte sich ein Bier aufgemacht, den Fernseher eingeschaltet und geschwiegen.

»Mein lieber Mann«, sagte Rudi am Ende von Patricks Erzählung, »was sind das für Leute?«

Kathrin hatte sich unterdessen auf eine Tauwerkrolle neben dem Schreibtisch gesetzt.

»Willst du's wirklich wissen?«, fragte Patrick. »Wahrscheinlicht weißt du's, bist ja schon ein paar Tage hier.«

Rudi sah Kathrin an, dann nickte er fast unmerklich.

»Drogen«, sagte Patrick, »wahrscheinlich Kolumbianer.«

»Scheiße«, sagte Rudi mit Überzeugung und sah durch die offene Regalwand in den Vorraum des kleinen Charterunternehmens, in dem sich zwei muskulöse Schwarze eingefunden hatten. Sie trugen schwarze Kleidung und hatten trotz des dämmerigen Lichts ihre Sonnenbrillen aufbehalten.

»Die Bullen haben mir gerade noch gefehlt«, seufzte Rudi auf Deutsch, »du gehst jetzt lieber. Da müssen nicht noch mehr Leute dran beteiligt sein.«

Im Hinausgehen gab er Patrick die Unterlagen eines Charterschiffes und drückte ihm die Hand.

»Have fun in your holidays, Mr. Smith. See you in two weeks.«

Auf dem Gang vor der Tür hörte Patrick die vier auf Englisch sprechen. Langsam trat er unter dem schmalen Vordach in die gleißende Mittagssonne und stieg langsam die Treppe hinunter. Sein Alex legte sich ausgerechnet mit der kolumbianischen Drogenmafia an. Ausgerechnet jetzt, wo sie sich fast wieder gefunden hatten, ausgerechnet hier. Er warf die Charterpapiere durch die offene Scheibe von Rudis Geländewagen und ging über den Parkplatz davon.

16. Dezember 2002,
Anne, Karibik

Ticktickticktick-Bang machte die Antriebskette neben dem riesigen Reifen, während der sich langsam knirschend und staubend durch den Schotter wälzte. Die Zahnräder und die Kette passten nach Jahren ohne Wartung so schlecht zusammen, wie das Ritzel und die Kette eines alten Fahrrades. Die salzige Luft und der ständige Staub des Platzes hatten das ihre getan, um dem einst kräftigen Travellift, der zum Transport der Yachten auf dem Werftgelände gebraucht wurde, einen großen Teil seiner Stärke zu rauben. Viel Energie verrauchte zudem in den leckenden Hydraulikleitungen, über die die Lenkung und der Antrieb der Maschine gesteuert wurden. Der stählerne Rahmen unter dem offenen, unter einem kleinen provisorisch montierten Blech gegen den Regen geschützt stehenden Sechszylinder-Diesel war schwarz von dem Öl, das heruntertropfte. Am Ende des langsam fahrenden Lifts, direkt neben dem abgebrochenen Auspuff, stand Joseph klein hinter den Hinterrädern auf einer schmalen Plattform. Schmutzig gelbe, verschmierte Ohrschützer auf dem Kopf, lenkte er das Ungetüm an ellenlangen Stahlhebeln über den Platz. Bei jeder Richtungsänderung stöhnte die Maschine hörbar auf, die Drehzahl verringerte sich und der Auspuff hüllte Joseph in eine schwarze Dieselwolke.

»Jetzt!«, brüllte Joseph gegen den Lärm. Patrick nahm den großen Fünf-Kilo-Hammer, mit dem er neben dem Lift hergelaufen war, und schlug auf die verkeilte Kette ein. *Ticktickticktick-Bang* machte sie schließlich, der Motor atmete unter der nachlassenden Last etwas auf und das Ungetüm schob sich weiter vorwärts Richtung Slipanlage, wie das kleine Hafenbecken hieß, in dem die Yachten zu Wasser gelassen wurden. Die Sonne war schon eine Weile untergegangen und sie arbeiteten in dem fahlen Licht, das die einzige Lampe spendete, die mit ihrem schmutzigen Blechschirm die kaputten Frontscheinwerfer ersetzte. Ihr Schein tauchte die Szenerie in ein unwirkliches Licht, ein warmer rötlicher Ton, der sich schnell im Schwarz der Nacht verlor. Der Spiegel der Yacht war matt angestrahlt und der rote Name des Schiffes strahlte frisch gemalt, darunter der Heimathafen Hamburg. Der Club, in dem die kleine Yacht einmal beheimatet gewesen war, war übergemalt und durch das Yin-Yang-Zeichen ersetzt. Der Travellift blieb mit einem endgültigen Ruck über dem kleinen Hafenbecken stehen, als wäre er unwillig, sich jemals wieder in Bewegung zu setzen. ANNE schwankte seicht hin und her, bis sie unter dem Röhren des Diesels im schwachen Schein der Lampe in ihren Gurten die Wasseroberfläche erreichte. Erst tauchte der frisch gemalte Kiel und schließlich der Rumpf bis zum Wasserpass ein. Patrick kletterte die Leiter an der Betonwand hinunter und stieg an Bord. Er betätigte den versteckten Schalter in der Backskiste, die kleinen Kontrollleuchten im Brückendeck glommen dunkelorange und rot auf. Ein Druck auf den Starterknopf ließ den Starter surren, und keuchend erwachte der Diesel zum Leben. Patrick klinkte die Gurte aus dem Krangestell und winkte Joseph zu. Der winkte zurück, das Licht am Travellift erlosch und der große Motor erstarb.

»Sea-borne, meine Alte!«, murmelte Patrick glücklich und schob den Ganghebel in Rückwärtsstellung, kuppelte ein und gab Gas. Leise tuckernd schob sich die Yacht in das Hafenbecken. Patrick steuerte den Propeller um, einkuppeln, Gas, und ANNE nahm Kurs auf den schmalen Kanal der die Rodney Bay Marina von der Karibischen See trennte. Die letzten Tage waren mit so viel Arbeit voll gepackt wie selten zuvor. Er musste Alex finden, durfte ihn nicht noch einmal alleine lassen. Diesmal nicht. Schon das letzte Mal hatten ihn die Gedanken daran fast umgebracht. Immer wieder hatte er daran gedacht. Vielleicht hatte er jetzt die Chance, es wieder gut zu machen. So eine Chance bekommt man nicht zweimal. Patrick kannte die Leute, die hinter Alex her waren, nur zu gut.

Er hatte ihre Wege selbst schon einmal gekreuzt, erst in Hamburg und dann auf St. Lucia. Beide Male ging es um Leben und Tod, da gab es bei ihren Gegnern kein Pardon: Wenn man ihnen im Weg stand, oder nicht so spielen wollte wie sie, dann wurde man fertig gemacht. Er hatte Hamburg gerade noch verlassen können, ehe es ihm dort an den Kragen ging. Patrick wollte nie wieder vor etwas davonlaufen, wollte nicht mehr wissen, was er nicht wollte, sondern Ziele, auf die er zuhalten konnte. Jetzt hatte er ein Ziel. Und ANNE segelte – endlich segelte sie wieder. Er hatte das Gefühl, dass sie zielstrebiger war, schneller und kursstabiler, wenn sie wusste, wohin es ging, und sie nicht von hinten gejagt wurde. Erhobenen Hauptes und mit offenen Augen wollte er der Geschichte entgegentreten und Alex helfen. Er würde ihn nicht noch einmal im Stich lassen, auch wenn es einfacher wäre, in die Karibische See hinauszuhalten, die Windselbststeueranlage mit dem Ruder zu verbinden und nach Süden Richtung Venezuela zu segeln.

Im Niedergang fing eine kleine, rote Leuchtdiode an zu blinken, fast unsichtbar unter der Holzabdeckung für das Schiebeluk versteckt. Als hätte er darauf gewartet, sprang Patrick auf und hechtete ins Schiffsinnere. Er schob die Schranktür über dem Herd zur Seite, mit schnellen Griffen entfernte er die Kaffeebecher, Filtertüten und Teller. Er griff in den Schrank und schob die Rückwand zur Seite; dahinter kam eine weitere Tür aus Kunststoff zum Vorschein. Mit den beiden Kunststoffknebel entriegelte er die tablettgroße, graue Platte mit der massiven, umlaufenden Moosgummidichtung und löste sie von ihrem Platz. Patrick legte sie auf die Salonbank und widmete sich dem dahinterliegenden Funkgerät. Das Kurzwellengerät piepte und jaulte, nachdem er es eingeschaltet hatte. Das LCD-Display zeigte ihm die eingegebene Frequenz, auf die Kommastelle genau. Fast zeitgleich hörte er das Morsesignal PU, kurz, lang, lang, kurz – Pause. Kurz, kurz, lang – Pause, immer wieder kam das Signal mit den Anfangsbuchstaben seines Namens aus dem verborgenen Lautsprecher. Er zog das Mikrofon hervor, das mit seinem gewendelten Kabel neben das Gerät in den

Schrank geschoben war. In knappen Worten meldete er sich, während er die Trägertaste des Mikros drückte. »Coastguard, Coastguard, hier ist Patull. Coastguard für Patull, kommen.«

»Coastguard für Patull. F2, ich wiederhole F2«, kam es genauso knapp aus dem Lautsprecher zurück. Danach herrschte Stille. Patrick wechselte die Frequenz, wieder ertönte das einförmige PU aus der Küche. Patrick fing sofort wieder an zu sprechen. Kurz und knapp gab er seine Anweisungen mit dem Handmikrofon an seinen Gesprächspartner, der alles nach jedem Satz akribisch wiederholte. Trotz des professionellen Tons sprachen hier zwei Menschen miteinander, die sich schon seit Jahren kannten. Immer wieder schlug Patrick in einem Ringbuch nach, verglich Zahlenkolonnen und gab diese durch. Sein Gegenüber wiederholte geduldig, gab aber keine Anweisungen und stellte keine Fragen.

»Das war's von Patull, over.«

»Danke Patull, viel Glück, over and out.«

»Danke, over and out«, antwortete Patrick und schaltete seine Kurzwellenanlage aus. Patrick legte das abgegriffene Ringbuch oben auf das Funkgerät und steckte das Mikrofon an seinen Platz zurück. Mit geübten Griffen brachte er die Kunststoffwand wieder an und verdeckte sie mit der Rückwand. Dann räumte er geduldig seinen Küchenschrank wieder ein und schloss die abgegriffene Schiebetür. Er lehnte sich rückwärts an die massive Haltestange vor dem Gasherd und hielt sich wegen der Schiffsbewegung mit beiden Händen daran fest. Jetzt war die Sache nicht mehr zu stoppen. Bis jetzt hatte er lediglich beobachtet und seine Beobachtungen an die Amerikaner weitergegeben, die mit ihren Schiffen außer Sichtweite hinter dem Horizont lagen. Diesmal war es anders: Sie würden vielleicht nicht in Deckung bleiben. Er hatte zwar Angst, fühlte sich aber besser. Patrick öffnete das Barfach im Salontisch und wickelte die amerikanische 44er Magnum aus ihrem Lappen, der sie vor Rost und Feuchtigkeit schützte. In einem weiteren Lappen befanden sich die Magazine und die Munition. Sorgfältig schob er je acht Patronen in jedes Magazin. Er legte eins in den Handgriff der Pistole, entsicherte sie und lud einmal durch. Die erste Kugel befand sich im Lauf. Er griff nach dem Lederhalfter, der im Tisch lag, schnallte ihn sich um die Schulter und schob die Waffe hinein.

Sein fragender Gesichtsausdruck war Entschlossenheit gewichen, als er nach draußen kletterte. Wenn die amerikanische Coastguard zuschlug, und er in der Nähe war, war sein Leben keinen Cent mehr wert. Die Drogenmafia würde sofort wissen, mit wem sie es zu tun hatte. Aber es war ihm egal, seit Jahren arbeitete er daran, die Kolumbianer zu zerstören, zumindest auf St. Lucia. Genauso wie sie ihn und seinen Lebenstraum zerstört hatten, als sie ihm Anne nahmen und sein Schiff versenkten. Er war ihnen nie in die Quere gekommen, hatte sich vorsichtig bewegt und mit seinen Kontakten das kleine Grundstück am Reduit Beach direkt neben der Marina auf St. Lucia gekauft. Die Grundstücke daneben waren unbebaut und gehörten der Mafia und ihren Hintermännern, die mit den erwirtschafteten Geldern Luxushotels rund um die Erde errichteten. Wie man das machte, und mit welchen Leuten man zu tun hatte, wusste er vorher. Er hatte es in Deutschland bereits erlebt und es hatte ihn schon dort die Existenz gekostet. Auf St. Lucia dann zum zweiten Mal. Er lachte bitter: Diesmal nicht, Freunde. Diesmal geht's um alles. Ein neues Spiel und voller Einsatz für alle. Er war bereit.

Patrick hatte versucht, JOHANNA zu erreichen, als er das erste Mal funkte, aber dort hatte sich niemand gemeldet. Vermutlich war Harry noch nicht an Bord, aber der zweite Mann, den er auf St. Lucia getroffen hatte. Er erinnerte sich an den kräftigen Burschen im Beiboot, der in der prallen Sonne das blaue Gelcoat schliff. Wie hoch war das Risiko, wenn er versuchte, ihn zu erreichen? Vielleicht war es besser, wenn sie zusammenarbeiteten, sie hatten einen mächtigen Feind, auch wenn die Amerikaner den gefährlichsten Part übernehmen würden. Vielleicht wusste der Junge, was Alex vorhatte. Wie war sein Name? Patrick musste sich anstrengen, um draufzukommen. »Jan«, murmelte er vor sich hin, während er aufstand, »und Tina.«

Vielleicht würde er die beiden jetzt mit in Gefahr bringen, wenn er sie um Mithilfe bat. Sie konnten aber auch immer noch ablehnen.

Auf seinem Weg zum Kartentisch fiel sein Blick in den fleckigen Spiegel, der mit vier rostigen Halterungen an der Kajütwand hing. Er war erstaunt und musste schließlich lächeln. Sein Gesicht hatte sich geändert, die Ängstlichkeit war aus seinen Zügen gewichen und einer distanzierten Entschlossenheit gewichen. Die konnte er jetzt gut brauchen. Er stellte die UKW-Anlage, die gut erreichbar über dem Kartentisch angebracht war, auf Kanal 16. Wenn JOHANNA weiter als 35 Meilen entfernt wäre, würden sie ihn nicht hören können. Im Gegensatz zu einer Kurzwellenanlage, mit der man bei richtiger Bedienung rund um die Welt funken konnte, war die Ultrakurzwelle in ihrer Ausdehnung beschränkt und hatte nur wenige Kanäle, Kanal 16 war für Notrufe reserviert. Er setzte sich auf die hölzerne Bank am Kartentisch und nahm das kleine Mikrofon aus seiner Halterung: »JOHANNA, JOHANNA, bitte kommen!«, sagte er auf Deutsch. Der Lautsprecher neben ihm blieb stumm.

Er wartete eine Weile und versuchte es noch einmal: »JOHANNA, JOHANNA, bitte kommen für einen Freund, hier spricht ein Freund.« Er wiederholte es noch einmal und ließ sich am Kartentisch zurücksinken. Eine Welle drückte ihn mit der Schulter ans Bücherbord. Warum sollten sie antworten?, fragte er sich. Es war viel passiert, vielleicht waren sie zur Polizei gegangen, oder waren schon lange auf dem Weg zurück nach St. Lucia. Patrick wollte gerade aufgeben und das Funkgerät ausschalten, als der Lautsprecher erwachte.

»Wer bist du?«, fragte Tina ohne Umschweife, Patrick konnte hören, dass sie Angst hatte. Schließlich hatte sie mit Alex gesprochen und selbst wenn sie die Kolumbianer nicht verstanden hatte, musste ihr klar sein, dass Alex sich in großer Gefahr befand.

»Ein Freund«, sagte Patrick noch einmal und wartete. Tina meldete sich nicht wieder.

Er drückte noch einmal die Sendetaste. »Ist Jan in der Nähe?«, fragte er.

Diesmal reagierte Tina sofort. »Wer bist du?«, fragte sie wieder.

»Ein Freund von Alex, aus Deutschland. Wo ist Jan?«

»An Land, wir wollen gleich raus«, sagte sie und schwieg wieder. Patrick merkte, dass sie allein an Bord war und ihm misstraute. Er konnte sie verstehen, trotzdem mussten sie sich treffen.

»Wann wollte er wiederkommen?«, fragte Patrick.

»Warum willst du das wissen?«, fragte Tina zurück. Sie quälte sich mit ihren Entscheidungen. War hin- und hergerissen zwischen nichts sagen wollen aus Misstrauen und der Angst, eine kleine Chance auf Hilfe kaputtzumachen.

»Sag ihm bitte, er soll sich melden. Ich bin auf Stand-by.«

»Ich sag's ihm!«

Nicht ja, nicht nein, dachte Patrick. Er konnte es ihr nicht übelnehmen, nach allem was sie erlebt hatte. Hoffentlich meldeten sie sich. Es würde vermutlich einfacher werden, aber gefährlich. Patrick lehnte sich ein wenig zurück und legte den Kopf an das Bücherregal hinter ihm. Das Gurgeln der Wellen an der Bordwand war schön und beruhigte ihn.

»Hier ist Jan!«, kam die Stimme plötzlich ohne Ankündigung aus dem Lautsprecher. »Kommen, wer auch immer da ist.«

»Hallo, Jan«, antwortete Patrick, »wir haben uns auf St. Lucia getroffen und uns am Steg unterhalten. Erinnerst du dich?«

»Natürlich erinnere ich mich. Du wolltest Alex helfen. Das ist offensichtlich nicht geschehen!«, sagte Jan angriffslustig.

»Aber das will ich immer noch. Können wir uns treffen?«

»Woher weiß ich, dass ich dir trauen kann? Dafür gibt es keinen Grund.«

»Ich kenne ihn sehr gut, ich will ihm helfen«, versuchte es Patrick noch einmal, »frag mich etwas über ihn, was nur Freunde wissen können.«

Für einige Zeit herrschte Ruhe in der Leitung, dann meldete sich Jan wieder.

»Okay! Eine einzige Frage und nur eine Antwort. Wenn du falsch antwortest, hörst du nichts mehr von uns.«

»Okay«, antwortete Patrick.

»Wie heißt Alex' Onkel?«

»Patrick«, antwortete Patrick.

Patrick lächelte schwach, als er das Mikrofon an seinen Platz zurückhängte. Tina erinnerte ihn an Anne, er konnte sich vorstellen, dass sie Alexander mochte. Sie war die Art Frau, die solche Männer wie Alex und ihn mochte. Ein wenig ängstlich und ohne Rücksicht auf Verluste kämpfend, wenn es hart auf hart kam. Da schonte sich Anne nicht und Tina hörte sich auch nicht so an.

Anne war eines Tages an seinem Schiff vorbeigerudert, als er in der Marina vor Anker lag. Der Außenborder ihres Dingis war hochgeklappt und sie paddelte langsam und stetig gegen den Passat an.

»Kein Benzin mehr?«, hatte er auf Englisch gefragt, als sie nur wenige Meter neben ihm war. Sie hatte sich aufgerichtet und zu ihm rübergesehen. Ihr Blick fiel auf die deutsche Flagge an seinem Heck.

»Irgendetwas anderes, der Motor läuft. Hat nur keinen Vortrieb, Mistding!«, hatte sie auf Deutsch geantwortet und wieder angefangen, stetig gegen den Wind anzurudern. Langsam kam sie seinem Schiff näher, ihre pechschwarzen Haare blieben trotz der Böen standhaft auf ihrem Fleck.

»Wo kommst du her?«, fragte sie und hielt sich schließlich an der Reling fest.

»Hamburg.«

»Ich auch! Schon lange auf der Trauminsel? Bist du alleine unterwegs?« Anne machte keine langen Umwege, sie wusste immer ziemlich genau, was sie wollte, ohne dass man es ihrem sanften Gesicht auf Anhieb ansah.

»Einige Wochen, und, ja, ich bin allein an Bord«, hatte er lachend geantwortet. Ihre Art gefiel ihm.

»Ich muss weiter. Lust auf einen Drink heute Abend?« Sie

stieß sich schon wieder von der Reling ab und begann erneut zu rudern.

»Gern«, sagte Patrick, »wo?«

»Bei dir! Ich komm an Bord, mal sehen, wie du wohnst.« Sie winkte, und er konnte nicht sehen, ob sie lachte, dafür war sie schon zu weit fort, er nahm es aber an.

Fast zwei Jahre hatten sie auf der umgetauften ANNE gelebt. (»Du bist völlig verrückt«, sagte sie immer, »kein normaler Mensch tauft sein Schiff um. Das bringt Unglück, das weiß doch jeder!« Worauf er regelmäßig antwortete: »Ich weiß, das nehm ich in Kauf.« Obwohl er natürlich wusste, dass sie Recht hatte.) Sie hatten Geld gespart und ein Grundstück am Strand gekauft, bevor der Boom der Hotelbranche auf der Insel richtig losging. In ihren Träumen sahen sie immer das kleine guesthouse aus Holz vor sich, das sie irgendwann einmal ernähren sollte. Lange hatten sie in diesen Nächten im Cockpit von ANNE gesessen. Sie hatten in die Sterne gesehen, den warmen Wind in den Haaren gespürt und von einer gemeinsamen Zukunft geträumt. Nie in seinem Leben hatte sich Patrick so zu Hause gefühlt wie mit ihr. Ihr unbeschwertes Lachen, ihr Tatendrang, ihr unglaublich positives Denken brannten jetzt in einem bestimmten Teil seines Gehirns, wenn er daran dachte. Sie war ein Mensch, wie man ihn nur einmal im Leben trifft.

Anne kam aus einer einfachen Familie, wie sie erzählte. Sie hatte einen Bruder und sprach oft von ihren Eltern, die in einem kleinen Häuschen auf dem Land lebten. Sie hatten eigentlich nie etwas anderes gesehen in ihrem Leben, aber hatten immer sich, wie sie sagte. Sie liebten sich, lebten zusammen und wollten nichts anderes, sie waren zufrieden. Anne dagegen lief, surfte und probierte alles aus, von dem normale Menschen meinten, man könne nur eins davon in seinem Leben machen. Sie war hart im Nehmen und hatte viel von der Zufriedenheit ihrer Eltern. So konnte sie auch gut mit sich allein sein, wenn Patrick wieder einmal mit sich selber haderte, »the Patrick-five-minutes«, wie sie immer zärtlich sagte. Es störte sie nicht; ihr war es genug, dass er da war. Manchmal stieß sie ihn kurz an und lachte, dann lächelte er zurück, das genügte. Mit ihr hatte er das Leben geführt, das er immer gesucht hatte. Sie war seine Traumfrau, nicht umsonst hatte er das Schiff nach ihr benannt.

An dem groben Plastik-Handrad des ehemals schwarzen Pinnenpiloten justierte er den Kurs parallel zur Insel. Die karibische Sonne hatte die Selbststeueranlage genauso grau und spröde werden lassen wie alle anderen Kunststoffteile, die der UV-Strahlung auf seiner ANNE zu lange ausgesetzt waren. Wie aus einer Trance erwacht, drängten sich die Geräusche und Gerüche und die Nacht an Bord wieder in seinen Kopf zurück. Er hörte das Plätschern der Bugwelle, sah das Glitzern des Wassers durch den fast vollen Mond und roch die See, als wäre er gerade nach einem langen Flug erst hier gelandet. Durch seine vielen einsamen Gedankenspaziergänge, die er über die Jahre perfektioniert hatte, konnte die Realität komplett in den Hintergrund gedrängt werden. Er handelte dann zwar noch völlig richtig, aber immer auch irgendwie automatisch. Die Gespräche und der Hass auf die Vergangenheit belegten alle freien Kapazitäten, die ihm zur Verfügung standen, und waren in der Lage, die Schönheit um ihn herum bis zu einem zweidimensionalen Kulissenbild nach hinten zu schieben. Gedanken, die er früher nie gehabt hatte, als Alexander noch bei ihm war und vor allem, als Anne noch lebte. Patrick lehnte sich gegen das Süll zurück und steckte sich einen der kleinen Clubmaster-Zigarillos an.

»Allein!«, sagte er leise zu sich, »wieder einmal.«

Anne hatte es nicht interessiert, dass es die kleinste Yacht im Hafen war, sie war, nachdem sie sich einige Tage kannten, zu ihm an Bord gezogen. Ohne zu fragen, hatte sie ihn richtig eingeschätzt und anfangs ihr eigenes Lager im Salon aufgeschlagen. Tagsüber hatte sie ihre Sachen in die Hundekoje unter dem Cockpit geschoben, abends hatten sie sich auf dem Steg getroffen und waren gemeinsam an Bord gerudert. Das Agreement funktionierte für beide. Patrick hatte seinen Raum für sich und sie war ihm nahe. Sie hatte ein unglaubliches Gespür dafür gehabt, wann es ihm zuviel wurde. Ohne Worte hatte sie sich dann mit einem Buch auf das Vordeck gelegt und genoss die Zeit an Bord. Eines Abends war er nach ein paar persönlichen Erledigungen mit dem Beiboot wieder zu ANNE zurückgefahren, die unterdessen eine Bucht weiter lag. Schon von weitem hatte er gespürt, dass etwas nicht in Ordnung war. Er hatte nicht gewusst was, aber er hatte mehr Gas gegeben, bis der Außenborder hinter ihm in den höchsten Tönen geschrien hatte. Als er die Mastspitze gesehen hatte, die nur noch wenige Meter schräg aus der Wasseroberfläche ragte, hatte auch er geschrien: »Neiiiiiin! Anne!« Er hatte noch wie ein Kind gebrüllt, als er den nutzlosen Maststummel erreicht hatte. Sein Schiff hatte unter ihm in der Lagune geschimmert und er hatte sich an den Holzmast geklammert, als würde sich sein Leben gleich wieder in das zurück verwandeln, das er zurückgelassen hatte.

Kein Windhauch ging hier hinter der Insel, die Maschine würde noch einige Stunden laufen müssen. ANNE war keine Rennyacht, mehr als fünf Knoten machte sie mit dem alten 10-PS-Motor nicht. Er öffnete die Backskiste, auf der er bis jetzt gesessen hatte, nahm einen Kupferstab, der seitlich hinter das Tauwerk geklemmt war und drehte den Tankdeckel auf. Als er den Peilstab wieder aus dem Tank zog und ins dunkle Licht des Drehzahlmessers hielt, musste er lächeln: Der Tank war voll bis zum Rand.

»Danke, Joseph!«, sagte er.

Als er dem Schwarzen erzählt hatte, dass er mit ANNE wieder ins Wasser wolle, hatte der ihn mit seinem zahnlosen Mund angelacht.

»Bist'n guter Captain, Captain«, hatte er stolz gesagt, »endlich haben wir's geschafft, du und Joseph. Ist viel Arbeit gewesen. Kommt noch mehr!«

In den nächsten Tagen hatte Joseph noch mehr Material herangeschafft, als bereits in den vorangegangnen Monaten – und schon da war es im Grunde genommen nicht eben wenig gewesen. Kanisterweise Diesel, Seekarten, Wasser in großen Flaschen, fast neue, europäische Konservendosen und zum Schluss sogar noch eine deutsche Flagge samt Flaggenstock. Patrick hatte keine Ahnung, woher er das ganze Zeug nahm. Als Joseph jedoch kein Geld wollte, war er sich ziemlich sicher gewesen, dass es von den ganzen Yachten kam, die rings um ihn herum zur Überholung in der Werft lagen. Bei seinen Diebeszügen war Joseph keinesfalls zimperlich. So gut war seine ANNE nicht einmal ausgerüstet und verproviantiert gewesen, als er Deutschland vor Jahren verließ. Auch die Sache mit dem nächtlichen Slippen war Josephs Idee gewesen, niemals hätte Patrick die Krangebühren oder die über Monate aufgelaufenen Standgebühren auf dem Werftgelände bezahlen können. Da war es die einzige Chance, sich bei Nacht und Nebel aus dem Staub zu machen. Patrick war sich durchaus bewusst, dass Joseph seinen Job riskierte.

»Danke, Joseph. Das hätte ich alleine nicht geschafft«, nickte er deshalb nochmals, als er auf dem Cockpitboden kniend erst den Tank zuschraubte und schließlich den Deckel des Stauraums schloss.

16. Dezember 2002, Tobago Cays, Karibik

Alex versuchte sich einen Plan zurechtzulegen, wie er in den Tobago Cays vorgehen wollte. Welche Schritte er zuerst und welche er in welcher Reihenfolge machen wollte. Immer wieder stolperte er dabei über Dinge, die seine Gedankengänge unterbrachen und keine Planung zuließen. Würde OCEAN LORD innerhalb der Cays liegen oder vielleicht irgendwo davor ohne Licht in der Nacht kreuzen? Was war das Christkind? Was konnte er tun, wenn er an der Sache dran war? Seine CORROSSOL, der Kat mit dem er unterwegs war, war weder schnell noch unauffällig, vor allem nicht mit einem schwarzen Mädchen an Bord. Aber Alex wollte ja auch gar nicht kämpfen, vielmehr wollte er wissen, wer hinter der Geschichte steckt, hinter der Geschichte mit der SEAFIRE, mit dem Mord an Bord. Und mit dem schwarzen Mädchen mit ihren bittenden Augen und den gekrächzten Worten. Das einst lebendige Mädchen, das zur Toten in seinem Kielwasser wurde. Alles hatte sich förmlich in seine Gedanken eingebrannt, war unauslöschlich mit ihm verbunden, wie Zwillinge, die miteinander fühlten, selbst wenn sie Meilen voneinander getrennt waren. Er wusste nicht, was der Mann an Bord getan hatte, dass man ihn erschossen hatte. Vielleicht hatte er ein viel größeres Verbrechen begangen, vielleicht war er Opfer eines Verbrechens gewesen, vielleicht war er auch nur jemandem im Weg gewesen, der falsche Mann zur falschen Zeit am falschen Ort. Sicher war er sich nur, dass das Mädchen nichts mit alldem zu tun gehabt hatte. Nicht gehabt haben konnte. Das hatte er in ihrem Blick gesehen, in der völligen Verzweiflung und Hilflosigkeit – sie wäre nie zu einem Verbrechen in der Lage gewesen.

Ihr Mörder hatte sich mit ihr nicht einmal die Mühe des

Erschießens gemacht, so gleichgültig war sie ihm gewesen. Er hatte sie lieber mit einem Schiff, das sie offensichtlich nicht bedienen konnte, und einer Leiche im Vorschiff auf dem Ozean treiben lassen. Und damit ihr Leiden um ein Vielfaches verlängert. Wie viel Hoffnung muss in dem Mädchen gelebt haben, wie viel Glaube an das Gute, um sich nicht ihrem Schicksal zu ergeben und sich über Bord zu stürzen. Stattdessen hatte sie das Schiff offensichtlich stabilisiert und war sicher, dass irgendwo Rettung wartete. Rettung mitten auf dem Atlantik. Wer das glaubt, begeht keine Verbrechen. Und wie hatte ihre Rettung schließlich ausgesehen? Alex war im Dunkeln an Bord gekommen und statt sie sofort nach draußen zu bringen, hatte er es mit seinem Gewicht aus seinem labilen Gleichgewicht gebracht, sodass es schließlich gesunken war. Ihre eigene Rettung stand bei ihrem Handeln nie im Vordergrund, sie wollte ihm nicht ihren Namen sagen, wollte nicht so schnell es geht weg vom Schiff, sondern ihre Botschaft, ihr gekrächztes »Acha, Arra wife« weitergeben, die sie über die Tage und Wochen der Qual in ihrem Herzen getragen hatte. Selbst das Notizbuch war ihr wichtiger als ihre eigene Rettung gewesen. Und er hatte das Spiel mitgespielt, zu ihren Bedingungen. Er hatte sie nicht retten können, aber ihre Botschaften aufgenommen. Das, was ihr wichtig gewesen war. Und damit hatte er eine Verpflichtung übernommen, die ihm mit jedem Moment, in dem er daran dachte, klarer wurde. Ihre Rettung wäre das Leichteste von allem gewesen. Dann hätte seine Seele Ruhe gefunden. Er hätte sie in die Karibik gebracht und sie zwar lebend, aber leidend sich selbst überlassen. Er trug das in sich, was in ihren letzten Minuten das Wichtigste war. Und damit wollte er seine Mission erfüllen.

Alex stöpselte den 12-Volt-Stecker des kleinen Spannungswandlers für das Satellitentelefon in die Bordsteckdose des Katamarans. Die Tasten fingen schwach an zu leuchten und die winzige stilisierte Batterie im Display blinkte zufrieden vor sich hin; der Ladevorgang hatte begonnen. Er drückte die grüne Hörertaste zur Wahlwiederholung, in der Liste erschien immer nur eine Nummer: die von Harrys Telefon. Immer wieder versuchte er, JOHANNA und Jan und Tina zu erreichen. Meist war das Telefon auf der anderen Seite nicht aktiv.

Nach dem zweiten Freizeichen schlug sein Herz schneller – endlich. Ein entferntes Rauschen deutete an, dass die Verbindung hergestellt war.

»Ja?«, meldete sich Denis. Alex war den Tränen nahe.

»Hallo, hier ist Alex«, brachte er fast tonlos heraus. Denis schien nicht überrascht, nicht erfreut, sondern ganz neutral, ohne Emotionen, wie immer.

»Hallo, Alex, geht es dir gut? Wo bist du?«

Es war dasselbe Fragespielchen wie immer. Stets war Denis am Telefon, nie waren Jan oder Tina in der Nähe, immer an Land, Einkaufen, Schnorcheln. Und nie riefen sie zurück. Aus keinem Gespräch konnte er eine Information ziehen, die für ihn wichtig oder beruhigend gewesen wäre. Immer wieder: Wo bist du, wie geht es dir?

»Das weißt du doch, Denis«, antwortete er matt.

»Ach genau, du wolltest in die Tobago Cays. Leider konnten dich die beiden nicht anrufen. Der Akku war leer. Ich richte es ihnen aus.«

»Danke, Tschüss!«

»Mach's gut, Alex«, antwortete Denis förmlich und legte auf.

»Setz dich hin, überstürze nichts und denk nach. Emotionen helfen nur, wenn die Sache nicht wirklich wichtig ist.«

Patricks Worte klangen wie die eines liebenswürdigen Mönches in Alex' Ohren. Wie die eines japanischen Weisen, der nach hundert Jahren Leben endlich weiß, wie man mit allen weltlichen Schwierigkeiten umgeht. Aber so sehr er sich auch versuchte zu erinnern, es passte kein Klang einer Stimme mehr dazu, es war mehr ein Gefühl, aber kein Klang, an den er sich entsinnen konnte. Zu lange war Patrick schon aus seinem Leben verschwunden.

»Wenn es um Leben und Tod geht, kannst du dich nur auf rationales Handeln verlassen. Wie die Ampelregel beim Tauchen, wenn es Probleme gibt: Rot – alle Handlungen einstellen, Gelb – nachdenken, Grün – überlegt handeln und die Geschichte klären«, sprach das Gefühl, das er mit Patrick in Verbindung brachte. Oh ja! Alex kannte die Regel! Und wie er sie kannte. Er würde die Situation mit Patrick nie vergessen, als sie in der Ostsee tauchen waren. Sie hatten zu einem Wrack gewollt, das auf knapp 20 Metern Tiefe lag. Die Sicht war für Ostsee-Verhältnisse gut gewesen, drei bis vier Meter, der Rest in undurchdringlichem Grün versunken. Sie hatten gemeinsam trainiert, nicht in Panik zu verfallen, wenn sie runtergingen. Hatten abends zu Hause geübt zu atmen, den Kreislauf durch pure Willenskraft stabilisiert. Das war etwas, was Patrick geliebt hatte, die totale Selbstbeherrschung, um Schwierigkeiten zu lösen.

Fast wie ein Speer war schließlich die vordere Mastspitze des gesunkenen Fischkutters aus dem Nichts aufgetaucht. Die Drähte des Kurzwellenradios waren gerissen gewesen und hatten lose ins Leere gehangen, in die Richtung des dunklen Fleckens, der den Schiffsrumpf umriss. Die Oberfläche der Drähte war mit denselben schleimigen, braunen Algen überzogen gewesen wie der Mast selbst und vermutlich der gesamte Kutter. Er hatte neben sich geschaut und Patricks Lächeln in dessen Maske gesehen. Alex hatte Daumen und Zeigefinger zu einem O geformt: alles in Ordnung. Patrick hatte sein Zeichen erwidert, und sie hatten den Tauchgang fortgesetzt. Langsam waren sie weiter hinabgestiegen, das Dunkel des Kutters nahm mittlerweile das gesamte Sichtfeld der Taucherbrille ein. Alex musste sich auf seine Gebissmuskeln konzentrieren, damit er die weichen Gummiteile des Atemgerätes nicht beschädigte. Mit minimalem Druck hatte er das Mundstück zwischen den Kiefern gehalten. Die Luft war kalt, klar und trocken gewesen, fast wie an einem eisigen Tag auf einem Berggipfel, und hatte gar nicht zu der im August warmen und mit Algen überwachsenen Ostsee gepasst. Trotzdem hatte sie ihn beruhigt, vielleicht, weil sie sich von dem Umfeld so abhob. Deutlich hatten sie die große Ladeluke ausmachen können, die wie ein riesiges Maul nach

Nahrung zu gieren schien, daneben die an Deck stehenden Hydraulikwinschen zum Einholen der Netze. Links neben ihnen war der zweite, kürzere Mast erschienen und gleich darauf das flache Dach der Kajüte mit den eingedrückten Fenstern darunter und dem Stummelmast daneben, der einmal die Radarantenne getragen hatte.

Sie waren schon häufig hier gewesen, kannten das Wrack in- und auswendig. Alex war der erste Augenblick der Annäherung immer unheimlich geblieben, aber er war immer derselben Routine gefolgt: langsam hinunter, einer nach dem anderen. Das Deck, die Winschen, das Führerhaus inspizieren, manchmal auch noch den Laderaum. Die beiden waren sich wie ein eingespieltes Maschinistenteam vorgekommen, das ihr Baby am Meeresgrund auf Fehler überprüft. Tatsächlich hatten sie manchmal Unterschiede zum letzten Mal gefunden. Meist waren es Fische oder Dinge, die andere Taucher abmontiert hatten. Aus dem Augenwinkel hatte Alex dieses Mal gesehen, dass am hinteren Mast die Querverstrebung für die Kurzwellenantenne fehlte. Eigentlich kein Sammlerstück für Taucher und so stabil, dass es nicht einfach so abbrechen konnte. Noch ehe er Patrick darauf hinweisen konnte, dass an ihrem Baby – eigentlich hieß der Kutter Heimat Lab 9 – etwas nicht stimmte, hatte er gesehen, wie Patrik gezuckt hatte und nicht weiter vorankam. Er hatte angefangen sich zu drehen, die schlimmste Bewegung, wenn man sich in etwas verfing. Langsam war Alex abgetaucht und hatte Patrick von vorn die Hand auf die Schulter gelegt. Mit dem ausgestreckten Zeigefinger hatte er vor dessen Augen eine Bewegung gemacht, als würde er drei Knöpfe drücken – die Ampel. Patrick hatte sichtbar widerstrebend in seiner Bewegung innegehalten und Alex die Kontrolle überlassen. Über das ganze Schiff hatte sich wie eine feine Spinnwebe ein neues Fischernetz gespannt, mit dem ein Trawler in den Masten und den Aufbauten wohl hängen geblieben war. Die Kurrkugeln aus Gummi hatten wie von Geisterhand gehalten auf der einen Seite gehangen, auf der anderen die kleinen, orangen Bojen an der Oberseite des Netzes. Das Netz war von einem fischenden Schiff abgerissen und als fast unzerstörbare Falle am Meeresgrund zurückgeblieben. Er hatte Patrick das Tauchermesser aus der Scheide an dessen Wade gezogen und ihn vorsichtig aus dem Netz befreit. Anschließend waren sie ruhig an die Oberfläche aufgestiegen und hatten den Tauchgang beendet. Damals war Alex es gewesen, der im richtigen Moment die Nerven behielt. Von da an hatte er gewusst, dass er sich kontrollieren konnte, Situationen beherrschen, wenn er es musste.

Also setzte er jetzt Wasser für einen Tee auf, den er noch in den Vorratsschränken des Katamarans gefunden hatte, las das GPS ab und machte ein akkurates Kreuz in die Karte.

»Dann bringen wir das Baby jetzt erstmal vorsichtig auf seinen Ankerplatz«, sagte er zu sich.

Das Wasser kochte, er goss es sprudelnd über den nicht mehr ganz neuen Teebeutel und fand langsam seine Ruhe wieder, obwohl er innerlich kurz vor dem Explodieren stand. Alex war sicher, dass Patrick ebenso gehandelt hätte. In den vergangenen Tagen hatte er viel an ihn gedacht. Zehn Jahre war es her, dass er ihn zuletzt gesehen hatte, und noch nie hatte er währenddessen das Gefühl gehabt, seinem Onkel so nahe zu sein wie jetzt. Vielleicht ging es Patrick ja genauso. Er griff in sein Portmonee und zog das alte Foto heraus, das Patrick und ihn auf Patricks Yacht zeigte. Sie hatten es gemeinsam mit dem Selbstauslöser aufgenommen, als sie von ihrer letzten Tauchfahrt kamen. Obwohl es stark zerknittert und zerkratzt war, ließen sich die Details auf dem Bild noch gut erkennen. Alex war auf dem Foto fast so groß wie Patrick, ihre Gesichter waren durch das Lachen noch breiter, als sie es sowieso schon waren. Auch ihre Oberkörper glichen sich auf gewisse Weise, wenn Patrick auch ein wenig dicker war als er selbst. In Rahlstedt, seinem Heimatort, sprach man schon immer davon, dass er seinem Onkel ähnlicher war als seinem Vater. Und auch Alex hatte es manchmal geglaubt, sogar gehofft, dass Patrick sein Vater war. Alexander glättete das Foto so gut es ging mit dem Handrücken und steckte es an den Kartentisch.

Inzwischen befanden sie sich südlich von Bequia in den Grenadinen und hatten die ruppigsten Passagen zwischen den großen Inseln bereits hinter sich. Im tiefen Licht war wie ein Scherenschnitt die Prominenteninsel Mustique an Backbord vorbeigezogen, zwei weitere Stunden später hatten sie sich im Windschatten von Canouan verborgen. Alex hatte das Großsegel geborgen und das Schiff verlangsamt, sodass der Kat nun etwas hölzern mit gerade einmal vier Knoten durch die kleinen Wellen schnitt. Maleica war aus ihrer Kabine nach oben gekommen und blickte erstaunt auf die umliegenden Inseln.

»Wo sind wir?«, fragte sie.

Alex zeigte nach Backbord: »Hinter Canouan, keine drei Meilen weiter und wir sind in den Cays.«

»Du willst in die Tobago Cays?« Trotz ihrer deutlichen Erschöpfung konnte Alex ein ängstliches Flackern in ihren Augen sehen. »Es ist gefährlich in den Cays. Lass uns weiterfahren, halt nicht an!«

»Warum ist es gefährlich?«

»Böse Menschen sind dort, sie dürfen mich nicht sehen.« Alex bemerkte die Tränen, die sich in ihren Augen sammelten.

»Wir müssen dort hinein, nur da werden wir die Antworten auf unsere Fragen finden«, erklärte Alex und versuchte beruhigender zu klingen, als er sich fühlte, und sie in den Arm zu nehmen. Sie entzog sich mit einem Schritt und verschwand in die Kajüte. In der Tür drehte sie sich um. »Vielleicht wärst du froh, wenn du keine Antwort bekämst.«

Seitdem hatten sie kein Wort mehr miteinander gewechselt. Maleica saß auf dem Salonsofa und hatte ihre Arme um die angezogenen Beine geschlungen. Abwechselnd sah sie durch die offenen Fenster nach vorn in Richtung der Inselgruppe, dann legte sie wieder ihr Gesicht auf die Knie.

Alex wollte erst nach Sonnenuntergang in die Tobago Cays einlaufen, um keine Aufmerksamkeit zu erwecken. Er konnte bereits die Masten der ankernden Yachten erkennen, die hinter den Inseln in den Himmel stachen. Dort war jetzt langsam die Zeit für den Sundowner, das Heck der Ankerlieger zeigte nach Westen und die Abendsonne schien in die Cockpits. Am Handrad des Autopiloten schwenkte er auf westlichen Kurs, sodass Salt Whistle Bay auf Mayero an der Backbordseite vorbeiziehen würde, dort würde er warten. Er hörte die Hydraulik während der Kurskontrolle unter sich arbeiten und spürte, wie sich die Schiffsgeschwindigkeit verringerte, als der Bug langsam in den Wind drehte. Er startete die Maschinen, kuppelte ein und rollte die Genua weg. Gleichmäßig fing CORROSSOL an, durch die kleinen Wellen zu stampfen. Heute war er glücklich über die kleine, rote Segelyacht, die, so groß wie eine Mücke, seine Position auf der elektronischen Seekarte anzeigte. Die Sonne stand schon tief über dem westlichen Tropenhimmel und die See war statt blau, türkis oder braun schon tiefschwarz. Keine Chance also in die Cays zu kommen, wenn man sich an den Riffen hätte orientieren müssen. Mit dem Kartenplotter würde die Einfahrt jedoch ein Kinderspiel werden. Alex stieg aus dem Cockpit und ging über das leicht gerundete Deck der französischen Yacht nach vorne. Jetzt spülte das klare Wasser kleine, plätschernde Bugwellen über die in den Rumpf eingelassenen Firmenlogos, stiegen senkrecht an der Bordwand empor und fielen in kleinen Tropfen zurück ins Meer.

Als sie hinter Mayero ankamen, war es bereits schwarze Nacht, die Sonne hatte nur einen schmalen, roten Streifen auf dem Horizont hinterlassen, der sichtbar dünner wurde. Er ließ die Saltwhistle Bay hinter sich und ging nördlich der Insel mit langsamer Fahrt auf Südost-Kurs. Alex hatte keine Eile, er hatte noch zwei Meilen vor sich und konnte das Schiff in aller Ruhe zum Ankern vorbereiten. Am Bug zog er den Sicherungsstift aus dem Anker und löste mit dem Aluminiumhandgriff die Bremse der Winde. Ein kurzer Ruck nach hinten und der Anker zog die Kette gleichmäßig hinter sich her. Alles in Ordnung, er zog den Anker wieder hinauf und ging ins Cockpit. Gleich würde er wissen, ob seine Theorien gestimmt hatten und seine Gegner die Cays als Ziel gehabt hatten. Alex sah sich im Cockpit und im Salon um, von Maleica war nichts zu entdecken. Wahrscheinlich hatte sie sich wieder in eine der Kabinen zurückgezogen.

OCEAN LORD gab sich keine Mühe, sich zu verstecken. An Bord schien man sich seiner Sache sehr sicher zu sein. Während auf den in der Bucht versprenkelten Charteryachten lediglich die Ankerlichter oder vereinzelt ein Cockpitlicht zu sehen waren, hob sich die gewaltige Motoryacht am Ende der Bucht mit ihren hell erleuchteten Fenstern von dem Nachthimmel ab wie ein Kreuzfahrtschiff mitten auf dem Ozean. Alex schlich sich ohne Beleuchtung durch die ankernden Yachten ganz nah an das Riff, wo das Wasser am flachsten war. Mit lediglich 1,10 Meter Tiefgang hatte er einen Vorteil gegenüber vielen anderen Schiffen und konnte auch bei zwei Meter Wassertiefe noch gefahrlos ankern. Schließlich lag nur noch der weite Atlantik vor ihm, getrennt durch das unsichtbare, unter Wasser liegende Horseshoe-Reef, auf dem sich die Passatwellen brachen. Er gab dem Schiff einen letzten Schub mit den Gashebeln und hastete nach vorn. Ein Ruck mit dem kleinen Hebel, die Bremse der Winde löste sich und die Kette lief aus, während das Schiff fast augenblicklich im Wind quer schlug. Viel Platz war hier nicht, aber als er nach 20 Meter Kette die Bremse anzog, stellte sich das Schiff willig wie ein dressiertes Pferd mit der Nase in den Wind. Der Anker hatte in dem weichen Korallensand augenblicklich gefasst.

Alex stoppte die Maschine und spähte aus der komplett dunklen Kabine nach draußen. Auf OCEAN LORD konnte er keine Bewegung erkennen. Warum auch?, dachte er bei sich, so wie er sahen Hunderte Charteryachten in diesem Teil der Welt aus. Mit dem Unterschied, dass nicht häufig nur zwei Personen an Bord waren, von denen eine auch noch schwarz war. Der klebrige Passatwind fiel durch die offenen Fenster in die Kajüte und kühlte seine Haut. Nur in Shorts saß er auf einem der Cockpitstühle im Niedergang und beobachtete. Er hatte keinen Handlungsbedarf, nicht derzeit. Aber er hatte Angst. Alex sah auf seine Uhr: Die Zeit, die er hier saß, kam ihm vor wie Stunden, dabei hatte er erst vor 20 Minuten geankert. Die Sekunden krochen vor sich hin. Alex fröstelte. Er ging unter Deck, stieg die drei Stufen in den Backbordschwimmer hinab und blickte in die Achterkabine, sie war leer. Alex ging nach vorn, auch hier war nichts zu sehen, Maleica musste sich in dem anderen Rumpf aufhalten. Er öffnete die Schränke, einige Kissen fielen hinaus, schließlich klappte er die Matratzen hoch und fand einige Decken, wenigstens etwas. Hinter sich hörte er etwas knarren, Maleica ging offensichtlich durch das Schiff. Mit zwei Decken im Arm tastete er sich in den Salon, er war verlassen. Auch in dem anderen Rumpf war von dem Mädchen keine Spur. Als er im Cockpit ankam, konnte er gerade noch das Beiboot in der Dunkelheit verschwinden sehen. Irgendwie hatte sie es geschafft, den Motor zu starten, und war fort – und mit ihr die für ihn einzige Möglichkeit, sich in der Bucht zu bewegen.

»Scheiße!«, fluchte er vor sich hin.

Alex setzte sich wieder auf einen der Stühle im Cockpit und schlang die Decke um seine Schultern. Die Bucht wirkte in seiner Situation beinahe irreal. Von den anderen Yachten wehten Gesprächsfetzen herüber. Die Crews feierten ihren Urlaub. Warum auch nicht? Er hätte nichts lieber getan, als sich dazuzusetzen. Alex nahm das Fernglas vom Cockpittisch und suchte die Bucht ab. Weder auf der Motoryacht noch an Land gab es irgendwelche Bewegungen. Gerade wollte er es zurücklegen, als er doch etwas registrierte. An der kleinen Insel neben der Einfahrt löste sich ein Boot vom Strand. Der Bug hob sich weit aus dem Wasser, und mit einer gewaltigen Bugwelle hielt es direkt auf ihn zu. Er nahm wieder das Fernglas vor die Augen und zuckte zusammen – statt einer der Schwarzen, die die Yachten mit T-Shirts und Hummer versorgten, saßen mehrere dunkel gekleidete Männer auf den Bänken. Eindeutig die Kolumbianer! Man hatte ihn erwartet, sie wussten, wo er war.

Alexander drehte sich um und griff nach dem Satelliten-Telefon. Wieder und wieder drückte er auf den ON-Knopf, aber das Display blieb dunkel, panisch verfolgte er das Kabel, bis er am Stecker angelangt war. Eine der Litzen baumelte nutzlos heraus. Er musste im Dunkeln an dem Kabel hängen geblieben sein, die Batterien waren leer und der Apparat nutzlos. Schon konnte er den Motor des Bootes hören. Alex schaltete das UKW-Gerät ein, das er bisher gemieden hatte, damit niemand mithören konnte. Das war jetzt egal, sie wussten, wo er war. Er schaltete auf Kanal 24, den er und Jan für interne Gespräche benutzten, und drückte die Trägertaste: »JOHANNA für CORROSSOL, JOHANNA kommen!«

Schon konnte er das Sirren des Propellers unter Wasser hören, als der Lautsprecher zum Leben erwachte: »Hier ist JOHANNA«, hörte er Tinas helle Stimme, »Alex, bist du das?«

»Ja, verdammt!« Er fühlte einen Schauer über seinen Rücken laufen. »Die Geschichte geht hier gerade schief. Bleibt dran, ich muss weg, die Trägertaste bleibt gedrückt.«

Er öffnete den Kartentisch einen Spalt und klemmte das Handmikrofon so hinein, dass die Sendetaste permanent gedrückt war. Alles, was von nun an an Bord gesprochen wurde, würde Tina durch das Funkgerät hören. Und viele andere wahrscheinlich auch. Er hechtete die Treppe in den Steuerbordrumpf hinunter und stieß die Toilettentür auf. Mit zwei Handgriffen entsicherte Alex die Notausstiegsluke kurz über der Wasseroberfläche, die eigentlich zur Rettung gedacht war, wenn ein Katamaran kentert und hilflos kopfüber treibt. Mit lautem Krachen prallte das Motorboot gegen einen der Rümpfe, er hörte Stimmen, und Menschen sprangen an Deck. Mit den Füßen zuerst ließ er sich durch die Luke ins Wasser zwischen den Rümpfen gleiten. Das Wasser war warm, die Schuhe hatte er trotzdem anbehalten, damit sie seinen Weg nicht nachvollzogen. Das Wasser plätscherte laut in dem Tunnel unter dem Katamaran, er hörte die Stimmen von Menschen an Deck und das Knirschen des Salonbodens über sich. Er hielt sich mit einem Arm in die Lifeline eingehängt, schloss die Luke und arretierte die Hebel. Alex schwamm zügig Richtung Riff, hier würden ihn seine Verfolger nicht vermuten. Nicht in der Nacht und nicht ohne Boot. Das stark salzhaltige Wasser machte das Schwimmen leicht, auch wenn er starken Durst bekam. Zurück an Bord konnte er nicht, wahrscheinlich wurde das Schiff beobachtet oder man hatte ein Wache dort gelassen. Er hätte viel um einen ruhigen Platz gegeben, statt jetzt zu schwimmen. Alex streckte die Beine unter sich aus und fühlte den weichen Grund. Er stellte sich auf, das Wasser reichte ihm bis zur Brust und kleine Wellen spielten mit seinem T-Shirt, das scheinbar schwerelos um ihn herum im Wasser trieb. Zurück konnte er nicht, auf die kleinen Inseln konnte er auch nicht, die würden seine Verfolger genauso beobachten wie den Katamaran, wahrscheinlich würden sie ihn schon entdecken, während er noch durch die Bucht schwamm.

Er drehte sich um. Am östlichen Himmel war der Mond aufgegangen und zog einen silbernen Schleier über das Wasser. Davor zeichneten sich wie bei einem Scherenschnitt die Palmen und Umrisse von Petit Tabac ab, das war seine Chance. Die kleine Insel war den Tobago Cays vorgelagert und ihre Ansteuerung schon mit dem Dingi am Tage eine gewagte Geschichte, nur wenige trauten sich dorthin. Er ließ sich wieder ins Wasser gleiten. Irgendwo links neben ihm musste der Ablauf aus dem Hufeisenriff in den Atlantik führen. Der Strom würde ihn einfach mit hinausziehen. Dann musste er schwimmen. Wie weit, wusste er nicht genau, er wusste nur, dass es der einzige Ausweg war.

Auf jeden Fall war er sich jetzt sicher – hundertprozentig sicher –, dass er auf der richtigen Spur war. Die Kolumbianer und wer auch immer dahintersteckte und St. Lucia mit seinem schmutzigen Geld vergiftete, waren auch verantwortlich für die gesunkene Yacht auf dem Atlantik. Nur einen Reim konnte er sich aus der Geschichte nicht machen, schon gar nicht, dass er hier erwartet wurde. Hatte Maleica ihn verraten? Er hatte nicht die geringste Ahnung, warum sie das Schiff verlassen hatte. Außer ihr wusste niemand von seinem Aufbruch aus Rodney Bay, auch dass der Katamaran verschwunden war, konnten nur sie und Rudi wissen und der hatte es vielleicht der Polizei erzählt. Dafür hatte Alex jedoch den Brief hinterlassen. Nicht dass er auf zu viel Verständnis für den Diebstahl hoffte, aber zumindest ein wenig Beruhigung sollte es Rudi verschaffen. Auch wenn ein fehlendes Schiff in der Hochsaison eine Katastrophe war. Er streckte wieder die Beine aus und fand Grund.

Unsicher stapfte er zwischen weichem Kalksand und harter Korallenoberfläche hin- und her, bis er einen festen Standpunkt gefunden hatte. Er wartete einen Moment, die leichte Strömung zog ihn nach vorne, dorthin, wo er den Riffausgang vermutete. Jedes Riff wird permanent von Wasser überspült, das irgendwohin wieder ablaufen muss, wenn es einigermaßen geschlossen ist. Das Horseshoe-Reef war so ein Riff, den Ausgang zur offenen See kannte er von früheren Reisen, als sie hier zum Schnorcheln hergesegelt waren. An dieser Stelle endete das seichte, friedliche Wasser innerhalb der Bucht, wurde abrupt vier, fünf Meter tief und floss mit zwei Knoten oder mehr in die offene See. Ab dort gab es kein Zurück mehr. Der dunkeltürkise Kanal würde ihn am Außenriff im blauen Atlantik abladen, der dort steil auf zunächst 20, und wenige Meilen später auf mehrere hundert Meter abfiel.

Alex ließ sich wieder ins Wasser gleiten und von der Strömung hinter dem Riff entlangziehen. Der Mond hatte unterdessen einen hohen Stand erreicht und über der silbernen Reflektion konnte er die Palmen von Petit Tabac erahnen. Er war ein lausiger Schwimmer, er konnte nicht kraulen ohne fürchterlich außer Atem zu geraten. Nur brustschwimmen, und das leider nicht besonders effektiv. Er wusste, dass er besser schwamm, wenn er sich ablenkte, dann wurde daraus eine Art Automatik, nicht mehr geprägt von der Angst des Ertrinkens. Der hohe Salzgehalt des Wassers unterstützte ihn in seiner Art des Schwimmens.

Die Ereignisse der letzten Tage schoben sich wie ein Schleier vor seine Augen und ließen das Wasser unreal zurück. Wer konnte wissen, dass er hier war? Rudi schied aus. Obwohl Alex ihn nicht kannte, vertraute er ihm wie einem Bruder; alle Segler taten das. Außerdem hatte er in dem Brief auch nichts von seinem Reiseziel erwähnt – oder doch? Der betrunkene Engländer in der Bar und der Barkeeper – schieden sie aus? Schließlich hatte er lange über dem Artikel über die Tobago Cays gebrütet, vielleicht hatte er vor sich hingemurmelt. Aber eigentlich glaubte er nicht daran: Den Barkeeper wird es nicht interessiert haben und Brian war derart betrunken, dass er aufpassen musste, dass er nicht vom Barhocker fiel. Ben? Maleicas Bruder wusste zwar, dass er zu dem Haus in die Berge gewollt hatte, aber mehr auch nicht. Konnte es sein, dass er von den Kolumbianern verhört worden war, dass man ihn erpresste und bedrohte, weil man Ben doch in der Gegend gesehen hatte? Alles war möglich, nur die Geschichte mit dem Katamaran, den er sich in der Nacht genommen hatte, wusste Ben nicht. Die hatte er nur Denis erzählt, über das Satellitentelefon. Aber warum hatte sich Jan nie gemeldet, hatte nie wieder angerufen?

Alex spürte, wie seine Geschwindigkeit kontinuierlich zunahm; der Ebbstrom zog ihn jetzt gewaltig Richtung offene See. Ab jetzt hatte er keine Möglichkeit mehr auszusteigen, zumindest nicht ohne sich lebensgefährlich an den zu beiden Seiten unter Wasser aufragenden Korallenwänden zu verletzen. Schon in ruhigem Wasser hatte man kaum eine Chance, diese unterseeischen Steilwände zu erklimmen, ganz zu schweigen von einem Versuch in dieser Strömung und bei Dunkelheit. Konnte es sein, dass Denis ihm nicht hatte helfen wollen? Er spürte, dass das Wasser tiefer geworden war, die Strömung nahm zu. Noch waren nur kleine Wellen auf der Wasseroberfläche, aber das nahe Donnern ließ ihn ahnen, dass er sich der Riffaußenkante näherte. Der Stelle, an der messerscharfe Korallen den Atlantikwellen auf einen Schlag die Energie entzogen, die sie über tausende Meilen freien Wassers gespeichert hatten. Was hatte Denis ihn immer gefragt? Wo bist du, wo willst du hin? Nein, es ist keiner an Bord. Und immer hatte Alex ehrlich geantwortet. Hatte Denis Stück für Stück seinen Weg erzählt, sodass er eine Karte mit seinem Bewegungsprofil hätte malen können. Denis hatte alles gewusst! Hatte ihn Detail für Detail ausgehorcht. Hatte ihn verraten und ihn in Gefahr gebracht, mit vollem Wissen.

Der glatte Kanal durch das Riff ging jetzt in eine immer größer werdende Kreuzsee über, als die mitlaufende Strömung auf die entgegengesetzten Wellen traf. Die Mündung des Kanals war schmal und tief, klar begrenzt durch unsichtbare Korallen. Eine

Richtung konnte er seinem Schwimmen hier nicht geben, nur über Wasser bleiben und den Kreuzseen ausweichen, die versuchten Nase und Mund zu erreichen. Denis, du Schwein!, dachte er. Auf welcher Seite stehst du? Die Wut trieb ihm Tränen in die Augen, die er trotz des Salzwassers spüren konnte. War nicht Tina sofort am Funkgerät gewesen, als er um Hilfe funkte? So als hätte sie daneben gesessen? Wahrscheinlich hatten sie die ganze Zeit auf ein Lebenszeichen von ihm gewartet, vielleicht waren sie sogar Hörwache gegangen, weil Denis ihnen nichts von seinen verzweifelten Anrufen erzählt hatte. Keiner seiner Hilferufe war je auf JOHANNA angekommen. Seine Gefühle schwankten zwischen Hass und Resignation, zwischen sich einfach ohne Schwimmbewegungen dem Meer zu ergeben und unbändiger Wut, die sich auf Denis' Körper entladen wollte. Es siegte die grimmige Verbissenheit, der blanke Hass und der Gedanke nach Rache. Die mächtigen, entgegenlaufenden Seen hatten ihn unterdessen weit vom Kanalausgang zur Seite gedrückt. Der Strom, der ihm bis jetzt geholfen hatte, war verschwunden, stattdessen versuchten ihn die Wellen und die Oberflächenströmung auf das Riff zu drücken. Jetzt galt's, jetzt musste er um sein Leben schwimmen, das wusste er, obwohl er die zerstörerische Brandung nicht sehen konnte. Aber das Donnern hallte mit einer Intensität und Präsenz in seinen Ohren, als würde ein nie endender Güterzug direkt mit seinen Rädern neben Alex' Kopf vorbeifahren und ihn mit jeder Achse erzittern lassen. Er befand sich in höchster Lebensgefahr. Einigermaßen beruhigt spürte er jedoch, wie er mit kräftigen Schwimmzügen gegen die Wellen ankam, langsam der Abstand zum Riff größer wurde, obwohl er hin- und herschaukelte wie ein Betrunkener in einem Wellenbad. Er versuchte, die Distanz zur Insel zu schätzen. Gut eine Meile von hier vielleicht. Wenn er mit einem halben Knoten dagegen anschwimmen könnte, wäre er in zwei Stunden da.

Alex spürte die Muskeln in seinen Oberarmen – jetzt schon. Nicht dass er untrainiert gewesen wäre, aber diese Muskeln kannte er nicht – ganz am hinteren Ende der Trizeps befanden sich Muskeln, die er brauchte, wenn er mit kräftigen, effektiven Zügen schwamm. Die hatte er wohl sein ganzes Leben noch nicht benutzt, so wie sie jetzt schon brannten. Wenn er so weiterschwimmen wollte, würde er in wenigen Minuten einen Krampf bekommen. Auch seine Brustmuskulatur blähte sich immer weiter auf und verlor gleichzeitig an Kraft. Er schloss jedes Mal die Augen und atmete laut prustend aus, wenn er mit gestreckten Armen durch die Wellen schwamm, das beruhigte. Der Gedanke an Denis nicht. Er versuchte Hintergründe zusammenzustellen, fand aber keine Punkte, wo man sie verknüpfen konnte. Also ließ er diesen Gedanken. Nur ablenken, an etwas anderes als an Schwimmen denken, würde ihm jetzt helfen. Er versuchte an einen Berggipfel zu denken, auf dem er sich einmal während des Skilaufens in St. Moritz befunden hatte. Mit einem Freund hatten sie sich von der Gruppe abgesetzt und waren vor allen anderen mit der ersten Gondel um acht Uhr früh auf den obersten Gipfel gefahren. Auf knapp 3000 Meter Höhe waren sie in eiskalter, kristallklarer Luft mit anderen Skiläufern ausgestiegen und hatten auf das fantastische Panorama der Schweizer Berge ringsumher geblickt. Die anderen waren sofort abgefahren, kein Lufthauch ging, und die Gondel war inzwischen längst wieder in der Talstation angekommen. Die Welt war einfach wundervoll still und roch nach frischem Schnee, der überfroren von der Nacht unter ihren Skiern knirschte, wenn sie sich bewegten. Diese klare, kühle, übersichtliche und zweifelsfreie Welt war genau das Gegenteil von dem, was momentan um ihn herum stattfand. Freund und Feind waren nicht auseinander zu halten und in keiner Dimension ein fester Punkt auszumachen, außer der kleinen Insel. Und auch die bot nur zweifelhaften Schutz; gerade einmal vor dem Ertrinken, nicht mehr. Ansonsten war sie eine Sackgasse. Alex hatte keine Ahnung, wie er von dort jemals wieder wegkommen sollte. Stopp! Nicht daran denken! Der Berggipfel! Spür die kalte Luft, sieh in die Ferne, redete er sich ein, immer in die Ferne, in den Schnee und auf die Gipfel. Der Berggipfel und der Schnee, Schnee …

Er wusste nicht, wie lange er geschwommen war. Der Mond stand mittlerweile fast direkt über ihm. Immer wieder hatte er zwischen höchst uneffektivem Kraulen und Brustschwimmen gewechselt, um einzelne Muskelgruppen zu schonen. So waren einmal die Oberschenkel und die Schultermuskulatur, einmal die Brustmuskeln und diese kleinen Trizeps im Haupteinsatz. Immer so lange, bis sich eine Muskelpartie zu überanstrengen drohte, dann wechselte er. Über seine Augen hatte sich ein sanfter Schleier wie morgendlicher Nebel gelegt. Das Wasser vor seinem Mund schien ihn nicht zu berühren, er spuckte es automatisch wieder aus, gesteuert vom selben Unterbewusstsein, das auch die Atmung steuerte. Er schwamm, als hätte er Drogen als Treibstoff verabreicht bekommen. Manchmal schien er wach zu werden, dann wurde die Welt schlagartig klar, dann spürte er das kalte Wasser und die Bedrohung durch die Tiefe und wie seine Muskeln schmerzten. Dann kam plötzlich die Panik wieder, es nicht zu schaffen, vor der Insel zu ertrinken. Dann konzentrierte er sich wieder auf seine Gedanken und schwamm wie in Trance weiter. Wenn er irgendwann einmal wieder zu Hause sein sollte, wollte er sofort im Lexikon nachschlagen, wie dieser kleine Muskel hieß. Er würde ihm ein Denkmal setzen. Alex wusste nicht wie, aber es würde schon gehen. Vielleicht ein schön gerahmtes Bild oder ein Gipsabdruck auf einem Sockel. So wie der Glückskreuzer von Onkel Dagobert unter einer Glaskuppel, den die Hexe Gundel Gaukeley immer zu stehlen versuchte.

In dieser Nacht war die OCEAN LORD ausgelaufen. Langsam hatte sie sich aus der Ankerbucht geschoben wie ein Raumschiff. Sie kam von hinten ohne ein Licht an Bord in sein Blickfeld gefahren, ganz langsam, als wollte sie nicht bemerkt werden. Alex wollte auf die Uhr sehen, ließ es aber, es hätte seinen Rhythmus unterbrochen, ihn tiefer ins Wasser sinken und wertvolle Meter und Kraft verlieren lassen. Erst war sie noch angestrahlt vom Mond mit unnatürlich weißen Aufbauten, dann geriet sie immer mehr ins Gegenlicht, bis sie seit geraumer Zeit auf der Stelle zu stehen schien, fast so, als würde sie lauern. Ihre

Umrisse zeichneten sich links von der kleinen Insel messerscharf gegen den Horizont ab, die hohe Atlantiksee schien ihr nur wenig auszumachen, er sah sie nicht stampfen und rollen, wahrscheinlich hob und senkte sie sich nur sanft in der See. Wenn der Mond für kurze Zeit hinter den Passatwolken verschwand, verschwand sie mit im endlosen Dunkel. Manchmal glaubte er dann die schwachen Lichter auf der Brücke zu sehen, aber wenn der Mond wieder zum Vorschein kam, stellte er fest, dass er in eine ganz andere Richtung sah. OCEAN LORD aber blieb wie angenagelt auf ihrer Position, wie ein Mahnmal neben seiner rettenden Insel.

Irgendwann änderten sich die Wellen. Sie kamen nun nicht mehr direkt von vorn, sondern immer mehr seitlich. Auch eine leichte seitliche Strömung stellte sich hinter der Insel ein. Sein Weg nach vorn wurde effektiver, aber nun musste er aufpassen, dass er nicht an dem flachen Strand vorbeigetrieben wurde, der wie eine Zunge rechts von ihm auslief. Wie beim Segeln in der Strömung hielt er ein wenig vor, also leicht gegen den Strom, um den seitlichen Druck auszugleichen. Und obwohl es nicht ganz gelang, hatte er die Insel als erreichbares Ziel vor Augen. Er wusste, dass der Strand hinter der Insel sehr steil abfiel, weil er durch die Strömung fortgetragen wurde, trotzdem versuchte er ein-, zweimal zu stehen. Dann versank er mit den Beinen voran unter der Wasseroberfläche und hatte Schwierigkeiten, wieder nach oben zu kommen. Es dauerte lange, bis er jedes Mal in seinen Schwimmrhythmus zurückfand. Ein unnötiges Spiel, das er irgendwann wieder ließ. Es brachte ihn nur in Gefahr und kostete viel seiner letzten Kraftreserven. Irgendwann lösten sich die Schemen an Land in konkrete Gegenstände auf. Der Strand, dahinter Sträucher und die Palmen. Er konnte Blätter sehen und eine halb eingegrabene Kokosnuss am Strand, zum Greifen nah. Davor kleine brechende Wellen, die mit gleichmäßigem *Schschschschsss* den feinen Sand beim Zurücklaufen noch weiter zerrieben. Er wollte seine Beine ausstrecken und merkte, dass er bereits im seichten Wasser kniete. Er schwamm nicht mehr. Seit wann er hier kniete, wusste er nicht, er hatte es nicht gemerkt. Sein Körper hatte einfach aufgehört zu schwimmen, seine Arme baumelten schlaff in den Wellen – er war da. Tatsächlich da. Er versuchte aufzustehen, aber sobald er ein Knie vom Grund hob, warfen die kleinen Wellen ihn um. Seine Arme waren ihm keine Unterstützung, sie reagierten nicht schnell genug. Also blieb er liegen und zog sich auf allen Vieren nach vorn. Immer wieder rutschte er weg, sein Gesicht landete im Wasser, und er schmeckte das Salz in seinem Mund. Irgendwann lag er am Strand, das Geräusch der See blieb hinter ihm zurück, fast unwirklich. Er spürte den Sand unter seinen Fingern und hörte das Knirschen in seinen Ohren, wenn er den Kopf bewegte. Die Palmen rauschten, irgendetwas kitzelte auf seinen Beinen, er konnte nichts dagegen tun. Er stieß auf, schließlich lief ein warmer Schwall salzigen Wassers aus seinem Mund in den Sand und versickerte. Dann wurde es dunkel um ihn herum.

* * *

Jetzt konnte Patrick das Funkgerät nicht einfach wieder ausstellen, erneut die Augen zumachen und einmal mehr den wachsenden Problemen ausweichen. Diesmal blieb das Funkgerät an, auf Dual-Watch beobachtete es gleichzeitig Kanal 24 und den Seenotkanal 16. Seit einiger Zeit war die 24 tot, lange hatte er die Geräusche des Katamarans an Bord gehört, als Alex die Trägertaste festgeklemmt hatte. Irgendwann war nur noch Rauschen zu hören, dann hatte sich das Funkgerät wohl abgeschaltet. Was er vorher gehört hatte, waren jedoch die Kolumbianer gewesen und er sprach genug Spanisch, um zu wissen, wer sie waren und was sie wollten. Sie wollten mit Alex kurzen Prozess machen, wie mit allen, die ihnen im Weg standen. Er hatte sich mit der JOHANNA in der Saltwhistle Bay verabredet, einer Bucht auf Mayero, gleich neben den Tobago Cays, allerdings von dort nicht einzusehen und weit drinnen zu flach, um mit einer großen Motoryacht angelaufen zu werden. Die Bucht und das Restaurant unter den Palmen waren ein Treffpunkt für Charteryachten. Zwei weitere Schiffe fielen also nicht auf. Jetzt saßen sie zu dritt im Cockpit von JOHANNA. Eine kleine Lampe brannte unter dem Sprayhood und schaukelte mit ihrem Lichtschein hin und her, wenn das Boot im Schwell rollte. Tina und Jan saßen Patrick gegenüber, der in seiner nassen Badehose und dem feuchten Handtuch um die Schultern etwas fröstelte. Ohne funktionierendes Dingi war er zu den beiden hinübergeschwommen.

»Und du bist tatsächlich Patrick?«, fragte Tina.

»Alex' Onkel, ganz genau«, antwortete er.

»Alex spricht wahnsinnig viel von dir, immer kommst du in irgendwelchen Geschichten vor oder er fragt sich, wie du dich in bestimmten Situationen verhalten würdest«, sagte Jan.

»Alex ohne Patrick haben wir eigentlich nie kennen gelernt«, fügte Tina hinzu, »er besteht immer zu einem Teil aus dir.«

»Vor allem, weil er nie kapiert hat, warum du eigentlich verschwunden bist«, setzte Jan nach. »Einen größeren Schmerz hättest du niemandem zufügen können. Alex quält sich heute noch deswegen, fast so, als wärst du gestorben. Das wäre wahrscheinlich sogar einfacher für ihn gewesen, zumindest logischer.« Es folgte eine lange Stille; Jan hatte Patrick wie mit den Augen festgenagelt im Visier.

»Ich habe es gemacht, um meinen Sohn zu schützen, das kannst du wahrscheinlich nur schwer verstehen.«

»Deinen Sohn?«, bluffte Jan ihn an, »was meinst du?«

»Ich meine Alexander, meinen Sohn«, sagte Patrick, während er Jan fest in die Augen sah. »Ich tat es, um ihn zu schützen, sonst hätten sie ihn wahrscheinlich umgebracht. Vermutlich dieselben Leute, mit denen er es jetzt zu tun hat.« Die eintretende Stille war fast mit den Händen zu greifen.

Tina sammelte sich: »Alex ist dein Sohn, nicht dein Neffe?«

»Alexander ist mein Sohn«, Patrick setzte sich auf, »das ist immer das Geheimnis unserer Familie gewesen.«

»War er deswegen so viel mit dir zusammen?«

»Nein«, antwortete Patrick in Jans Richtung, »das wäre er wohl auch als mein Neffe gewesen. Er ist mit seinem Stiefvater nie gut ausgekommen.«

»Weiß er das?«, fragte Tina.

»Wer?«

»Alex. Weiß er, dass er dein Sohn ist?«

»Ich habe es ihm immer sagen wollen, wenn er alt genug wäre. Dazu ist es nicht mehr gekommen.«

»Weil du weg musstest.«

»Es war die einzige Chance«, er sah Tina in die Augen, »ich weiß, dass ich nicht einfach hätte gehen sollen. Und ich hätte Alexander vorher sagen sollen, dass er mein Sohn ist. Es war falsch, aber ich habe versucht, sowohl seine Mutter als auch Alex zu schützen. Niemand außer seiner Mutter und mir wusste etwas davon. Ich habe ihr mein Ehrenwort gegeben, nie etwas über diese eine Nacht zu sagen.« Er schwieg.

»Und jetzt ist sie tot«, sagte Jan langsam. In der Bar am Strand hatte eine Steelband angefangen, den blechernen Rhythmus der Karibik zu spielen. Die Töne wehten mit dem Wind in Fetzen zu ihnen an Bord.

»Jetzt ist sie tot, ganz genau. Alex zu sagen, er sei mein Sohn, hieße dieses Versprechen zu brechen.«

Die drei saßen sich eine Weile stumm gegenüber und sahen sich abwechselnd in die Augen.

»Was meinst du, wird Alex jetzt machen?«, fragte Patrick Jan schließlich. »Du kennst ihn und hast die Havarie auf dem Atlantik miterlebt.«

»Schwer zu sagen. Bis wir den Funkspruch hörten, wussten wir nicht einmal, dass er mit dem Katamaran unterwegs ist. Er will wissen, wer hinter der Geschichte steckt. Die Toten auf dem Atlantik haben ihn verändert, so kannten wir ihn vorher nicht.« Jan sah zu Tina, sie nickte.

»Was heißt das?«, fragte Patrick zurück.

»Er ist …«, Tina zögerte, »er ist wahnsinnig ernst geworden. Die Sache mit dem schwarzen Mädchen hat er sehr auf sich selbst bezogen. Er fühlt sich verantwortlich für ihren Tod. Deswegen will er auch die Sache nicht der Polizei überlassen. Obwohl die natürlich auch hinter der Geschichte her ist.«

»Die Polizei?«

»Alex hat uns von zwei Männern erzählt, zwei Schwarzen, die ihn in der Marina ausgefragt haben.«

»CIA oder so«, sagte Jan.

»CID, Criminal Investigation Department.« Patrick nickte versonnen. Er kannte die Männer, neulich hatte er sie erst wieder im Büro von Rudi gesehen, als er ihn mit den Bordpapieren 'rausgeschickt hatte. Eine unbequeme Abteilung ohne jede Skrupel, das wusste er aus eigener Erfahrung. Und bei guter Bezahlung vermutlich auch mit engen Kontakten zu den Kolumbianern.

»Hat er ihnen etwas erzählt?«, fragte er.

»Alex?« Jan lachte das erste Mal seit Tagen. »Der hat denen gleich nicht getraut. Ganz im Gegenteil: Er hat ihnen nicht einmal das Notizbuch gegeben, das er auf der Yacht gefunden hat.«

Patrick zuckte zusammen: »Welches Notizbuch?«, wollte er wissen.

Jan und Tina erzählten schließlich abwechselnd von dem Buch, den Dingen, die sie gelesen hatten und an die sie sich erinnern konnten. Die unleserlichen Telefonnummern, Adressen und Orte, die sie nicht zuordnen konnten. Patrick schwand das Blut aus seinem Kopf. Er fühlte, dass ihm schwindelig wurde.

»Wie sah das Buch aus?«, fragte er leise.

»Klein. Etwa so groß«, Jan zeigte es mit den Händen auf der Tischplatte des Cockpittisches.

»Ein schwarzer Kunststoffeinband und linierte Seiten«, erinnerte sich Tina, »und es stand 1992 vorne drauf, als Prägung. War wohl mal ein Kalender.«

»Volltreffer«, sagte Patrick. Seine Stimme wurde brüchig, »wenn das kein Volltreffer ist.«

»Weißt du etwa, wem das Buch gehörte?«, fragte Jan.

»Sehr gut sogar«, Patrick sprach leise und langsam. »Wie hieß das Schiff auf dem Atlantik?«

»Das gesunkene? SEAFIRE.«

»Oh ja, ich weiß, wem es gehörte.«

Und wie er dieses Buch kannte. Er kannte es wie kein zweiter und hatte es aus seinem Leben verbannen wollen, als hätte es nie existiert. Er hatte geglaubt, er könne einfach so davonlaufen, einfach so neu anfangen, auf St. Lucia, da wo er Kontakte hatte und seine zweite Heimat war. Seine erste Heimat war Hamburg gewesen, sein und Alex' Hamburg, aber auch das seines Auftraggebers, mit dem Patrick Geschäfte gemacht hatte.

»Ein Bauunternehmer?«, fragte Jan.

»Genau der«, entgegnete Patrick. »Ihr kennt ihn. Unser lieber Freund Harry. Es waren gute Geschäfte, ganz solide, wie ich dachte. Wir kauften Grundstücke, und ich war für die technische Aufarbeitung zuständig. Als Techniker mit gutem Wissen über Abwicklungen organisierte ich vor Ort den Abriss der alten Gebäude, sortierte die Altlasten und übergab die Grundstücke wieder. Für die Bebauung war Harry zuständig, da war er einfach besser, auch wenn ich privat nichts mit ihm zu tun haben wollte. Ein unangenehmer Mensch, der alles und jeden bis aufs Blut ausquetschte, um dann so billig wie möglich einzukaufen und zu bauen. Die Summen, die wir verdienten, waren enorm, wenn wir die Grundstücke samt Neubau verkauften. Harry behandelte mich immer hundertprozentig korrekt, zahlte pünktlich, meist sogar etwas mehr. Er wusste, was er an mir hatte.«

Patrick zündete sich eine von Jans selbst gedrehten Zigaretten an und sah eine Weile Richtung Strand, als könnte er aus seiner Beichte fliehen.

»Ich hätte es wissen müssen, dass da irgendwas nicht in Ordnung war. Irgendwann gingen Bürohäuser schlecht, sagte Harry und dass sie sich umorientieren wollten. St. Lucia war als aufkeimende Tourismusinsel eine lohnende Geldanlage und so investierten sie neu. Er kaufte mit dem in Deutschland verdienten Geld Grundstücke auf der Karibikseite der Insel, auf der Seite des Sonnenuntergangs. Bauen war hier unglaublich einfach gewesen, es gab kaum Vorschriften, und die Hotels entstanden in Rekordzeit. Mit den guten Kontakten in die Immobilienbranche verkauften sie die Resorts gestückelt als Geldanlagen an internationale und deutsche Anleger.«

»Damit müsst ihr schwer Geld verdient haben«, warf Jan ein. »Warum bist du dann weg aus Deutschland, du hattest doch alles?«

Patrick sah ihm in die Augen: »Stimmt, mein Geld vermehrte sich in atemberaubendem Tempo. Mir ging's gut«, er atmete tief durch, »alle Transaktionen wurden nur in einem kleinen schwarzen Buch festgehalten. So wenig Akten wie möglich war die Devise, bloß keine Beweise, wie Harry immer sagte. Es war also nicht so legal, wie ich immer gehofft hatte. Das bewusste Verschleiern der Geldbewegungen, unzählige Firmen, die fast monatlich neu gegründet wurden, waren mir immer suspekt gewesen. Ich bin kein Kaufmann, mein Job war vor Ort. Den Bau in der Karibik überwachen, mit den Handwerkern auf der Insel verhandeln und die Hotels mit Terrassen aus Teakholz Richtung Westen ausrichten. Da gab es nichts Ungesetzliches.«

»Bist du in Ordnung?«, fragte Tina plötzlich besorgt, als ihr die fast unnatürliche Blässe in Patricks Gesicht aufgefallen war.

»Ja, schon okay«, er lächelte und erzählte weiter: »Die Hintermänner auf der Insel hatte ich übrigens nie kennen gelernt, manchmal beobachteten sie das Geschehen aus ihren Geländewagen, ließen die Motoren und die Klimaanlagen laufen und stiegen nicht aus. Es hat mich auch nicht interessiert. Das Geld ging immer pünktlich auf meinen Konten auf der Insel ein und mein Traum vom Aussteigen rückte näher. Eines Tages stand die Polizei in Hamburg vor meiner Tür und wollte wissen, was für Geschäfte auf St. Lucia gemacht wurden, woher das Geld käme. Ob ich etwas über die Hintermänner wüsste. Die Hintermänner von den Hotelkäufern, ich wüsste schon welche. Und ich hatte keine Ahnung, ich hatte nur Angst. Als die Polizei wieder verschwunden war, rief ich sofort Harry an. ›Patrick!‹, hatte der mit seiner stakkatoähnlichen Stimme geantwortet, ›ruhig bleiben. Da passiert nichts, so ist das im Baugeschäft. Alles voller Neider. Träumen von den großen Geschäften und wenn's jemand anderes schafft, wollen sie ihm vor den Bug fahren.‹

Ob die Polizei auch bei ihm gewesen sei, hatte ich ihn gefragt.

Natürlich, war die Antwort gewesen, alles voller Intriganten. Das müsse man durchstehen, wenn man etwas im Baugeschäft werden wollte. Und an das Geld müsse ich denken, wenn der Druck zu groß würde, irgendwann hätten wir schöne Häuser und Autos, während die Neider immer noch mit Dreck würfen. ›Ich werde mit der Polizei zusammenarbeiten‹, hatte ich geantwortet, ›ich werde nichts Ungesetzliches tun.‹ – ›Du wirst tun, was ich dir sage!‹ hörte ich Harry sagen, ›und das ist im Moment Schweigen. Denk an deinen kleinen Sohn, du möchtest doch, dass er eine Zukunft hat.‹ Dann hatte er aufgelegt.«

Patrick sah Tina und Jan an. Schweigend saßen sie sich gegenüber. Die Bilder seiner Vergangenheit schoben sich vor Patricks inneres Auge. Er hatte nach dem Telefonat lange an seinem Schreibtisch gesessen und durch die offene Tür ins leere Wohnzimmer gesehen. Woher hatte Harry diese Information? Dass so ein Drohung nicht leichtfertig ausgesprochen wurde, war ihm sofort klar gewesen. Alex betrat den Raum. Er hatte auf dem Balkon Holz für den kleinen dänischen Kaminofen gehackt, Patrick hatte es zwischen den Häusern hallen hören. Jetzt hatte der Junge vor den ersten kleinen Flammen gekniet und vorsichtig die zerkleinerten Scheite nachgelegt, sodass die ersten orangen Flämmchen ihre Reflektionen auf die weiße Tapete und den Stuck warfen. Alex' Schatten war riesig groß in dem kleinen Zimmer gewesen. In der Küche hatte der Wasserkocher gebrodelt. Patrick war aufgestanden und hatte den Tee aufgegossen. Sein Sohn hatte alles vorbereitet, die silberne Teekanne, das grau-weiße Geschirr und seinen Lieblingskuchen vom Bäcker an der Ecke: Sahneschnitten mit Marzipan und einer halben Walnuss oben drauf. Patrick trug eine große Verantwortung für den Jungen. Er war sich bewusst, wie es in der Familie seines Bruders zuging. Erst bei ihm hatte Alex eine Art Heimat gefunden. Patrick hatte sich wie ein Verräter gefühlt, als er wartete, dass der Karamell-Tee seine Zeit im Wasser gezogen hatte. Der Junge vertraute ihm, und Patrick hatte die Verantwortung übernommen. Jetzt schien er die Sicherheit in Alex' Leben aufs Spiel zu setzen und wusste nicht einmal, warum. Er hatte keine Idee, was er selbst hätte ändern können, er hatte nur gewusst, dass er den Jungen dort heraushalten musste.

Am nächsten Tag war er zu Harry gefahren, um die Geschichte zu klären. Sein Auftraggeber war an seinem Schreibtisch beschäftigt.

»Warum gehst du nicht für eine Weile weg?«, hatte dessen Frau gefragt, fast beiläufig aber mit deutlicher, berechnender Stimme. Patrick hatte ihren kalten Blick erwidert. Er hatte in dem mit Erinnerungsstücken voll gepfropften Wohnzimmer gesessen und sie nur angesehen. Sie hatte sich wieder ihr Glas genommen und trank einen großen Schluck Rotwein. »Meinst du nicht, dass Patrick vielleicht ein wenig Urlaub braucht, Liebling?«, hatte sie in den Raum gefragt, ohne sich umzusehen.

»Genau, Patrick. Mach doch ein bisschen Urlaub, geh segeln, genieß die Sonne, bis die Neider abgezogen sind«, hatte Patrick Harry von hinten sagen hören, während er mit schnellen Bewegungen in seinen Unterlagen auf dem Esstisch geblättert hatte.

Die Frau sah ihm mit ausdruckslosem Blick in die Augen.

»Wenn du damit nicht klar kommst, wie großes Geld gemacht wird, musst du wohl ein wenig Abstand gewinnen. Aber misch dich nicht in unsere Angelegenheiten«, hatte sie langsam gesagt. Das war der Moment gewesen, als Patrick auffiel, dass in Wirklichkeit Ursula die Fäden in der Hand hielt. Selbst Harry schien sich darüber nicht im Klaren zu sein.

»Was geht hier vor, Harry? Ist das noch dein Geschäft, was wir hier betreiben, oder hat da unterdessen jemand anderes die Führung übernommen?« Patrick war wütend gewesen. »Du hast die Sache doch hier nicht mehr unter Kontrolle. Ich glaube, wir sollten der Polizei mal einen Einblick gewähren, um zu sehen, ob wir hier alle noch dasselbe Spiel spielen!«

»Du siehst Gespenster, Patrick! Wer sollte denn hier gegen uns sein?« Endlich hatte Harry die Papiere am Tisch liegen lassen und kam herüber.

»Frag mal deine Frau, vielleicht weiß sie mehr, als dir lieb ist!«

»Ich glaube, Patrick möchte gehen. Verhilf deinem Partner doch einmal zu einer Entscheidung«, hatte Ursula gefaucht.

Harry sah seine Frau an, und dann Patrick. In seinem Blick lag unbändiges Erstaunen. Zögernd hatte er seine Brieftasche aus der Tasche seines Jacketts genommen und mit zitternden Händen 20 Scheine vor Patrick auf den Tisch gezählt.

»20 000 Mark. Das sollte wohl langen, um ein paar Cocktails am Strand zu trinken. Hier, mein Junge«, er lachte sein künstliches Lachen und ließ vor lauter Nervosität fast seine Brieftasche fallen.

Patrick hatte das Geld liegen lassen, seine Jacke genommen und war zur Tür gegangen.

»Du musst nicht glauben, dass das große Geld einfach so verdient wird«, hatte Harry ihm hinterher gerufen, während Patrick die Außentreppe hinunterstieg, »da muss man auch mal Stehvermögen haben. Das ist nicht immer alles nur eitel Sonnenschein.«

In der Auffahrt war Ursula noch einmal an sein offenes Wagenfenster getreten. Es umwehte sie ein Gemisch aus Rotwein und einem schweren Parfüm.

»Weißt du, ich mag dich«, hatte sie leise gesagt, »also nimm die Drohung lieber ernst. Harry ist raus aus dem Spiel. Er ist nur noch eine Marionette, ebenso wie du. Meine Partner werden nicht zögern, Alex und dich aus dem Weg zu räumen, wenn du Schwierigkeiten machst. Überleg dir also gut, was du tun möchtest. Aber lass dir nicht zuviel Zeit.«

Sie hatte mit der flachen Hand auf sein Dach geklopft und war ohne sich umzudrehen im Haus verschwunden.

Seine beiden Gegenüber hatten Patrick wortlos zugehört. Jan fand als Erster seine Fassung wieder. »Schön und gut, aber was hat das mit der SEAFIRE zu tun? Wem gehört sie?«

»Frank, meinem Partner bei der Bauabwicklung. Ich habe ihn nie wieder gesehen, nachdem ich Deutschland verlassen hatte. Ich hatte ihm nur eine Nachricht hinterlassen, vorsichtig zu sein.«

* * *

Alex fühlte, wie die Welt brannte. Manchmal hörte er Stimmen, er versuchte die Augen zu öffnen, dann blendete ihn die gleißende Sonne und er ließ es. Wieder Stimmen, Alex zog die Augenlider nur so weit auf, dass das rote Flackern dahinter durch seine noch geschlossenen Wimpern gebrochen wurde.

»Er wacht auf«, hörte er eine Stimme. »Hallo, können Sie mich verstehen?«, fragte die Stimme in schlechtem Englisch. Sie hörte sich nicht bedrohlich an. Er öffnete die Augen ein Stück weiter und fünf rote Gesichter erschienen im Kreis um ihn herum. Sie hielten ihm eine Plastikflasche mit irgendeinem Softdrink unter die Nase. Die Flüssigkeit lief aus seinen Mundwinkeln auf seine sandige Brust, während er langsam Schluck für Schluck trank. Wenn er den Mund schloss, entwickelte sich kein Speichel, er war völlig dehydriert, er hatte keine Ahnung, wie lange er hier gelegen hatte.

»Danke!«, sagte Alex auf Deutsch, als sie ihn unter den Schultern gepackt und unter die Palmen gebracht hatten, endlich Schatten.

»Wie sind Sie hierher gekommen?«, fragte sein Gegenüber. »Sind Sie alleine?«

Alex versuchte logisch zu reagieren, es dauerte eine Weile, bis er sich gesammelt hatte. Seine Geschichte würden die fünf ihm kaum abnehmen, und wenn, war er mindestens ein Bootsdieb. Seine Retter hatten sich zum Abwarten entschlossen, nachdem einer von ihnen die winzige Insel nach einem Boot abgesucht hatte.

»Kein Boot, keine Ahnung, wo der herkommt«, meldete er, als er zurückkam.

Sie sahen ihn fragend an und warteten. Sie gaben ihm zu trinken, zündeten sich Zigaretten an und unterhielten sich leise.

»Danke!«, sagte Alex noch einmal.

»Wie sind Sie hierher gekommen?«

»Ich bin beim Schnorcheln abgetrieben, durch die Riffeinfahrt.«

»Da sind wir vorhin durchgefahren«, bestätigte einer der fünf, der sich als Manfred vorgestellt hatte, und deutete Richtung Riff, »starke Strömung.«

Alex nickte. »Bin nicht mehr dagegen angekommen.«

»Alleine?«, fragte Manfred.

Alex nickte wieder. »Eine Woche südliche Karibik, zum Nachdenken.«

»Gefährliches Unterfangen.«

»Offensichtlich«, bestätigte Alex und lächelte schwach.

Die Urlauber hatten ihn schließlich an Bord zurückgebracht, fünf Segler aus Leverkusen auf ihrem Traumtörn in die Karibik. Sie staunten nicht schlecht, als sie die CORROSSOL sahen. Ein Katamaran, gut zwölf Meter lang, mit vier Kabinen und nur einem Segler, dafür aber ohne Beiboot.

»Hier würde auch jede andere Geschichte passen«, sagte Manfred mit einem letzten kritischen Blick auf das leere Schiff und lächelte schwach.

»Ist schon in Ordnung«, gab Alex zurück, »danke noch mal und gute Reise.«

»Dir auch«, erwiderte Manfred, »Mast und Schotbruch – oder besser vielleicht nicht.«

Sie stießen sich mit ihrem kleinen, roten Bombard-Dingi von seiner Bordwand ab und winkten ihm zum Abschied zu, den Rumpf des Beibootes so tief ins Wasser gedrückt, dass er kaum zu sehen war. Der 6-PS-Yamaha schob sie so schnell voran, dass ihre nassen Hawaiihemden im Wind flatterten. Über diese Geschichte würden sie vermutlich noch einige Tage philosophieren, wenn sie beim Sundowner zusammensaßen. Instinktiv hätte er sie gern um Hilfe gebeten, aber die Geschichte war zu schwer zu erklären. Es war jetzt egal, er hatte es alleine angefangen und wollte es jetzt auch alleine beenden. Alex schob die große Plexiglastür auf und stieg in den Salon. Durch die dunkel getönten Fenster des Aufbaus sah er nach Steuerbord. Dort lag OCEAN LORD wieder, wie jedes andere Luxus-Schiff. Unbewegt und in ihrer Größe irgendwie bedrohlich. An Deck konnte er keine Bewegung ausmachen. Seine Rückkehr war unbemerkt geblieben, wahrscheinlich rechneten sie nicht mit ihm. Er sah sich um, ging durch beide Rümpfe, in alle Kabinen. Das Schiff war leer, aber alles war durchsucht worden, alle Stauräume geöffnet, die Matratzen lagen auf den Böden. Außer einigen Konserven und Getränkedosen, die die letzten Charterer zurückgelassen hatten, als sie das Schiff verließen, hatten die Männer nichts finden können. Auch Maleica war nicht wieder an Bord gekommen. Hoffentlich war wenigstens sie in Sicherheit.

Alex griff in die Ablage hinter dem Kartentisch und ertastete ein gummiertes Fernglas, sah in die Bucht und stellte die Bilder vor seinen Augen scharf. Auf der Motoryacht war alles ruhig, keine Bewegung. Er ließ seinen Blick langsam von vorn nach achtern gleiten. Bis auf die schmale Holzkante als Reling war das Schiff absolut schier, der Rumpf nur durchbrochen durch kleine, ovale Bullaugen, darüber die massiven Niro-Klüsen für die Festmacherleinen im Schanzkleid. Das erste Deck sah mit seinem durchgehenden schwarzen Streifen so aus, als würde das Fenster durchlaufen, darüber in der Mitte folgte ein kürzerer schwarzer Streifen, vermutlich der Innensteuerstand. Als drittes Deck folgte eine lange Flybridge mit einem kleinen Sonnendach ganz vorn über dem Außensteuerstand. Auf dem Sonnendeck dahinter prangte der kantige Antennenträger, der wie ein überdimensionaler Couchtisch aussah. Das Schiff war mit mehreren Satellitenantennen, zwei Radarantennen und diversen Stabantennen bestückt. So würde die Besatzung nie von der Außenwelt abgeschnitten sein. Das obere Deck lief als Dach über die Terrasse hinter dem wahrscheinlich riesigen Salon aus, das Achterschiff fiel in drei Stufen zum Wasser ab, sodass man bequem zum Baden ins Meer gelangen konnte. Massive Niro-Geländer umfassten sie an den Seiten und achtern.

Alex nahm sich eine Cola und einige Cracker aus dem Schrank und nahm seinen Beobachtungsposten in der Pantry wieder ein. OCEAN LORD lag ganz ruhig vor Anker, lediglich mit einer Kette im Wasser. Worauf warte ich eigentlich?, fragte er sich. Dass es vorbeigeht? Er wusste es nicht. Er wartete, dass sich das Schiff irgendwie bewegen würde, irgendetwas tun, aus dem klar würde, was die Menschen an Bord vorhatten. Er nahm das Glas von den Augen, trank die nächste Coke und aß einige Cracker. Das Salz und die Flüssigkeit taten ihm gut, er kam langsam wieder zu Kräften. Im Augenwinkel nahm er eine entfernte Bewegung war. Sein Blick ging nach achtern, dort kam ein Speedboot in Höchstfahrt aus Richtung Union Island in die Bucht geschossen. Er drehte die Okulare scharf – drei Mann Crew mit weißen Shorts und gelben Polohemden standen am Steuerstand, hinten saß eine kleine Figur und hielt ihre Mütze fest.

Er nahm das Glas von den Augen, er konnte nicht fassen, was er sah. Er schaute noch einmal mit bloßem Auge, schließlich wieder mit der Vergrößerung. Nach wenigen Minuten lag das mächtige Dingi der OCEAN LORD mit seinen zwei 250-PS-Außenbordern quer am Heck der Mega-Yacht. Eines der Crewmitglieder stieg auf die achtere Plattform, zwei Mann waren an Bord geblieben und halfen, den Mann mit seinem Gepäck auf der Badeplattform abzusetzen. Diese Figur hätte Alexander unter Tausenden erkannt. Es war eindeutig Harry, der da auf die Motoryacht stieg. Er trug ausgebeulte Jeansshorts, darunter ragten dünne Beine hervor, die mit braunen Socken in beigen Schuhen steckten. Er lachte, während er sich mit einer Hand die langen, spärlichen Haare aus der Stirn strich und schließlich den Leuten auf dem Tender zuwinkte und sich umdrehte. Alex kannte dieses Winken, diese Bewegungen, und er hörte fast die Worte, die Harry der Besatzung zuwarf: »Thanks guys! Good job, you will be successfull one day!« Er trug eine riesige Sonnenbrille mit unmodernem goldenen Rahmen, ein verschossenes Polohemd und setzte sich gerade wieder seine blaue Schirmmütze mit der Werbung einer deutschen Heizungsbaufirma schief auf den Kopf.

Es war Harry, eindeutig Harry. Alex' Herz schlug bis zum Hals. Harry hatte die Stufen zum Deck hinter der weit geöffneten, gläsernen Salontür erreicht, während unter ihm das Heck hydraulisch aufschwenkte, um das Beiboot wieder zu schlucken. Aus dem Salon kam ihm ein junger Mann entgegen, gut trainiert. Mit einem Lächeln und seinen nach vorn gezogenen Schultern nahm er Harry in Empfang, als würde das Schiff ihm gehören. Denis war hier! Hier und nicht auf JOHANNA! Kein Wunder, dass Jan nie auf Alex' Anrufe geantwortet hatte. Denis und Harry lehnten sich an die Reling, ein Steward kam und brachte ihnen etwas zu trinken. Die Heckklappe war wie ein riesiges Maul zu voller Größe aufgeschwenkt und das Beiboot wurde auf Rollen mit einer elektrischen Winde hereingezogen, als würde es langsam gefressen.

Hatte er sich getäuscht? Alex zweifelte. Hatte das Schiff, das er für die Schaltzentrale des Verbrechens hielt, lediglich Freunde von Harry beherbergt? Am liebsten hätte er die OCEAN LORD angerufen, um mit Harry zu sprechen, doch er zögerte. Denis war ebenfalls dort drüben, er war es, der ihn vermutlich verraten hatte. Nur der letzte Beweis stand aus. Alex griff unter das Polster des Navigatorsitzes, das Satellitentelefon hatten seine Verfolger nicht gefunden. Er startete die Maschine, damit das Bordnetz wieder zu Kräften kam, das die permanent sendende Funkanlage in die Knie gezwungen hatte. Er schraubte das Kabel im Stecker wieder fest und verband ihn mit der Steckdose. Auf Tastendruck erwachte das kleine Display zum Leben. Die Wahlwiederholung zeigte Harrys Nummer. Schon beim ersten Klingeln bewegte sich die Figur auf OCEAN LORDs Achterdeck und ging einige Schritte Richtung Bug. Denis vergewisserte sich, dass Harry ihn nicht beobachtete und nahm das Telefon ans Ohr.

»Hallo, hier spricht Denis.«

»Hallo, Denis, Alex hier. Mann, bin ich froh, deine Stimme zu hören«, er musste trotz der Situation grinsen.

»Wo bist du?«, fragte Denis programmgemäß.

»Auf Bequia.« Alex meinte regelrecht Denis fassungsloses Gesicht sehen zu können.

»Wo?«

»Bequia.«

Denis brauchte einige Zeit zum Sortieren und blickte immer wieder zu dem Katamaran hinüber. Alex nahm das Fernglas hinter der dunklen Salonscheibe hoch. Würde die Scheibe nicht sein, würden sie sich direkt in die Augen sehen.

»Wolltest du nicht in die Tobago Cays?«, fragte Denis.

»Da war ich auch«, antwortete Alex, »aber ich werde verfolgt. Ich bin mit dem Beiboot abgehauen.«

Immer noch sah Denis zu ihm herüber. »Bis Bequia sind's über 20 Seemeilen«, sagte er ungläubig.

»Ich bin froh, dass ich's geschafft habe. Mit dem letzten Tropfen Sprit.«

»Sollen wir dich abholen?«

»Das wäre großartig, das hier ist eine Sackgasse. Ich kann nicht weiter.«

Denis lehnte sich entspannt an den Aufbau zurück und stellte einen Fuß an die Wand. »Natürlich, Alex«, sagte er mit neuer Sicherheit, »kein Problem. Wie finden wir dich?«

»Ich bin in der kleinen Bar direkt an der Pier, nicht zu übersehen.«

»Wir sind bald bei dir«, antwortete Denis und löste sich von der Wand, »sobald Jan und Tina wieder hier sind, fahren wir los.«

»Sind sie an Land?«

»Ja, sie wollten ein Bier trinken gehen, müssten aber gleich wieder hier sein. Ich grüß' sie dann von dir«, kam es aus dem Telefon.

»Danke, du bist ein echter Freund«, sagte Alex, »bis gleich!«

»Bis gleich, Alex«, entgegnete Denis und legte auf.

»Blödes Schwein!«, murmelte Alex, ehe er sich wieder auf die Lauer legte. Denis war durch eine der seitlichen Türen in den Salon verschwunden. Außer Harry am Heck war niemand zu sehen. Plötzlich ging die große hintere Schiebetür auf und drei Gestalten rannten die Treppe hinunter, wie von Geisterhand schwenkte die Heckgarage auf und das Beiboot wurde wieder zu Wasser gelassen. Als alle an Bord waren, kam Denis die Treppe hinuntergesprungen. Was er in der Hand trug, war einer Maschinenpistole nicht unähnlich. Mit Vollgas verschwand das Boot durch die Einfahrt aus den Cays. 40 Meilen hin und zurück, dachte Alex, die Schläger und Denis sind erst mal einige Zeit beschäftigt.

Alex hatte gewartet, bis es komplett dunkel war. Seine Armbanduhr weckte ihn aus einem traumlosen 30-Minuten-Schlaf. Er fühlte sich wieder etwas besser und stieg langsam die Stufen zum Wasser hinab. Vorsichtig ließ er sich hineingleiten. In einer verklebten Plastiktüte hatte er trockene Sachen und ein Handfunkgerät um die Hüfte gebunden und schwamm gleichmäßig Richtung Ocean Lord. In den unteren Kabinen und teilweise auf dem Hauptdeck brannte Licht, das Radar drehte sich. Mit ruhigen Zügen kam er dem Heck näher. Er hatte es nicht eilig, obwohl sein Zeitfenster nicht groß war. Aus dem Wasser wirkte Ocean Lord noch gewaltiger und Respekt einflößender. Die Badeleiter war am Heck geblieben, nachdem das Beiboot abgelegt hatte. Mit seinen nackten Füßen ertastete er unter Wasser die mit Teak belegten Stufen und zog sich auf die gewaltige Badeplattform. Mit zwei Sätzen war er an der Wand und lauschte. Er riss seinen Plastikbeutel auf und zog die trockenen Sachen über, das Funkgerät hängte er mit dem kleinen Klipp von innen an den Hosenbund. Vorsichtig tastete er sich fast liegend die Treppe hoch. Durch die verglaste Schiebetür entdeckte er Harry in einem Cocktailsessel, wie er mit einem Bier in der Hand fernsah. Er war allein, der restliche Salon war leer. Alex duckte sich hinter die Möbel, die auf dem Achterdeck standen und schlich das mit Teak belegte Seitendeck entlang. Unter seinen nackten Füßen konnte er noch die Wärme des vergangenen Tages spüren.

Er hob seinen Kopf und spähte in das Fenster. Vor ihm lag das Esszimmer. Auf einem rötlichen Boden, der vermutlich aus Marmor bestand, stand ein mächtiger Esstisch, an dem zwei Leute beisammensaßen. Der Mann drehte ihm den Rücken zu, die Frau kannte er nicht, glaubte aber, sie in dem Haus auf St. Lucia gesehen zu haben. Sie trug ein weißes Abendkleid, das in einer kleinen Schleppe über den Boden rutschte, wenn sie sich bewegte. Um die Handgelenke baumelten große Armreife im Stil der fast ebenso großen Ohrringe. Sie war vielleicht Mitte 40 und hatte einen kräftigen Körper und stramme Arme. Das Gesicht war zurückhaltend geschminkt und wirkte jugendlich.

Sie schien guter Laune zu sein. Wieder strich sie mit ihrem Kleid direkt am Fenster vorbei und ließ ihre Finger über den Rücken des Mannes gleiten. Schließlich setzte sie sich auf die Tischkante vor ihn und hob das Glas. Der Mann schob seine Hand unter ihr Kleid zwischen ihre Beine und prostete ihr zu. Sie küssten sich.

Was gesprochen wurde, konnte Alex nicht hören. Er blickte das Seitendeck entlang. Keines der Fenster war zu öffnen. Wieder sah er nach innen. Vor dem Esszimmer begannen im Halbdunkel die Stufen einer Treppe, vermutlich führte sie zum Steuerstand. Alex lief den Weg, den er gekommen war, nach hinten und nahm die schmale Treppe, die von hier auf die Flybridge führte. Oben rauschte der türkis strahlende Whirlpool, das Deck war dezent indirekt beleuchtet. Niemand war zu sehen. Geduckt schlich er auf Zehenspitzen nach vorn vorbei an der Bar und dem für zwei gedeckten Esstisch. Offensichtlich hatte Alex sie mit seinem Anruf bei der Abendplanung gestört. Die Instrumente am Außensteuerstand glommen rötlich, die LCD-Displays zeigten vertraute Zahlen. Er griff an die Schalttafel und knipste die Sicherung für das Funkgerät aus, das Gerät wurde dunkel. Schnell hatte er sein Handfunkgerät hervorgezogen, er stellte es auf Kanal 24. »Hier ist Alex, könnt ihr mich hören?«

Fast augenblicklich hörte er Tinas Stimme: »Alex! Geht es dir gut? Wo steckst du? Wir machen uns Sorgen!«

»An Bord der Motoryacht OCEAN LORD, in den Cays, Harry und Denis sind auch hier. Da ist was oberfaul und … Mist, ich muss Schluss machen, da kommt jemand.«

Gern hätte er sich mit seinen Freunden abgestimmt, aber zumindest wussten sie jetzt, wo er war. Von unten hörte er Schritte, die die Treppe zur Flybridge heraufkamen. Er drückte die Sicherung für das Bordfunkgerät wieder hinein und versteckte sich hinter dem Tresen. Es war eines der Besatzungsmitglieder, das sich jetzt über die Anzeigen beugte – das ausgeschaltete Funkgerät war unter Deck nicht unbemerkt geblieben. Zumindest hatten sie so aber seinen Funkspruch nicht hören können. Der Mann schaltete einige Sicherungen aus und wieder ein, die Instrumente piepten und er schüttelte den Kopf. »Verdammte Elektronik«, fluchte er und stieg wieder die Treppe in den Innenraum hinab.

Alex atmete auf. Er wartete eine Weile, aber nichts rührte sich. Schließlich ging er wieder langsam nach vorn an den Fahrstand. Der Niedergang davor war offen, unten sah er die auf Stand-by laufenden Bildschirme der Radargeräte. Er lauschte und hörte Stimmen und Lachen. Vermutlich die Frau und der Mann, die Crew würde wieder in ihren Unterkünften sein. Langsam stieg er die Treppe hinab, die Stimmen wurden lauter. Alex konnte vereinzelte Worte hören, die beiden sprachen Deutsch miteinander. Alex sah in den Raum hinein, hörte das Scherzen und das Flirten von ihnen. Diese Stimme, er kannte diese Stimme. Nur mit dem Gesicht konnte er beim besten Willen nichts anfangen. Langsam drehte er sich um einen Schrank herum, um besser sehen zu können, als er einen Druck zwischen den Schulterblättern spürte.

»Ganz ruhig, Skipper«, hörte er hinter sich Denis sagen, »die ist geladen.«

Das Licht auf der Brücke ging an und er wurde unsanft an die Wand gedrückt. Die Frau in dem Esszimmer rief Namen nach vorn und wollte wissen, was passiert war. Die Crew antwortete in knappem, schlechtem Englisch.

»Bringt ihn her«, befahl sie schließlich.

Denis ging vor ihm, zwei Kolumbianer hatten ihn in ihrer Mitte. Alex starrte die Frau grimmig an.

»Wer sind Sie?«, fragte er.

Sie drehte sich in einem Halbkreis, sodass das Kleid hinter ihr herwehte, und sah ihn an, als sie hinter dem Tisch zu stehen kam.

»Alexander Ullrich!«, gurrte sie weich, »was für eine Familie! Nie können sie Ruhe geben, immer müssen sie ihre Nase in Dinge stecken, die sie nichts angehen. Genau wie Ihr Onkel. Aber der hat im Gegensatz zu Ihnen irgendwann einmal seinen Arsch zusammengekniffen und Ruhe gegeben.«

Wieder lächelte sie ihn an und machte einige Schritte zu dem

Mann am Tisch. Sie legte ihm ihre Hand auf die Schulter. Der Mann hatte dunkel gewelltes Haar und sah ihn ernst an.

»Wer ich bin, wollen Sie wissen?« Sie gluckste in sich hinein. »Glücksfee, Hexe, Vampir, alles auf einmal. Setzen Sie sich doch bitte.« Sie machte eine Handbewegung zu den Kolumbianern.

Alex wurde in einen Stuhl gedrückt.

»Möchten Sie etwas trinken, jetzt, wo wir uns endlich getroffen haben? Champagner vielleicht? Oh nein, Sie sind ein Segler. Segler trinken Bier. One beer!«, sie schnippte mit den Fingern. Aus dem Dunkel löste sich eine Gestalt und ging zur Bar. Sie nahm das Bier aus dem Kühlschrank, füllte das Glas bis zur Hälfte und stellte beides auf Untersetzern vor ihm ab.

»Maleica«, flüsterte er. Aber sie reagierte nicht. Trotz der dunklen Hautfarbe konnte er um ihre Augen die Hämatome sehen, die vermutlich von Schlägen stammten. Auch ihre Arme und Beine waren von blauen Flecken übersäht, die violett unter der braunen Haut schimmerten. »Maleica!«, flüsterte er wieder, »was haben sie mit dir gemacht?« Sie hob kurz den Kopf und sah ihm in die Augen, bevor sie sich abwandte und verschwand.

Die Frau hatte sein Flüstern bemerkt. »Ihre kleine Freundin, nicht? Sie hatte auf Sie gezählt. Sie hatte gehofft, dass Sie sie von der Insel wegbringen. Stattdessen haben Sie sie in Gefahr gebracht. Aber wie konnten Sie das ahnen?«, die Frau lachte, »stattdessen hat das dumme Ding gedacht, es könne sich mit dem Beiboot fortmachen. Gott sei Dank haben wir sie gefunden, ehe sie in Gefahr geriet – was ein Glück für sie, nicht?«

Sie schnippte mit den Fingern. Maleica erschien mit einem Glas Rotwein. Die Frau nahm es ihr ab und prostete Alex zu. »Jetzt ist sie wenigstens in Sicherheit. Wussten Sie nicht, dass Maleica für mich arbeitete? Natürlich nicht. Wenn sie es erzählt hätte, hätten Sie sie vermutlich gleich wieder an Land gesetzt. Aber jetzt ist ja alles wieder in Ordnung.«

Alex ballte die Fäuste und wollte aufspringen, aber der Kolumbianer hielt ihn mit seinen kräftigen Händen im Sessel fest, wie mit Schraubzwingen. Er sah zu Maleica herüber, die mit gesenktem Blick an der Wand stand. Zwar hatte sie nichts von ihrer Anmut verloren, doch die Menschen auf der OCEAN LORD hatten sie gebrochen. Er wollte sich nicht ausmalen, was sie ihr angetan hatten, als sie sie in die Hände bekamen. Seine Wut gegen diese unbarmherzigen Kriminellen wuchs. Inzwischen war hinter der Frau die Tür zum Nachbarraum aufgegangen. In einem schlecht sitzenden Anzug stand Harry im Rahmen.

»Ursula«, versuchte er zu scherzen, »hast du dich fein gemacht für mich?« Er lachte.

»Halt's Maul, Idiot!«, schnitt sie ihm das Wort ab und rief einen Wachmann heran. Er packte Harry und verfrachtete ihn ebenfalls auf einen der kleinen Sessel, die am Rand standen.

Die Frau grinste ihn zufrieden an: »Dann eben alles in einem Abwasch, irgendwann muss es ja sein. Kennst du hier alle, Harald?«

Der Mann am Tisch drehte sich um und sah ihn an, Ursula legte ihre Hand in seinen Nacken.

»'N Abend, Harry«, sagte er.

Harry erkannte seinen Geschäftpartner wieder. »Bernhard! Was machst du denn hier?«, fragte er. Die Überheblichkeit aus seiner Stimme war einer tiefen Unsicherheit gewichen.

»Harald«, nahm sie ihm die Antwort ab, »was glaubst du, wo das viele Geld die letzten Jahre hergekommen ist? Von deinen kleinen Häuschen, die du da baust? Wie naiv du bist!« Wieder gurrte Ursula sanft und nahm einen Schluck Champagner. »Du bist ein genauso schlechter Kaufmann, wie du Liebhaber bist. In beidem ist Bernhard leider besser.«

Mit offenem Mund sah Harald seinem Partner in die Augen. »Du?«, stammelt er fassungslos.

Bernhard lächelte ihn sanft an, fast wie einen Bruder. »Immer hast du geglaubt, du seist der Boss. Das bist du natürlich dank deiner charmanten Frau schon seit Jahren nicht mehr. Das Geld verdienen wir hier. Natürlich nicht mit Hotels in der Karibik, das wäre ein bisschen wenig. Zeitverschwendung, die dienen nur zum Waschen des Geldes.«

»Sie arbeiten mit der Drogenmafia zusammen«, stieß Alex heraus, der nun endlich wusste, warum ihm diese Stimme so bekannt vorgekommen war. Einige Male schon hatte er Harrys Frau kurz am Telefon gehabt, wenn er seinen Schiffseigner anrief.

»Sehr scharfsinnig, wie immer. Das haben Sie natürlich sofort gemerkt.«

Harry hatte sich gefasst und versuchte aufzuspringen, aber der Mann neben ihm konnte ihn festhalten.

»Du Schlampe«, schnaubte er, »du verdammte Schlampe!«

Sie griff in eine der Schubladen in der Kommode neben sich und nahm eine Waffe heraus. Mit geübten Fingern schraubte sie einen Schalldämpfer auf. Sie richtete die Waffe auf Harry und drückte ohne zu zögern zweimal ab. Der Körper zuckte bei jedem Einschlag wie bei einem elektrischen Schlag, das Blut versickerte in dem hellen Bezug des Sessels.

»Jetzt wo er es wusste, hätte er mir sowieso nichts mehr genützt«, sagte sie und drehte sich zu Alex um.

»Jetzt zu Ihnen, Herr Ullrich …« Weiter kam sie nicht, weil auf der Brücke ein ohrenbetäubendes Pfeifen einsetzte.

»Was ist das?«, fragte sie schrill.

Denis hechtete nach vorne und besah sich die Instrumente. Es dauerte eine Weile bis er schrie: »Ankeralarm! Das Schiff treibt!«

»Ruft die Crew, schnell«, kreischte Ursula.

Alex' Bewacher hatten sich in dem Chaos von ihm abgewandt. Er ging zum Fenster und sah in die Bucht. Die Yacht nahm quer zum Wind schnell Fahrt auf. Alex schob sich hinter einen weiten Vorhang und beobachtete das Geschehen. Zwei Charteryachten, deren Masten er vor dem Fenster sah, wurden von der riesigen OCEAN LORD einfach mitgerissen. Er konnte sich vorstellen, was da an Deck jetzt los war. Die Crew war unterdessen in der Kommandozentrale eingetroffen und hatte das Licht wieder verdunkelt. Mit geübten Griffen brachten sie die Maschinen in Gang, er konnte das Dröhnen unter seinen Füßen spüren. Mit einem leichten Ruck setzte sich das Schiff in

Gang, erst langsam, dann immer schneller pflügte es durch die Ankerbucht, ohne Rücksicht auf andere Schiffe zu nehmen. Alex meinte Seenotsignale hinter sich im Kielwasser zu sehen, vorn stand die Crew fast unbeweglich hinter den Instrumenten. Einer am Steuer, zwei Mann hatten sich vor den Radarschirmen postiert und riefen kurze Anweisungen.

Das Funkgerät in seiner Hose meldete sich. Alex zog es hervor. Auf Kanal 16 überschlugen sich die Meldungen der Yachten in der Bucht, immer wieder überlagert von einem starken Sender. »Hier spricht die US-Küstenwache. OCEAN LORD, reduzieren Sie Ihr Tempo. Hier spricht die Fregatte FREEDOM von der US-Coastguard. OCEAN LORD, reduzieren Sie Ihr Tempo, damit wir längsseits kommen können. Wir haben unsere Waffen auf Sie gerichtet.«

Aus den Lautsprechern auf der Brücke hallte die Stimme mittlerweile wieder, Ursula war an die Instrumente gerannt und schrie auf den Kapitän ein. Neben ihr öffnete sich vorsichtig die seitliche Tür zum Deck, und ein Mann sah hinein. Alexander erkannte ihn sofort: Es war Patrick.

Ein Kolumbianer hatte Patrick ebenfalls bemerkt und unverzüglich das Feuer auf ihn eröffnet. Glücklicherweise hatte Patrick sich hinter den Kartenschrank geschoben, sodass die abgefeuerte Salve ein anderes Ziel gefunden hatte: Mit weit aufgerissenen Augen starrte Ursula auf die beiden Löcher in ihrem Bauch, aus denen augenblicklich das Blut lief und auf dem Kleid größer werdende rote Seen bildete. Mit einem letzten lautlosen Schrei sackte sie auf dem Marmorboden zusammen. Das Schiff hetzte mit über 30 Knoten durch die Nacht, richtig einschätzen konnte Alex das nicht, seine Gedanken waren in wildem Galopp angekommen. Er hatte Patrick gesehen. Alex kam hinter dem Vorhang hervor und griff sich die Pistole mit dem Schalldämpfer aus der oberen Schublade. Er blieb wie angewurzelt stehen, als der Kolumbianer wieder auf Patrick zielte. Alex hob die Waffe, kniff die Augen zusammen und drückte ab, immer wieder, bis das Magazin leer war.

Eine Hand schob sich in seine. »Los, weg hier, die Geschichte geht gleich schief«, sagte Patrick sichtlich um Ruhe bemüht. Gemeinsam liefen sie durch den Salon, der Fernseher, vor dem Harry gesessen hatte, lief noch, das Bier war auf den Teppich gestürzt. Alex und Patrick traten auf das Achterdeck. Das Schiff lief volle Fahrt, das Heckwasser fauchte und dröhnte, wie er es noch nie zuvor gesehen hatte. Die Yacht schien immer noch an Geschwindigkeit zuzulegen.

»Gasturbinen! Die haben eine Gasturbine, mein Gott!«, brüllte Patrick in den Lärm. »Wir müssen hier weg, das Schiff gerät gleich außer Kontrolle.«

Die beiden standen hell beleuchtet auf dem Achterdeck, neben sich konnte Alex die schlingernden Umrisse einer Segelyacht sehen. Sein Funkgerät fing an zu quäken, er hielt es an sein Ohr. »Springt! Los, springt. Bevor es zu spät ist, wir sind da!«, schrie Tina in das Funkgerät.

Alex sah sich zu Patrick um, der nach einem Ausweg suchte. Über ihm huschte ein roter, kleiner Punkt die Wand entlang, wie von einem Laser. Als er sich umdrehte, konnte er das Kriegsschiff im Mondlicht in voller Fahrt auf sie zuhalten sehen, die Zielerfassung hatte die Yacht bereits erfasst. Alex zeigte an die Wand und über Bord. »Spring, Patrick, vertrau' mir! Jetzt gibt es keine Ampel, los weg.«

Sie stiegen auf das Schanzkleid, fassten sich fest gegenseitig an den Händen. Während sie sprangen, riss die Motoryacht das Heck herum und fing bei voller Fahrt an, einen Kreis zu beschreiben. Der Aufschlag schmetterte die beiden Körper zusammen und riss sie wieder auseinander. Alex prallte mehrmals auf der Wasseroberfläche auf, bevor er schließlich kopfüber eintauchte. Die Yacht hielt in einem großen Bogen voll auf die Fregatte zu, die mit ihren Scheinwerfern OCEAN LORD in gleißendes Licht getaucht hatte. Das Schiff musste über 50 Knoten laufen, als die erste Granate den Bug traf. In einem Feuerball platzte das Schiff vorn auseinander und kam fast augenblicklich zum Stillstand.

»Mein Gott, das war ja wirklich in letzter Sekunde«, schnaufte Patrick neben ihm, »ich hatte die Ruderanlage und die Ankerwinde manipuliert, bevor ich mich hatte sehen lassen.«

Ocean Lord kippte majestätisch auf die Seite, zeigte den beiden ihren Aufbau und die Geräte, ehe sie schließlich langsam zu sinken begann. Währenddessen kamen vier, fünf Schlauchboote von der Fregatte herbeigeschossen um die Überlebenden einzusammeln.

* * *

Sie saßen zusammen im Cockpit von Johanna und sahen sich das Schauspiel an. Als die Yacht schließlich versank, rollte Jan die Genua aus und stoppte die Maschine. Der Tag brach an, und die Segelyacht nahm Kurs auf St. Lucia.

»Ob Maleica überlebt hat?«, fragte Alex.

»Sie war schon tot, als wir von Bord gingen«, sagte Patrick. »Wusstest du, dass sie sehr krank war?«

Alex sah ihn von der Seite an. »Nein.«

»Sie hatte Krebs und nicht mehr lange zu leben.« Patrick warf den Stummel seiner Clubmaster nach Lee. »Wie Mirinda, ihre Schwester, die Freundin von Frank auf der Seafire. Das Mädchen, was du gefunden hattest und nicht retten konntest.«

Alex schwieg und sah auf den von Wellen gezackten Horizont.

»Ursula hatte die beiden in den Kanaren ausfindig gemacht. Frank hatte bei der Polizei in Deutschland ausgepackt.«

»›Acha wife‹ waren ihre letzten Worte«, sagte Alex leise.

»Haralds wife, Ursula, genau«, antwortete Patrick, »so was hat sie gern selbst gemacht. Absolut kaltblütig. Es war mir sofort klar, dass sie es war, als ich von dem Buch hörte.«

Die beiden schwiegen eine Weile. Tina brachte vier Becher Kaffee und schmiegte sich an Alex. Er legte seinen Arm um ihre Schulter und gab ihr einen Kuss auf die Stirn.

»Woher wusste die amerikanische Marine, wo wir waren?«, fragte Alex.

»Von mir«, Patrick lächelte und schlürfte einen Schluck Kaffee, »die Amerikaner hatten mich als Informanten auf der Insel angeheuert. Sie konnten zwar nichts tun, als die Mafia mein

Schiff versenkt und Anne ermordet hatte, sie konnten mir nur die Möglichkeit zur Rache geben. Und die habe ich jetzt genutzt, jetzt ist es vorbei. Ich hoffe, auch meine Seele gibt jetzt Ruhe.«

Wieder schweigen die vier, Jan steuerte gedankenverloren Richtung Norden. Lediglich mit dem Vorsegel machten sie fast sieben Knoten Fahrt.

20. Dezember 2002, St. Lucia, Karibik

»Ein Prozess wird schwer werden gegen Bernhard«, erzählte Rudi, als sie abends zusammen in seinem Büro über der Marina saßen. »Das einzige Beweismittel war das Taschenbuch mit den handschriftlichen Notizen. Aber das ist wohl mit der Yacht auf Tiefe gegangen«, er sah in die Runde, »ausgerechnet so einer kommt ohne Strafe davon.«

»Nicht ganz«, sagte Alex und legte eine Plastiktüte auf den Bürotisch.

»Was ist das?«, fragte Patrick und schüttelte das verklebte Papier auf die Tischplatte.

»Die entscheidenden Seiten«, sagte Alex, »ich hatte sie aus dem Buch genommen, ehe es gestohlen wurde.«

* * *

Der Feuerball war bis in die Marina zu sehen. Kurz nach Mitternacht hatte das grelle Licht die blauen, grob verputzten Wände der Gebäude wie bei einem mächtigen, geblitzten Foto erleuchtet, bevor der orange Schein auf die für Weihnachten an den Stegen geschmückten Yachten fiel. Die Niedergänge schoben sich auf und die Segler, die von dem gewaltigen Donner geweckt worden waren, sahen schlaftrunken heraus. Der Hall der Explosion hatte die Scheiben klirren und die Masten wanken lassen, das Zirpen der Grillen war danach für Sekunden verstummt oder die betäubten Ohren konnten sie danach nicht mehr hören. Als die Feuerwehr mit heulenden Sirenen knapp eine viertel Stunde später eintraf, war von der Yacht nichts mehr übrig, sie war kurz nach der Explosion gesunken. Von den Feuern an Land, die durch das Unglück entstanden waren, waren fast alle verglommen, nur noch die Reste brannten. Die umherfliegenden, brennenden Teile waren von Seglern auf dem

Gelände gelöscht worden, die jetzt Wasser in das Feuer kippten und weiße, undurchdringliche Qualmwolken erzeugten, die sich schnell wieder auflösten.

Später sagte man, die Lukendeckel des kleinen Schiffes wären bei der Explosion meterweit senkrecht in die Luft geflogen, sie wurden schließlich fast am Zaun gefunden. Man sagte auch, man hätte einen Mann mit Flaschen beobachtet, der mit einem Schlauch das Schiff durch das Bullauge mit Gas gefüllt hatte. Andere sagten, man hätte von dem deutschen Captain an Bord nur noch Fetzen seiner Kleidung gefunden, so stark sei die Explosion gewesen. Er hätte keine Chance gehabt, auch für die Polizei gab es fast nichts zu ermitteln. Das Schiff und der Mann waren einfach vom Gelände verschwunden, förmlich weggeblasen. Nur noch die Umrisse des Rumpfes waren auf dem schlickigen Boden des Hafens zu erahnen gewesen. Man sagte, es wären später Beweise für einen Anschlag gefunden worden, man sagte aber auch, dass sich die Polizei dafür nicht interessiert hätte. Die Feuerwehr wäre noch nie so schnell bei einem Brand gewesen, seit die Feuerwache selbst in Flammen gestanden hatte, und das war schon über zehn Jahre her. Einige behaupteten, die Feuerwehr wäre wohl schon vor der Explosion ausgerückt, zumindest aber zeitgleich und auf jeden Fall ungewöhnlich schnell.

Die meisten Menschen auf den Stegen gingen wieder ins Bett, hier war nichts mehr zu sehen. Einige blieben länger auf, standen in Grüppchen beisammen und diskutierten das Geschehene. Einige hatten den Captain gekannt, erzählten Geschichten über ihn. Man sagt, er wäre wunderlich gewesen, hätte nicht mit vielen gesprochen. Irgendwie tragisch, ein geplatzter karibischer Traum, wie so viele. Eine der unzähligen karibischen Geschichten, die sich hier von Skipper zu Skipper in den Hafenkneipen erzählt würden, sagten sie. Fast könnte man den Eindruck haben, als würde die Karibik nur aus Schauergeschichten bestehen, als gäbe es nichts Schönes. Aber sie wussten es besser, schließlich waren sie ja hier, und glücklich dabei! Dann gingen auch sie schlafen.

21. Dezember 2002, Castries, St. Lucia, Karibik

Der Mann blätterte im The St. Lucia Mirror. Auf der ersten Seite prangte das Foto einer verbrannten Yacht vor anderen Yachten, die an Land standen. Eine davon war umgestürzt, ihre schwächlichen Stützen hatten der Druckwelle der Explosion nicht standgehalten. Davor das kleine Hafenbecken, über das der Travellift fuhr, um Schiffe zu Wasser zu lassen. Aus der spiegelglatten Oberfläche ragte schräg ein Holzmast und schien sich mit den Wanten und Salingen an der maroden Kaimauer abzustützen. Verletzt wurde niemand, schrieb der Mirror unter der grasgrünen Headline »Yacht explodes in shipyard«, die die üblichen Schlagzeilen von Drogenproblemen und der Schwierigkeiten bei Cable & Wireless von der Titelseite verdrängt hatte, lediglich ein einheimischer Helfer hätte sich leichte Verbrennungen an den Händen zugezogen, als er versuchte, brennende Teile von anderen Schiffen zu ziehen, hieß es in dem folgenden Artikel. Dies sei gelungen, auch die Brandbekämpfung der Feuerwehr sei erfolgreich gewesen, sodass keine weitere Gefahr für andere Schiffe bestanden hatte. Durch großes Glück seien die benachbarten Schiffe am Tag davor ins Wasser gelassen worden. Von der Identität des Mannes, der auf dem Schiff lebte, sei nicht allzu viel bekannt. Lediglich sein Name, Patrick Ullrich, und dass er sich seit einigen Jahren auf der Insel befand. Er hätte sich mit Gelegenheitsjobs in der Marina über Wasser gehalten, galt aber als menschenscheu und zurückgezogen. Er hätte nicht viele Kontakte mit anderen Menschen gehabt.

Der Mann legte seine Füße mit den neuen Segelschuhen auf seine neue Adidas-Tasche und lehnte sich in dem Monoblock-Stuhl aus Plastik zurück. Er war braun gebrannt, glatt rasiert und man sah ihm einen gewissen Wohlstand an. Er trug ein neues, blaues Polohemd, eine neue Hose, eine neue Uhr und neue Socken. Nur die Brille, die er sich von der Stirn auf die Nase schob, wollte nicht dazu passen. Das ehemals teure Gestell war an einer Stelle gebrochen und mit Segeltape zusammengeflickt. Er zog die Augenbrauen etwas zusammen und starrte auf den kleinen Fernseher, der in der Ecke der billigen Bar unter der Decke mit drei blechernen schwarzen Regalwinkeln befestigt war. Das Regionalprogramm sendete ein Interview mit Rudi Drechsler, einem Schweizer Charterunternehmer auf der Insel. Er sprach in Englisch mit einem harten, europäischen Akzent: »... Patrick Ullrich war ein großartiger Mann. Ich habe ihn seit Jahren gekannt, wie kein anderer. Wir haben uns viel miteinander unterhalten. Intelligent und introvertiert war er.«

»Man sagt, Herr Ullrich sei eventuell bei der Explosion gar nicht an Bord gewesen«, insistierte die schwarze Interviewerin in ihrem knallengen und leuchtend grünen Kleid, die Kamera schwenkte auf ihr Gesicht, »können Sie sich vorstellen, dass er vielleicht noch lebt?«

»Wissen Sie, selbst wenn mich die Geschichte natürlich unendlich traurig macht«, Rudi schlug wieder seinen professionellen Ton an, »und ich mir wünschen würde, dass es so wäre«, er machte eine Pause und sah direkt in die Kamera und dann wieder zu seiner Gesprächspartnerin, wobei er den Kopf senkte und sie fast bedrohlich von unten ansah, »nein! Keine Chance! Ich kenne – sorry, kannte – Patrick Ullrich fast zwei Jahre. Und er hat sein Schiff nie verlassen. Nachts sowieso nicht und tagsüber manchmal auch nicht. Wir waren ja seine einzigen Freunde.«

Es folgten Bilder von der Unglücksstelle: der schräge Mast im Wasser, der Blick in die Bucht, Joseph mit traurigem, aber gleichgültigem Gesicht und Farbdosen, Blick in die Marina, der Rest von ANNE unter der Wasseroberfläche, Schwenk aufs Werftbüro und wieder eine Interviewerin, die jetzt den Werftmanager neben sich stehen hatte. Der Mann in der Bar grinste leicht bei den Bildern und nahm einen Zug aus der beschlagenen Flasche mit dem eiskalten Piton-Bier, das auf dem Plastiktisch vor ihm stand. Er bewegte sich extrem langsam. Auf dem Tisch saß ein schwarzer Vogel mit gelben Augen und schwarzen, kleinen Pupillen und rupfte kleine Stückchen aus den Pommes frites, die er auf dem Teller vor sich übrig gelassen hatte. Die Lippen des Mannes bewegten sich leicht, während er ihn ansah, er schien mit dem Vogel zu sprechen, der sich mit seinen großen Füßen am Tellerrand festkrallte.

Plötzlich flatterte der Vogel davon. Der Mann schaute von seiner Bierflasche auf, er hatte den Mann neben sich nicht kommen hören, so vertieft war er in die Beobachtung des Vogels gewesen.

»Black Bird?«, fragte der Besucher neben ihm nur. Er trug einen schwarzen Anzug und schwitzte.

»Yes!«, der Mann lächelte.

Der Weiße lächelte nicht, sondern zog stattdessen eine kleine Marke aus seiner Tasche. Sein Gegenüber nickte. Er legte einen beigefarbenen Umschlag auf den Tisch.

»Ich habe die Aufgabe, Ihnen im Namen meiner Regierung für Ihre Hilfe zu danken. In dem Umschlag finden Sie Ihren Pass, ein Flugticket und Geld, damit Sie die Insel sicher verlassen können. Verwenden Sie nie wieder Ihren alten Namen, wir haben Sie mit der Unterstützung Ihrer Regierung für tot erklären lassen. Sie werden diese Geschichte nie irgendwo finden oder nachverfolgen können. Ihr altes Leben existiert nicht mehr. Viel Glück.«

Der Weiße reichte ihm die Hand und drehte sich um, ohne auf eine Antwort zu warten. Er stieg über die schmutzige, weiße Betonbrüstung der Bar nach draußen, wimmelte einige Schwarze ab und stieg in die Limousine. Durch die getönten Scheiben konnte man nicht nach innen sehen, der Wagen fuhr schnell ab. Der Mann blickte erneut auf seine Bierflasche, dann auf seinen Tisch. Der schwarze Vogel saß bereits wieder auf der Lehne des gegenüberstehenden Stuhles und spekulierte auf die Pommes frites, die noch immer auf dem Tisch standen.

»Na, Anton, was hältst du davon?«, brummte der Mann mit seiner dunklen Stimme, »vor zwei Tagen haben wir noch an

Bord gefrühstückt, und nun naht der Abschied. Erkennst du mich eigentlich noch?«

Der Vogel rief ein klares *Tschupptschupp-Tschuiiip!,* der Ruf ließ ihn auf der Stuhllehne kurz das Gleichgewicht verlieren, sodass er sich mit den Flügeln abstützen musste. Schließlich flog er auf, landete mit einem kurzen Schlittern auf dem glatten Tisch und hüpfte auf den Tellerrand.

»Lass es dir schmecken, Anton«, sagte der Mann.

Epilog

Einige Wochen später kam Alex an der Adresse in dem westlichen Vorort in Hamburg an und fand einen Parkplatz direkt vor der Tür. Das weiße, unauffällige Haus war rot gedeckt und in ordentlichem Zustand, gebaut irgendwann in den Sechzigern. Er machte die Gartenpforte aus grün gestrichenem Eisen auf und ging auf die braune Eingangstür zu. Durch die gelbe Verglasung konnte er die Treppe ins Hochparterre erahnen, als er auf den Lichtschalter drückte. Er las die sechs Namen an den Klingeln, alle waren in schwarzen Kunststoff graviert, sodass das Licht hindurchschien. Eine Beschriftung war neu, Thomas Rieken stand an der Klingel. Der Name hatte keinerlei Bedeutung für ihn. Er klingelte. Als er in die Wohnung kam, fühlte er sich fremd. Sämtliche Möbel, Kleidung, Einrichtung und selbst die Souvenirs aus fremden Ländern waren neu. Nichts erinnerte an die Vergangenheit.

»Hallo, Alex!«, begrüßte ihn der Mann im Wohnzimmer.

»Hallo …«

»… Thomas!«, sagte Patrick und lächelte entschuldigend, »ich konnte es mir nicht aussuchen.«

»Eigentlich ein schöner Name«, versuchte es Alex, »irgendwie aus der Bibel.«

»Irgendwie schon«, sagte Patrick und setzte sich auf den neuen, ledernen Schreibtischstuhl. Er hatte schwarz gefärbte, sehr kurze Haare, einen Bart und keine Brille mehr.

»Nicht viel übrig.«

»Das kann ich dir sagen. Die haben ganze Arbeit geleistet, haben meine Wohnung komplett aufgelöst und dann gab es ein richtiges Begräbnis mit allem Drum und Dran. Sogar dein Vater war da.« Patricks Stimme war leiser geworden.

Alexander sah ihm tief in die Augen.

»Du weißt es?«, fragte Patrick.

»Tina hat es mir erzählt«, Alex zog die Augenbrauen zusammen, »geahnt hatte ich es schon vor einigen Jahren.«

»Ich hatte deiner Mutter ein Versprechen gegeben, es dir nicht zu erzählen.«

»Das hast du gehalten, Tina hat es erzählt.«

»Du solltest eigentlich nicht hier sein«, sagte Patrick.

»Ich weiß«, sagte Alex, »aber ich konnte nicht anders.«

»Ich bin froh, dass du hier bist. Sie haben an alles gedacht, nur Bekannte und Freunde habe ich nicht.« Er sah Alex in die Augen. »Ist wohl die einzige Möglichkeit für mich, am Leben zu bleiben.«

»Besser als nix.«

»Du bist der Einzige, dem ich eine Nachricht habe zukommen lassen, ich muss komplett neu anfangen. Wieder mal.«

Alex nickte.

»Wovon lebst du?«

»Ich habe offiziell geerbt und bin Schriftsteller. Gerade zugezogen«, grinste Patrick.

»Ausgerechnet Schriftsteller«, zweifelte Alex.

»Sie hatten mich gefragt, was ich kann. Und da habe ich ihnen erzählt, dass ich irgendwann einmal angefangen hatte, ein Buch zu schreiben. ›Gut‹, sagten sie, ›dann schreiben Sie es mal fertig.‹ Seitdem schreibe ich. Gefällt mir ganz gut, und ich habe das Gefühl, es zu können. In gewisser Weise liegt es mir, hätte ich früher schon gern gemacht. Es hat aber immer das Geld gefehlt.«

»Und jetzt genügt es?«

»Das Erbe langt für einige Jahre, dann muss ich selbst verdienen. Ich glaube, es könnte gehen.« Patrick schaltete den Laptop ein, der auf dem kleinen Schreibtisch in der Ecke stand. Alex konnte es fast nicht fassen, dass so wenig von der Vergangenheit übrig sein konnte. Nichts, was ihn in seinen Träumen und Gedanken wach gehalten hatte, war noch vorhanden. Patricks ganzes Leben war fort und Teile von Alex' gleich mit. Irgendwie war es erschütternd und erschreckend gleichermaßen. Die Worte ›Du solltest eigentlich nicht hier sein‹ klangen in seinen Ohren. Alles klang nach einem neuen, endgültigen Abschied von Patrick. Noch viel endgültiger, als der letzte es gewesen war. Dann blieb gar nichts mehr, dann war er weg, tot.

»Möchtest du ein Stück lesen? Nicht das Beste, gebe ich zu!«, lud ihn Patrick ein.

»Nein, keine Lust«, wehrte Alex ab. Er war enttäuscht, wie wenig Gefühl zwischen ihnen da war und wie egal Patrick die Geschichte war.

»Tu's trotzdem.«

Alex setzte sich widerwillig an den Laptop und las das kurze Dokument. Er fing an zu lächeln, eine Träne lief über seine Wange und er las laut:

»... Thomas saß bei einem Kaffee in der Eisdiele eines Hamburger Vorortes als ein junger Mann hereinkam. Obwohl die beiden sich ...«, Alex schniefte, jetzt liefen die Tränen unaufhaltsam über sein Gesicht und er las laut weiter, »... sich offensichtlich nicht kannten, setzte er sich an denselben Tisch. Sie schienen die gleichen Interessen zu haben. ›Milchkaffee?‹, fragte der Mann. ›Gern‹, antwortete sein Gegenüber.«

Alex wischte sich über sein Gesicht. »Wann?«

»Morgen?«

»Bis morgen, Thomas«, sagte er, stand auf und ging zur Tür. Er drehte sich um, Patrick lächelte ihn an und hob den Daumen. Alex hob den seinen.

»Thumbs up!«, sagte Alex, bevor er hinausging – Daumen hoch, wie früher. Die Welt drehte sich weiter.

...weitere Thriller

ARTHUR M. NEUFELDT
Mörderisches Meer
ISBN 3-7688-1688-5

Skipper Claudius will weg aus Kroatien, doch auf dem Weg wird er – angeblich von der Küstenwache – gezwungen, sein Schiff zu verlassen. Es kommt zu einer wilden Verfolgungsjagd …

MARK CHISNELL
Durch die Hölle und zurück
ISBN 3-7688-1776-9

Philip Hamnet gerät in den Strudel der Drogenmafia. Spannender Thriller über die Machenschaften moderner Piraten im Südchinesischen Meer.

DELIUS KLASING